SCOTT WEEMS

HA!

A CIÊNCIA DO HUMOR

QUANDO RIMOS E POR QUÊ

DVS EDITORA

www.dvseditora.com.br
São Paulo, 2016

HA! A Ciência do Humor - Quando Rimos e Por Quê
Copyright © 2016 DVS Editora
Todos os direitos para a língua portuguesa reservados pela editora

HA! The Science of When We Laugh and Why
Copyright © 2014 by Scott Weems
Published by Basic Books, a member of the Perseus Books Group.

Nenhuma parte deste livro poderá ser reproduzida, armazenada em sistema de recuperação, ou transmitida por qualquer meio, seja na forma eletrônica, mecânica, fotocopiada, gravada ou qualquer outra, sem a autorização por escrito da editora.

Tradução: McSill Story Studio
Capa: Spazio Publicidade e Propaganda / Grasiela Gonzaga
Diagramação: Konsept Design e Projetos

Dados Internacionais de Catalogação na Publicação (CIP)
(Câmara Brasileira do Livro, SP, Brasil)

Weems, Scott
  Ha! : a ciência de quando rimos e por quê / Scott Weems ; [tradução McSill Story Studio]. -- São Paulo : DVS Editora, 2016.

  Título original: Ha! : the science of when we laugh and why.

  1. Humor - Uso terapêutico 2. Humor na medicina 3. Psicologia 4. Riso I. Título.

16-06096   CDD-152.4

Índices para catálogo sistemático:

  1. Bom humor : Psicologia   152.4

Para Katherine Russell Rich, que riu

Sumário

Introdução VII

PARTE UM: "O que é?" O Conceito Fugidio de Comicidade 1

CAPÍTULO 1 – Cocaína, Chocolate e Mr. Bean 3

CAPÍTULO 2 – A Emoção da Descoberta 29

CAPÍTULO 3 – Escala no Empire State Building 57

PARTE DOIS: "Para quê? – O Humor e Quem Somos 87

CAPÍTULO 4 – A Especialização é para os Insetos 89

CAPÍTULO 5 – Nossos Senhores Computadores 115

PARTE TRÊS: "E daí?" – Tornando-se Uma Pessoa Mais Jovial 145

CAPÍTULO 6 – O Efeito Bill Cosby 147

CAPÍTULO 7 – O Humor Dança 167

CAPÍTULO 8 – Ah, os Lugares Aonde Você Irá 193

Conclusão 213

Agradecimentos 219

Notas 221

Introdução

A piada morreu. Teve até um obituário, escrito por Warren St. John e publicado no *The New York Times* em 22 de maio de 2005. "A piada teve uma morte solitária", escreveu St. John. "Não havia nenhum parente próximo." O cenário era, como os poetas de poltrona o chamaram, uma noite escura e tempestuosa.

Nova York era atingida por quase vinte centímetros de neve, com rajadas de vento superiores a oitenta milhas por hora e temperaturas caindo abaixo de zero. A cidade ainda se recuperava de uma nevasca ainda maior apenas duas semanas antes, e o prefeito Robert Wagner fora forçado a declarar estado de emergência. Até o tempo clarear e retroescavadeiras poderem empurrar a sujeira para o rio East, Nova York estava fechada para os negócios. Ao mesmo tempo, um jovem comediante chamado Lenny Bruce esperava em um hotel na rua 47 Oeste, perguntando-se se alguém iria suportar as terríveis condições para ver seu *show*. Sequer eram permitidos carros nas estradas, então quais eram as possibilidades de que se aventurariam na cidade para ver comédia?

Era meia-noite, 4 de fevereiro de 1961, o início de uma morte prolongada para a piada tradicional. Até o fim da noite, a carreira de Bruce, e na verdade a própria comédia, nunca mais seria a mesma.

Bruce já fizera um nome para si mesmo através das suas ousadas apresentações de comédia *stand-up* baseadas em raça, religião e hipocrisia sexual. Ele não contava piadas, e muitas pessoas não achavam suas histórias especialmente engraçadas. Em vez disso, elas eram chocantes, menos como comédia e mais como comentário social. Bruce não era um comediante como Bob Hope ou Sid Caesar; seu ato tinha pouca estrutura e soava distintamente não ensaiado. Assim como os músicos de *jazz* aprimoram seu ofício não concentrando-se em canções individuais, mas aperfeiçoando o uso de seu instrumento, Bruce se tornava **mestre do refrão**, da história e da observação improvisada. O Carnegie Hall seria sua apresentação magistral.

O *show* começou com Bruce comentando sobre o tamanho da multidão, perguntando-se o que aconteceria se, em vez de comédia, ele simplesmente apresentasse um longo solo de violino. Em seguida, sua arte começou, e ele rasgou-se em uma sequência de observações aleatórias e anedotas que, se impressas, seriam incompreensíveis. Ele ponderou o que aconteceria se Jesus e Moisés visitassem a catedral de St. Patrick e vissem o tamanho do anel do cardeal. Ele se perguntou como, já que a Terra está em constante rotação, as pessoas que morrem ao meio-dia podem ir para o céu, enquanto aqueles que falecem tarde da noite não vão para o inferno. Quando o *feedback* irrompeu no microfone, ele olhou pelo palco procurando a fonte do barulho, comentando como seria engraçado se os alto-falantes estivessem simplesmente captando o som de uma criança a praticar piano por trás da cortina. Como Charlie Parker com o saxofone, ou Miles Davis com o trompete, ele utilizou-se do microfone e improvisou sobre qualquer coisa que lhe vinha à mente, conseguindo grandes risadas apesar de quase não contar "piadas" tradicionais. "Não há certo e errado", afirmou no início do ato. "Só o meu certo e o seu errado."

Pelas próximas duas horas Bruce compartilhou observações sobre religião, preconceito e mesmo sobre mulheres com axilas peludas e, embora sua abordagem não fosse inovadora, foi a primeira vez em que alguém se apresentou com tanta fluidez. Como outros comediantes de sua geração, ele rejeitou a ideia de introduções e desfechos[1] em favor de uma abordagem mais pessoal, trocando frases espirituosas[2] por um punhado de palavras angustiadas que às vezes beiravam a conversa sem sentido. Ele não era o comediante mais engraçado de seu tempo. Longe disso: grande parte de seu humor se perdia no público pela simples razão de que ele nem se incomodava em terminar a maioria de suas frases. Ele também não era o mais inteligente. Em vez disso, ele era simplesmente o mais criativamente idiossincrático, como o garoto na escola que poderia ter sido votado o mais provável a ter sucesso se ele se preocupasse com o título. Ele era ao mesmo tempo um gênio e uma completa bagunça.

"Todo o riso é involuntário", disse ele durante a apresentação. "Tente fingir quatro risadas em uma hora, não vai dar em nada, cara. Você não consegue. Eles riem porque é engraçado. (Muda para voz rígida, formal) **Eles tiveram a exposição na área que ele está satirizando.**" Em outras palavras, o humor acontece quando nos conectamos com outras pessoas e compartilhamos suas lutas e confusões. De fato, no dia 4 de fevereiro de 1961, todo o riso foi involuntário. Ainda assim, o momento exato da morte, sentença de morte final da piada, não veio até a conclusão de seu ato. Bruce anunciou que queria acabar a apresentação com uma história tradicional, uma com introdução regular e desfecho. As pessoas ririam e saltariam das vigas, música de coral celebraria sua alegria, e seu trabalho seria tão completo que não haveria necessidade de retorno ao palco. A piada seria suficiente.

Dezenove minutos depois, ele ainda não havia chegado ao desfecho.

Embora a piada finalmente provocasse enormes gargalhadas e aplausos, a reação não veio da piada em si. Esta foi relativamente mansa, envolvendo um homem dormindo em um avião com a braguilha aberta e as partes privadas expostas. Não, a plateia irrompeu

---

1 – Nota do tradutor (NT): no original, *setups and punch lines*. *Setup* é a parte da piada que estabelece a premissa e dá as informações necessárias ao público; *punch line* é o fim da piada, a piada em si.

2 – NT: *One-liner* é um comentário engraçado ou piada em uma frase.

em aplausos enormes porque reconheceu que algo incomum havia acontecido. Eles haviam testemunhado uma nova forma de comédia.

Um pouco mais tarde, Bruce seria preso por obscenidade, e comediantes como George Carlin e Richard Pryor tomariam seu lugar como pioneiros humorísticos, levando o público por caminhos desconhecidos para gerações anteriores. A comédia permaneceria saudável como sempre, embora ninguém olharia para ela da mesma forma novamente.

"Eu não sou comediante", disse Bruce mais tarde. "O mundo está doente e eu sou o médico. Eu sou um cirurgião com um bisturi para valores falsos. Eu não tenho uma apresentação. Eu só falo. Sou apenas Lenny Bruce."

>> <<

Eu sou muito jovem para ter visto Lenny Bruce apresentar-se ao vivo, mas amo seu trabalho e muitas vezes ele me fez pensar: Por que nós achamos as coisas engraçadas? É uma questão filosófica, bem como científica: Por que alguns comentários, incluindo piadas, gracejos ou histórias estendidas, provocam alegria e riso, enquanto outros não? Ou, para ser mais concreto, por que temos a mesma reação a uma piada feita por Lenny Bruce e a uma feita por Henny Youngman? Youngman foi o comediante que falou a frase imortal "Leve minha esposa... por favor", o tipo de frase espirituosa que é rara hoje em dia, mas que em sua época levou plateias a uivar. O humor pode ter que ser adaptado aos gostos modernos, como outras formas de entretenimento, mas isso não explica por que algo engraçado para uma pessoa não o é para outra, ou por que algo que é hilariante em uma década, é banal e sem graça em outra.

Creio que a resposta a estas perguntas está no fato de que o humor não é, em última análise, sobre trocadilhos ou frases espirituosas. Embora piadas tradicionais sejam agora raras graças a artistas como Bruce, o humor continua vivo e bem porque é um processo, que reflete os tempos e as necessidades de seu público. É o desenvolvimento social ou psicológico de ideias que não são facilmente manipuladas por nossas mentes conscientes.

Como **neurocientista cognitivo** com mais de doze anos de experiência estudando como o cérebro funciona, aprendi que compreender o humor exige o reconhecimento da enorme complexidade do cérebro humano. Se o cérebro fosse um governo, não seria uma ditadura, uma monarquia ou mesmo uma democracia. Seria uma **anarquia**. Já disseram que o cérebro é muito parecido com a presidência de Reagan – caracterizada pelos inúmeros módulos interativos, todos atuando independentemente, apenas com a aparência de um executivo central. Opiniões políticas à parte, a maioria dos cientistas concorda com esta avaliação. O cérebro é realmente enormemente complexo: partes são conectadas a outras partes, que são conectadas a outras, mas em nenhum lugar do sistema há uma "parte final" decidindo o que dizer ou fazer. Em vez disso, nosso cérebro age deixando as ideias competirem e brigarem por atenção. Esta abordagem tem suas vantagens, como nos permitir racionalizar, resolver problemas e até mesmo ler livros. No entanto, às vezes leva a conflito, por exemplo, quando tentamos agarrar duas ou mais ideias inconsistentes ao mesmo tempo. Quando isso acontece, nosso cérebro sabe de apenas uma coisa a fazer: **rir**.

Muitas vezes pensamos que a mente humana é um computador, um que recebe dados do seu entorno e age com base em nossos objetivos imediatos. Mas esta visão é **falha**. Em vez de trabalhar de uma maneira lógica controlada, o cérebro é multitarefa. Ele não para diante da ambiguidade mas, em vez disso, usa a confusão para chegar ao pensamento complexo. Quando metas ou informações conflitantes são dadas ao cérebro, ele usa esse conflito para gerar novas soluções, às vezes produzindo **ideias que nunca foram pensadas antes**. O humor é bem-sucedido porque nos divertimos neste processo, razão pela qual a mente entediada é uma mente sem humor. Temos prazer em passar pela confusão e rimos quando encontramos uma solução.

Um desafio decorrente de ver o humor como um fenômeno social e psicológico é que ele não é facilmente medido. A maioria dos cientistas prefere concentrar-se no riso, que é um comportamento concreto. Como resultado, o riso foi relativamente bem estudado; pesquisas mostram que estamos mais propensos a ser vistos compartilhando risadas do que qualquer outra resposta emocional. Isto significa que, em média, rimos entre quinze e vinte vezes por dia. Há muita variação, no entanto. As mulheres tendem a rir menos à medida que envelhecem, mas não os homens. E todos nós tendemos a rir mais no período da tarde e à noite, embora esta tendência seja mais forte para os jovens.

Não deveria ser surpreendente, então, que nossas primeiras tentativas de compreensão do humor envolveram o estudo do riso. Aristóteles disse que o **ser humano é a única espécie que ri**, e que os bebês não têm alma até proferirem sua primeira risada. Como se isso não fosse suficiente, ele alegou ainda que cada bebê ri pela primeira vez em seu quadragésimo dia. Friedrich Nietzsche descreveu o riso como uma reação à solidão existencial. Freud tinha uma visão mais positiva (um papel incomum para ele), alegando que o riso é uma liberação de tensão e energia psíquica. O problema com cada uma dessas definições, é claro, é que elas são inúteis. Não há nenhuma maneira de medir energia psíquica ou solidão existencial, e nunca haverá. Talvez seja por isso que Thomas Hobbes sentiu-se confortável em confundir as coisas completamente ao chamar o riso de a "glória decorrente de uma concepção súbita de alguma eminência em nós mesmos."

O riso, aquele que podemos realmente observar e medir, é de fato extremamente interessante, mas o humor revela mais sobre nossa humanidade, sobre como pensamos e sentimos e sobre como nos relacionamos com os outros. O humor é um estado de espírito. E é disso que este livro trata.

>> <<

Ha! é sobre uma ideia. A ideia é que o humor e seu sintoma mais comum – o riso – são subprodutos do fato de possuirmos um cérebro que **confia** e **aprecia** o **conflito**. Isso porque ele constantemente lida com confusão ou ambiguidade, assim nossa mente saca a arma, comete erros e geralmente fica confusa em sua própria complexidade. Mas isso não é ruim. Pelo contrário, isso nos fornece uma adaptabilidade e uma razão constante para rir.

A razão pela qual Lenny Bruce foi tão engraçado naquela noite, assim como Pryor foi uma década mais tarde e Louis C. K. é hoje, é que cada um encontrou uma maneira de lidar com as preocupações dominantes de seu tempo. Para Bruce, isto envolveu contar histórias sobre hipocrisia sexual, preconceito e drogas, permitindo que o humor lançasse luz sobre temas que, no fim dos anos 1950, pelo menos, não eram discutidos abertamente. Ser engraçado foi a forma como ele ajudou sua plateia a entender o que era viver em uma época tão volátil. De fato, embora a piada tradicional possa estar morta (ou, mais provavelmente, gravemente ferida), o humor permanece tão saudável como sempre, porque essa necessidade de se relacionar com os outros é atemporal.

Nas próximas duzentas páginas mostrarei que o humor está intimamente associado a quase todos os aspectos da cognição humana. Por exemplo, os mesmos processos que nos dão o humor também contribuem para o *insight*, a criatividade e até mesmo a saúde psicológica. Estudos indicam que o **uso do humor** no cotidiano – por exemplo, quando estamos respondendo a *e-mails* ou usando descrição visual – está **fortemente relacionado à inteligência**. Em suma, quanto mais inteligentes formos, mais provável é que compartilhemos uma boa piada. Nós nem sequer precisamos ser extrovertidos para apreciar o humor. O importante é ser capaz de desfrutar de uma boa risada.

Há anos os cientistas sabem que o humor melhora nossa saúde e, agora, visualizando-o como um exercício rigoroso da mente, compreendemos o porquê. O humor é como um exercício para o cérebro e, assim como o exercício físico fortalece o corpo, manter uma perspectiva bem-humorada é o caminho mais saudável para manter-se cognitivamente afiado. Isso também explica por que assistir às apresentações de *stand-up* de Robin Williams melhora nossa capacidade de resolver jogos de associação de palavras; a mente deve ser constantemente trabalhada, esticada e surpreendida. Tal comédia impulsiona nosso cérebro para fazer novas associações e enfrentar a confusão de frente.

Embora neste livro exploraremos como incorporar mais o humor em sua vida, é importante observar desde o início que o objetivo não é aprender a fazer as pessoas rirem ou a contar a piada perfeita. Isso não quer dizer que até o fim do livro você não estará equipado para ser uma pessoa mais engraçada. Eu mostrarei que a chave para ser engraçado não é aprender truques ou memorizar piadas, mas sim obter uma compreensão maior de como o humor é nossa resposta natural para viver melhor em um mundo cheio de conflitos. Então você vai entender por que a comédia não segue listas simples ou regras e por que nenhuma piada agrada a todos. O humor é peculiar e pessoal, pois depende de algo que faz cada um de nós um ser único: **como lidamos com o desacordo em nosso cérebro complexo**.

Alguns argumentam que há poucas razões para estudar o humor porque ele é muito misterioso para o entendermos. O escritor estadunidense E. B. White até mesmo escreveu que analisar o humor é como dissecar sapos: poucas pessoas estão interessadas e o objeto de estudo sempre morre no fim. De certa forma isso é verdade, pois o humor muda constantemente e, como um sapo em uma mesa, sem restrição o objeto tende a seguir em frente sem nós. Mas agora os cientistas estão descobrindo que o humor é nossa resposta natural a conflito e confusão – um tópico absolutamente digno de nossa atenção. Que outra melhor maneira de compreender o que nos faz pulsar do que descobrir como lidamos com a incerteza?

Outro argumento comum contra o estudo do humor é que ele é tanto arte quanto ciência. Joel Goodman, diretor de uma organização chamada The Humor Project, afirmou certa vez que as pessoas aprendem a se tornar engraçadas da mesma forma que um músico chega ao Carnegie Hall. Ou seja, eles seguem a **regra dos cinco Ps**: eles **praticam, e praticam, e praticam, e praticam, e praticam**. É verdade que o humor é tão complexo, e as causas de riso tão diversas, que nenhuma regra se aplica de uma situação para outra.

No entanto, o humor tem alguns ingredientes muito claros, que a ciência só agora está começando a revelar. Estes ingredientes explicam trocadilhos, charadas e até mesmo piadas de advogado. E todos eles dependem da resolução de ambiguidade e conflito dentro de nossos cérebros altamente modulares.

Começarei apresentando a pesquisa mais recente sobre humor, mostrando que é somente através de cérebros indecisos que temos prazer em um mundo cognitiva e emocionalmente exigente. Isso levanta a pergunta **O que é?** sobre o humor: **o que é e por que é tão agradável?** Como veremos, o humor baseia-se em etapas, começando com a realização de previsões prematuras sobre o mundo e terminando com a resolução de erros de interpretação que inevitavelmente resultam disso. Sem esse início e fim, nós não rimos. Coisas demais no meio apenas atrapalham a piada.

A próxima pergunta é: **Para quê?** A que finalidade o humor serve e por que precisamos de cérebros tão complicados? A vida não seria mais fácil se nossa mente fosse como um computador e mais previsível? **De jeito nenhum.** Primeiro, os computadores erram o tempo todo, especialmente quando confrontados com ambiguidade. Se um computador fica confuso, ele deve ser desligado e reiniciado. O cérebro, ao contrário, deve continuar trabalhando, mesmo em face ao inesperado. Em segundo lugar, quando foi a última vez que um computador escreveu um soneto decente ou compôs uma canção cativante? Com a simplicidade vem um custo.

A última pergunta é **E daí?** Em outras palavras, como podemos usar o conflito o interno para melhorar nossas vidas e como nos tornamos pessoas mais engraçadas? Embora este não seja um livro de autoajuda, mostrarei como melhorar seu humor afeta sua saúde, ajuda-o a conviver com estranhos e até mesmo torna-o mais inteligente. Quase todos os aspectos de nossas vidas são melhorados se enfocarmos no humor. Este livro explica o porquê.

Apesar de minha experiência como neurocientista cognitivo certamente ter me ajudado a escrever este livro, tentei manter a ciência acessível ao leitor em geral. Um dos aspectos mais interessantes sobre qualquer ciência emergente é que, no início, todo mundo é ao mesmo tempo perito e forasteiro. Enquanto muitos cientistas levam o assunto por estradas incomuns – um estudo recente realizado por pesquisadores da Universidade de Louisville sobre o humor do escritor francês Albert Camus vem à mente – a pesquisa ainda é tão nova que é fácil de entender. Também ajuda o fato de que o humor só recentemente se tornou um tema legítimo de estudo para áreas acadêmicas, como a linguística, a psicologia e a sociologia. Meu objetivo neste livro é atuar como tradutor, e talvez também mediador, tirando conclusões interessantes a partir de cada um desses campos. E, através da combinação de suas ideias, formar um campo completamente novo: a **humorologia**.

Finalmente, gostaria de mencionar que meu objetivo ao escrever este livro não foi ser engraçado, mas se eu ocasionalmente tropeçar nisso, não me importo. Na verdade, acho que nosso imenso desejo de ser engraçado é o maior impedimento à pesquisa humorística. Cientistas do humor são notoriamente sérios sobre seu trabalho, como deveriam ser, porque o tema exige precisão e rigor acadêmico. Mas porque o assunto é humor, muitas pessoas veem o campo como uma oportunidade para contar piadas. E isso é um problema. Parafraseando Victor Raskin em seu prefácio à primeira edição do *The International Journal of Humor Research*, os psiquiatras não tentam parecer neuróticos ou delirantes ao descrever esquizofrenia, então por que os pesquisadores do humor deveriam tentar ser engraçados? É um bom argumento, e um que eu pretendo respeitar.

Agora, sigamos com uma epidemia de riso, um filme de desastre e a piada mais escabrosa do mundo.

» PARTE UM

"O QUE É?"

O CONCEITO FUGIDIO
DE COMICIDADE

1

» Cocaína, Chocolate e Mr. Bean

> *"Parece não haver limites até os quais as pessoas sem humor irão para analisar o humor. Parece preocupá-los."*
>
> — Robert Benchley

Vamos começar com **três instâncias distintas** do riso, que eu chamo de "Kagera", "Escala no Empire State Building" e "*Titanic*". Cada uma é única mas, juntas, elas dizem algo importante sobre o que é humor e como o riso é muito mais do que apenas ser engraçado.

Kagera

Todo mundo gosta de uma boa risada. Mas e se você começasse a rir e não conseguisse parar?

Nosso primeiro evento de riso ocorreu na região de Kagera da Tanzânia, então chamada Tanganyika, situada ao longo da costa ocidental do lago Vitória. Localizada a 6 horas do aeroporto mais próximo, Kagera raramente vira notícia, motivo pelo qual é surpreendente que o local tenha se tornado palco de uma das epidemias mais incomuns da história. Em algum momento na terça-feira, 30 de janeiro de 1962, três estudantes de uma escola missionária local para meninas começaram a rir. Então, quando se depararam com mais colegas, suas amigas começaram a rir também, o riso se derramando rapidamente para as salas de aula próximas. Como as alunos não eram separadas por idade, com alunas mais jovens e mais velhas dividindo as salas, não demorou muito para que o riso se espalhasse por todo o *campus*.

Logo, mais da metade das ocupantes da escola riam incontrolavelmente, quase cem pessoas no total. E elas não conseguiam parar, não importa o quanto tentassem. Um surto estava a caminho.

Embora nenhum dos docentes – dois europeus e três africanos – estivessem "infectados", o incidente rapidamente devastou a aldeia. Mesmo quando adultos tentaram subjugar as meninas risonhas, o comportamento continuou. Algumas alunas até ficaram violentas. Os dias se passaram, então semanas, e quando o riso ainda não tinha parado um mês e meio depois, a escola foi forçada a fechar. Com as alunas isoladas em suas casas, o riso finalmente cessou e a escola foi capaz de reabrir em 21 de maio, quase quatro meses após o surto inicial. Então, quando 57 das 159 alunas foram **infectadas com o riso** como antes, as portas se fecharam novamente.

A escola também não foi o único local afetado. Logo após as aulas serem canceladas, surtos semelhantes eclodiram em cidades e aldeias vizinhas. Aparentemente, várias das meninas, tendo retornado a suas casas perto dali, trouxeram a **doença do riso** consigo e infectaram dezenas de outros ao longo do caminho. A epidemia até mesmo alcançou Nshamba, uma aldeia de dez mil pessoas, onde infectou centenas mais. Não mais confinada apenas às crianças, a epidemia cresceu tão generalizada que o número exato de pessoas afetadas não poderia sequer ser determinado. Como se pode medir tal evento? No total, antes do ano terminar, quatorze escolas foram fechadas e mais de mil pessoas foram tomadas por um surto incontrolável de risos.

Finalmente, os risos diminuiram e a epidemia morreu por conta própria, dezoito meses depois de ter começado. Foi como se, por um breve momento, o mundo visse como o riso pode ser contagiante. A questão permanece: **por quê?**

Escala no Empire State Building

Nosso segundo estudo de caso de riso diz respeito a um evento que ocorreu quase cinquenta anos depois, do outro lado do globo. O local foi o New York Friars' Club, apenas algumas semanas após os atentados de 11 de setembro de 2001, e o apresentador Jimmy Kimmel recebia Gilbert Gottfried ao palco para ele fritar (*roast*)[3] o convidado de honra da noite, o fundador da *Playboy* Hugh Hefner. Todos tinham evitado qualquer piada com conotações políticas ou sociais. Embora alguns tivessem se referido à recente tragédia, os comentários haviam sido curtos e respeitosos. Ao invés de abordar o tema de destaque do dia, tinham-se limitado a piadas de pênis e comentários sobre o estilo de vida de solteirão de Hefner.

Gottfried começou sua apresentação com algumas piadas certas, incluindo uma sobre Hefner precisar de Viagra. Em seguida, ele levou as coisas um passo adiante, caçoando que seu nome muçulmano era "Nunca Transou"[4]. O público riu, então Gottfried decidiu ir para o tudo ou nada.

"Eu tenho que sair mais cedo hoje à noite. Tenho que voar para Los Angeles e eu não posso pegar um voo direto. Tenho que fazer uma escala no Empire State Building."

Um silêncio se seguiu. As pessoas começaram a se sentir desconfortáveis, e várias pessoas engasgaram. Então, a sala encheu-se de vaias.

---

3 – NT: *Roast* é um evento em que um indivíduo é alvo de piadas, insultos e elogios, comum nos Estados Unidos da América (EUA). No Brasil, comediantes criaram uma versão dele: a *Fritada*.

4 – NT: Em inglês, *Hasn't Been Laid* se parece sonoramente com *Osama Bin Laden*.

"Cedo demais", gritaram alguns integrantes da plateia. O que fora uma plateia risonha e apoiadora momentos antes era agora uma sala cheia de julgamento.

Gottfried fez uma pausa. Como comediante profissional com mais de vinte anos de experiência, ele podia ver que a multidão se voltara contra ele. Ele havia ultrapassado o limite. Alguns artistas teriam reconhecido o erro e retornado para seu material seguro. Outros poderiam ter simplesmente deixado o palco. Gottfried foi em uma direção diferente.

"Tudo bem, um agente de talentos está sentado em seu escritório. Uma família entra: um homem, mulher, dois filhos, seu cãozinho. E aí, o agente de talentos pergunta: 'Que tipo de apresentação vocês fazem?'"

Eu gostaria de poder contar-lhe o resto da piada. De verdade. Mas de jeito nenhum você a verá no papel, assim como não a verá em gravações do programa. A depravação da piada ou quebrou todas as câmeras ou assustou tanto a Comedy Central que eles queimaram a fita logo em seguida. A piada, chamada *Os Aristocratas* por causa de seu desfecho, envolve escatologia, violência e até mesmo incesto e, embora exista há décadas, quase nunca é contada em público porque é literalmente a piada mais escabrosa do mundo. Após a introdução, em que uma família entra no escritório de um agente de talentos para descrever uma proposta de apresentação, a piada continua, descrevendo a apresentação mais obscena possível, cheia de sexo e tabus indizíveis. O desfecho, em que os artistas dão a sua apresentação o título muito apropriado *Os Aristocratas*, é menos uma piada tradicional do que uma oportunidade de compartilhar uma introdução revoltante.

Embora o público estivesse cauteloso no início, conforme a obscenidade escalava, a dedicação de Gottfried finalmente os conquistou. Logo a multidão rugia e muitos participantes, eles próprios artistas com padrões de comédia elevadíssimos, cairam ao chão de tanto rir. No momento em que a piada acabou, alguns gargalhavam tão alto que, como um jornalista colocou, soava como se Gottfried tivesse realizado uma traqueostomia coletiva na plateia.

A apresentação foi tão memorável que alguém fez um filme sobre a piada, com a apresentação de Gottfried como clímax, intitulado *Os Aristocratas*. Eu lhe imploro que veja o filme se você não for do tipo que se ofende facilmente.

Gottfried arrasou no resto de sua apresentação e, ao menos em parte por causa dessa piada, agora é considerado uma lenda em Nova York. Ele é o comediante de comediantes, e a piada ajudou muito mais do que apenas sua carreira, se você levar sua palavra a sério.

"A única razão para os Estados Unidos da América (EUA) estarem de pé hoje", afirmou em uma entrevista muitos anos depois, "é porque eu contei aquela piada na fritada do Hugh Hefner."

TITANIC

Nosso último estudo de caso de riso é mais pessoal. Por volta do Natal de 1997, minha esposa Laura e eu fomos ver o filme *Titanic* com meus pais. Foi um momento estressante porque acabáramos de nos mudar para Boston para começar a trabalhar em novos empregos. Mas queríamos ver nossas famílias nas férias, portanto empacotamos os animais de estimação e fomos para a Flórida para visitar meus pais e, como muitas vezes acontece quando visita-se a família, no segundo dia já estávamos sem coisas para fazer. Concordar em ver um filme foi difícil mas, no fim, não tínhamos muita escolha. Um filme dominava os cinemas, com novas exibições começando quase a cada hora. Estávamos prestes a assistir a um filme sobre um *iceberg*.

Eu não quero revelar nenhum detalhe importante, mas há uma cena perto do fim de *Titanic* em que Leonardo DiCaprio está congelando até a morte ao lado do navio afundando enquanto Kate Winslet se agarra a um pedaço flutuante dos fragmentos. Leo está prestes a morrer, Kate tem um interesse renovado na vida e Kathy Bates está reclamando ao longe que **alguém precisa fazer alguma coisa!** Mais de duas horas de história de amor levaram a este momento, e o diretor James Cameron está utilizando-se dele para valer. Enquanto eu observava a cena trágica, virei-me para olhar para trás e vi que cada pessoa na plateia estava chorando. Mulheres e homens soluçavam nas mangas das camisas, inclusive meu pai, que até hoje afirma que ele simplesmente comera muitas balas de canela (*Red Hots*)[5].

Então eu olhei para Laura. Ela estava rindo.

Ora, eu não quero fazer minha esposa parecer insensível. Ela chora muito, ou pelo menos uma quantidade normal para uma mulher de sua idade. Ela não pode sequer ouvir uma música de Sarah McLachlan porque a faz lembrar dos comerciais anticrueldade animal da SPCA[6]. Mas havia algo sobre o ridículo da situação que a fez perder o controle no cinema naquela noite. Ela tentou segurar suas emoções, mas quanto mais ela lutava para escondê-las, mais elas afloravam. As pessoas ao nosso redor começaram a ficar irritadas, o que só piorou as coisas. Perguntei a Laura o que estava acontecendo.

Ela esperou alguns segundos antes de responder.

"Ei, Adrian", ela sussurrou em meu ouvido, uma referência a uma fala dos filmes *Rocky*. Aparentemente, a cena diante de nós a havia feito pensar na história de amor de Filadélfia, enquanto todo mundo ainda estava de luto no Atlântico Norte. Ela até bablbuciou as sílabas, como Stallone. Exceto que, no filme atual, os personagens balbuciavam porque estavam morrendo de frio. Em *Rocky*, era apenas como eles falavam.

Meus pais não acharam engraçado.

>> <<

Compartilhar esses três incidentes pode parecer uma maneira estranha de começar um livro sobre o humor. Afinal, só o segundo envolve uma piada tradicional (embora vagamente definida) e, como eu disse, é tão obscena que não posso nem repeti-la aqui. No exemplo de *Titanic* de Laura, apenas uma única pessoa riu, e todo mundo achou o comportamento impróprio e perturbador.

---

5 – NT: No original, *Red Hots* é uma marca de balas de canela comumente consumidas em cinemas e com sabor bastante pungente.

6 – NT: *SPCA* é a *Society for the Prevention of Cruelty to Animals,* o equivalente à Sociedade Protetora dos Animais no Brasil.

Minha esperança é que, até o final deste livro, você olhará para o humor de forma diferente – não mais em termos de piadas, mas sim como um **mecanismo de enfrentamento psicológico**. Este é exatamente o que os três estudos de caso têm em comum. Nas páginas que se seguem, vamos ver por que o humor, ainda que assuma muitas formas diferentes, não pode ser reduzido a uma única regra ou fórmula. Em vez disso, devemos vê-lo como um processo de resolução de conflitos. Algumas vezes o conflito é interno, como o colapso de Laura no cinema, e às vezes é social, como a piada de Gottfried. Em outros momentos, como com as crianças de Kagera, é uma combinação de ambos, a única maneira de lidar com o turbilhão da vida.

O Que é Humor?

Para muitos de nós, **humor** é **sinônimo** de ser **engraçado**. Alguém que conta uma piada ou nos faz rir é considerado bem-humorado, e ter um senso de humor significa ser rápido em reconhecer uma piada ou compartilhar uma história divertida. No entanto, um exame mais atento mostra que o humor não é sempre tão simples. Por exemplo, por que algumas piadas são hilariantes para alguns, mas grosseiramente ofensivas para outros? Por que os vilões riem quando estão conquistando o mundo, ou crianças riem quando lhes fazem cócegas? Por que é (para parafrasear Mel Brooks) que quando eu caio em um bueiro é engraçado, mas quando você faz a mesma coisa é trágico?

Para pegar um exemplo específico, considere uma das maiores comédias de todos os tempos, como avaliada pelo American Film Institute[7]: *Dr. Fantástico*[8]. Nesse filme, soldados levam tiros, homens cometem suicídios e o mundo inteiro é finalmente destruído pela guerra nuclear. Ainda assim, ele é considerado humorístico, porque pretende-se que toda a morte e destruição sejam irônicas. No filme, quase completamente faltam piadas tradicionais, mas a

---

7 – NT: Instituto Americano de Cinema.
8 – NT: *Dr. Strangelove or: How I Learned to Stop Worrying and Love the Bomb.*

inutilidade e futilidade que retrata nos faz rir porque não temos outra maneira de responder.

Sob certas circunstâncias, quase qualquer coisa pode nos fazer rir, razão pela qual o humor deve ser considerado um **processo**, e não uma **visão** ou um **comportamento**. É o resultado de uma batalha em nosso cérebro entre os sentimentos e os pensamentos, uma batalha que só pode ser compreendida ao se reconhecer o que causou o conflito. Para entender o porquê, vamos revisitar os três cenários que abriram este capítulo.

No primeiro cenário, o surto em Kagera, vemos uma importante distinção a respeito do humor: **nem tudo o que nos faz rir é engraçado**. As crianças que foram afetadas, embora rissem por fora, relataram estresse extremo – e desesperadamente queriam parar. Uma interpretação é que elas sofreram de uma histeria coletiva provocada pelo estresse de uma enorme mudança social. O anterior mês de dezembro marcara a independência do país da Grã-Bretanha, e a própria escola recém abandonara a segregação racial, integrando suas alunas em um momento de intensa sensibilidade cultural. Adicione a isso o fato de que as alunas eram adolescentes, muitas recém entrando na puberdade, e as pressões eram imensas.

Mas isso não explica: **por que o riso?** A história é cheia de mudança social e cultural, mas epidemias como esta são raras e, quando ocorrem, o comportamento é geralmente complexo. Na Europa do século XVI, por exemplo, grupos de freiras certa vez espontaneamente explodiram em convulsões enquanto imitavam sons dos animais locais. Dezenas de conventos foram afetados. Em um deles, as ocupantes miavam incontrolavelmente como gatinhos; em outro, elas latiam como cães. Em um convento em Xante, Espanha, elas baliam como ovelhas. Os cientistas concordam que o estresse provocou estes surtos também – especificamente, o estresse causado pela rigorosa doutrinação religiosa e rumores generalizados sobre bruxaria. As freiras sentiram-se tão ameaçadas pela possessão espiritual que passaram a adotar o exato comportamento contra o qual foram advertidas.

Seria fácil dizer que as crianças de Kagera simplesmente sofreram um colapso nervoso. Forçadas a viver em dois mundos ao mesmo tempo – nem britânico nem africano, nem preto nem branco, nem mesmo adulto ou criança, mas uma combinação de todos – elas não conseguiram lidar com isso. Mas o riso não é um colapso nervoso. Sofrer convulsões no chão enquanto se mia como um gatinho é um colapso nervoso, mas o riso é algo completamente diferente. É um mecanismo de defesa, uma forma de lidar com o conflito. Às vezes, esse conflito vem na forma de uma piada. Às vezes é mais complicado do que isso.

Considere a história de Conchesta, uma das crianças afetadas pelo surto. Como adolescente, ela também tinha sido tomada pelo riso durante a epidemia e, quando questionada mais tarde sobre o riso, ela alegou que ele atingira em sua maioria meninas que "não eram livres". Quando o repórter perguntou se Conchesta sentia-se livre, sua resposta foi imediata: "Quando se mora com seus pais e se está nessa idade, ninguém é realmente livre."

A história de Conchesta revela um cérebro atolado em conflitos. Na época do surto, ela estava saindo com um rapaz das redondezas, mas, como a maioria das meninas pubescentes, ela estava proibida de passar tempo a sós com membros do sexo oposto. Normalmente, um processo de namoro preestabelecido teria permitido que o relacionamento florescesse sob controle rigoroso, mas os valores ocidentais haviam mudado tudo. Igrejas católicas e protestantes começaram a oferecer dinheiro aos aldeões para unirem-se a suas congregações, trazendo consigo novas regras para o sexo e o casamento. Os clãs desintegraram-se e, da mesma forma, as estruturas estabelecidas para as jovens pubescentes para encontrar possíveis parceiros. Conchesta não era livre naquele momento porque ela não sabia mais quem ela era. Seu cérebro estava em um estado de transição.

A história de Conchesta era típica entre as crianças de Kagera, mas sua explicação para o surto foi menos científica. Antes do surto, ela disse que a aldeia fora atingida por uma infestação de lagartas, que cresceram principalmente nos campos próximos. Estas lagartas, embora individualmente inofensivas, historicamente chegavam em enxames no fim do inverno e início da primavera. Elas podiam destruir uma plantação inteira em questão de dias, assim seu aparecimento era tudo, menos bem-vindo. As crianças eram avisadas para ficar longe dos campos por medo de incomodar as visitantes e provocar sua ira. Aqueles atingidos pelo riso, de acordo com a lenda, ignoraram as instruções e atravessaram um campo, matando várias lagartas e enfurecendo seus espíritos. O riso era o castigo desses espíritos.

Ninguém pensou em perguntar se Conchesta foi uma das crianças que ilicitamente cruzaram os campos, ou em associar o surto com outro aspecto único da lagarta – que ela, também, habita dois mundos ao mesmo tempo. Ao nascer, é uma larva que alimenta-se de folhas e grama, uma força destrutiva capaz de aniquilar plantações inteiras em apenas alguns dias. Mas dentro de seu casulo, é uma mariposa *Spodoptera exempta*, esperando para emergir e voar para terras distantes centenas de quilômetros.

>> <<

No segundo cenário, Gilbert Gottfried contou a piada mais obscena do mundo para uma plateia já cautelosa com narrativas ofensivas, mas ele foi bem-sucedido porque sua piada comunicou uma ideia sensível e sutil, uma ideia que o tornou querido para a plateia. A ideia aqui é de que as piadas obscenas não devem ofender, mas sim questionar o que significa ser ofendido em primeiro lugar. O humor obsceno desafia as normas aceitas e nos faz rir, não **a despeito** de sua depravação, mas **por causa** dela.

O humor, especialmente o humor ofensivo, é idiossincrático. As pessoas têm limites diferentes para o que acham ofensivo e elas variam muito em suas respostas quando esse limite é ultrapassado. Ainda assim, a desfaçatez de Gottfried na luta face a face contra as sensibilidades predominantes foi impressionante. Se ele simplesmente tivesse mandado sua plateia relaxar, ele teria sido vaiado para fora do palco. Se ele tivesse vomitado ultraje e obscenidade fora do contexto de uma piada, a reação do público teria sido ainda pior. O humor forneceu-lhe uma ferramenta. E ele usou-a habilmente.

A piada de Gottfried também revela a natureza psicológica e social conjunta do humor. Há um velho ditado que se você quiser frisar uma questão, conte uma história; mas levantar várias questões ao mesmo tempo requer humor. O humor ousado nunca envolve apenas uma única mensagem. Há o que o humorista está dizendo e todo o resto não dito. Quando Gottfried contou a piada *Os Aristocratas*, ele não estava celebrando a perversidade. Ao contrário, ele estava compartilhando seu desejo de ser engraçado e ao mesmo tempo permanecer respeitoso com as recentes vítimas de 11/9, e a única maneira de fazer as duas coisas era fazer sua plateia esforçar-se com o mesmo desafio. Isso exigiu mostrar-lhes que até mesmo as palavras mais vis não machucam ninguém fisicamente.

Mesmo os animais usam o humor como ferramenta para dispersar situações tensas. Por exemplo, os chimpanzés mostram os dentes em riso durante interações amigáveis, especialmente quando encontram estranhos e formam novos laços sociais, e os cães, os pinguins e até mesmo os ratos mostraram dar risadas amistosas enquanto brincavam de lutar. Considere, por exemplo, um estudo realizado por membros do Spokane County Regional Animal Protective Service[9]. Eles gravaram os grunhidos feitos por cães do abrigo enquanto brincavam, ruídos que pareciam estranhamente com o riso. Quando esses mesmos ruídos foram transmitidos pelos alto-falantes no abrigo, os cães não só ficaram mais relaxados, mas também brincaram mais. Eles abanaram a cauda e em geral agiram como se estivessem relaxando em um clube humorístico em vez de estarem confinados em um canil.

Nossa semelhança com outras espécies também não se limita ao riso – alguns animais até mesmo demonstram um senso de humor bastante provocativo. Um caso em questão é o do chimpanzé chamado Washoe, um dos primeiros animais a aprender a linguagem de sinais estadunidense. Washoe foi criado pelo pesquisador de prima-

---

9 – NT: uma instituição de proteção aos animais de Washington.

tas e pai adotivo Roger Fouts e, de acordo com um relato frequentemente repetido, um dia Washoe estava sentado nos ombros de Fouts, quando de repente e sem aviso ele começou a fazer xixi. Claro que Fouts perturbou-se com o incidente, como qualquer um sob tais circunstâncias mas, em seguida, ele olhou para cima e viu que Washoe estava tentando lhe dizer alguma coisa. Ele estava fazendo o sinal para **"engraçado"**. A piada, aparentemente, era Fouts.

>> <<

O terceiro cenário levantou a questão de por que Laura faria uma piada enquanto assistia às cenas finais de *Titanic*. Poderíamos perguntar a Laura ela mesma, mas a psicologia sugere que isso forneceria uma resposta não confiável. Laura provavelmente não sabe mais do que nós. Só podemos olhar para suas ações, o que nos leva ao: "Ei, Adrian!"

Como vimos, o humor é muitas vezes visto como envolvendo piadas, mesmo as obscenas como a de Gottfried. Esta, no entanto, foi uma situação completamente diferente. Laura riu enquanto estava cercada por dezenas de pessoas chorando, nenhuma das quais achou que suas ações fossem adequadas para aquele momento. Na verdade, várias pessoas mandaram ela ficar quieta, incluindo sua sogra, algo que nunca teria acontecido se assistíssimos a uma comédia. Não havia nenhuma expectativa social de riso e também nenhuma piada; apenas uma esposa envergonhada e uma multidão de espectadores irritados.

O American Film Institute lista "Ei, Adrian" entre as falas mais influentes da história do cinema, embora não seja reconhecida por ser profunda ou significativa. Pelo contrário, é apenas uma daquelas frases que sai de nossa boca. Quando os filmes *Rocky* foram lançados, todos imitavam o "Ei, Adrian" balbuciado de Stallone. A fala é até repetida nas continuações, e em cada caso é retratada como um chamado honesto e sentimental ao amor de Rocky. Isso não quer dizer que seja uma fala simples ou sem significado. Longe disso, é genial. Depois que Rocky sobrevive a sua luta com Apollo Creed, seu chamado a Adrian é um clímax emocionante. Pontuar a cena com uma fala curta e coloquial é a vida real. É a notável ausência de sentimentalismo.

Eu não posso dizer o que Laura sentia mas, obviamente, ela não se comoveu com a morte do personagem de DiCaprio. Meu palpite é que seu cérebro precisava de uma maneira para resolver o conflito entre assistir a uma morte trágica na tela e sentir que suas emoções eram manipuladas com uma marreta. "Eu só vi todas as pessoas chorando e por algum motivo eu imaginei o Sylvester Stallone, quero dizer, o Rocky, lá na água também, chamando a Adrian", Laura me disse depois. "E eu me perguntei: **o que o Rocky diria?** Não havia jeito de tirar aquilo da minha cabeça naquele momento. Eu queria chorar, eu queria mesmo. Eu só queria muito que o Rocky estivesse lá também."

Na reação de Laura vemos outro importante princípio psicológico controlando o humor, o de que reagimos a situações engraçadas em toda parte, e todos nós já rimos de situações que só nós achávamos divertidas. Laura era a única pessoa a rir no cinema porque só ela achava o enorme sentimentalismo divertido, seu cérebro se esforçava para resolver suas emoções opostas sobre o que acontecia na tela. Por um lado, ela experimentou tristeza enquanto assistia a centenas de pessoas tragicamente afogarem-se, incluindo o personagem principal masculino. Por outro lado, ela podia ver o diretor James Cameron tratar o clímax emocional diante dela da mesma maneira que ele tratou as apoteoses de ação de seus filmes anteriores, *Alien 2* e *O Exterminador do Futuro:* com uma fúria sem interrupções. Isso é pedir muito de qualquer um.

Pode parecer que cada um dos nossos três estudos de caso de riso moveu-se para cada vez mais longe do conceito tradicional de humor. Eles o fizeram mas, como vimos, o humor não é apenas sobre ser engraçado; é também sobre como lidamos com mensagens complexas e contraditórias. Ele nos ajuda a resolver sentimentos confusos e até mesmo conectar-nos com os outros em momentos de estresse. O riso é simplesmente o que acontece à medida que lidamos com os detalhes.

O Conceito Fugidio de Comicidade

Imagine que é a metade do século XX e que você acabou de se oferecer para participar de um estudo sobre humor. O pesquisador quer que você veja uma série de cartuns feitos à mão. Aja naturalmente, diz ele, e ria somente quando o sentimento atingi-lo.

O primeiro cartum mostra um homem casualmente varrendo folhas, ao lado de uma mulher roliça amarrada a uma árvore. Não há explicação, apenas uma mulher que parece irada e um homem que parece feliz por experimentar o ar livre sem sua parceira poder interferir. O segundo cartum mostra um homem e um gorila entrando em uma loja de animais ao lado de um cartaz que diz: "Compramos e vendemos animais". No segundo quadro, o gorila sai da loja com uma pilha de dinheiro nas mãos. O terceiro cartum é da revista *The New Yorker* e retrata dois esquiadores, um subindo o morro e o outro descendo. Atrás do esquiador indo para baixo há um conjunto de rastros que passam em torno de uma árvore. Exceto que o caminho do esqui esquerdo passa pelo lado esquerdo da árvore e o outro pelo direito. O esquiador subindo olha tudo com perplexidade.

Nenhum desses cartuns é particularmente engraçado, mas você ri do segundo, aquele com o gorila, assim como do último com os esquiadores. Você percebe que o pesquisador toma notas e, quando o teste é concluído, você pergunta a ele como você se saiu. Ele diz que você mostra sinais de ansiedade. **Por quê?** Ele responde que o primeiro cartum, aquele com a mulher amarrada, é um "estímulo sensível". Pessoas ansiosas e esquizofrênicos tendem a perturbar-se pelo pensamento de contenção involuntária e, portanto, não riem desse, ao passo que as pessoas normais acham-no divertido, porque elas reconhecem que a violação é pequena e que o homem está apenas usando um meio incomum e, potencialmente, bem humorado de desfrutar de um dia ensolarado. O pesquisador continua, dizendo-lhe que os outros dois cartuns, os com o gorila e o esquiador, não são particularmente provocadores, por isso é interessante que você tenha achado esses divertidos. As pessoas normais tipicamente precisam que seu humor deixe-os um pouco desconfortáveis, e estes cartuns não deveriam satisfazer essa necessidade.

Mas não se preocupe, ele acrescenta. É apenas uma avaliação.

Você acabou de fazer o **Teste de Resposta à Comicidade**, uma ferramenta de humor de meados do século XX que já foi popular o bastante para ser destaque na revista *Life*. É baseado na teoria de Freud de que o humor é nossa maneira de resolver conflitos internos e ansiedade. De acordo com Freud, constantemente desejamos coisas como **comida** e **sexo**. Ao mesmo tempo, nossas ansiedades nos impedem de agir sobre esses desejos, levando a um conflito interior. O humor, ao tratar esses impulsos proibidos de forma leve, permite-nos aliviar a tensão interna; em outras palavras, ele nos permite expressar-nos de maneiras anteriormente proibidas. É por isso que piadas bem-sucedidas devem ser pelo menos um pouco provocantes. Muita ansiedade e retemos o riso. Pouca e não rimos, porque nosso sistema humorístico não está realmente engajado.

As coisas mais engraçadas são aquelas bem no meio. Indivíduos que sofrem de esquizofrenia ou níveis elevados de ansiedade em geral divertem-se apenas com os cartuns mais suaves, porque eles já têm bastante estresse em suas vidas. Todo mundo prefere mais o meio-termo.

Embora poucos cientistas levem Freud a sério agora, a maioria reconhece que há pelo menos um núcleo de verdade em sua teoria. Piadas que não conseguem deixar-nos pelo menos um pouco desconfortáveis não funcionan. É o conflito de querer rir, embora não tendo a certeza de que devemos, que faz as piadas serem satisfatórias.

Nós rimos do que nos obriga a integrar objetivos ou ideias incompatíveis que levam a confusão, dúvida e vergonha, mas a forma do que causa essas reações varia muito. Por exemplo, há charadas, trocadilhos, sátira, perspicácia, ironia, pastelão e humor negro, para citar apenas algumas. Asa Berger, um proeminente pesquisador de humor e autor de mais de sessenta livros sobre temas como a indústria de história em quadrinhos e o turismo de Bali, identificou até **quarenta e quatro tipos distintos de humor**. Percebendo que esse número estava ficando ingovernável, ele passou a agrupá-los em quatro categorias: **linguístico**, **lógico**, **ativo** e **baseado em identidade**. O pastelão, por exemplo, é uma forma ativa de humor. A caricatura centra-se na identidade.

Os capítulos futuros explorarão alguns desses tipos de humor com maior detalhe mas, por enquanto, vamos nos concentrar no pastelão como exemplo. O humor pastelão envolve violência exagerada, muitas vezes no contexto de acidentes e colisões que ocorrem fora dos limites do bom senso. Em outras circunstâncias, tal violência seria assustadora, mas com o pastelão é divertida. **Por quê?** Porque quando os Três Patetas atacam uns aos outros com bastões, eles o fazem com movimentos exagerados e o entendimento de que a violência não tem a intenção de ferir ou mutilar. Ainda é violência, mas é inofensiva, um paradoxo desconcertante que leva ao riso. Se a violência fosse realista, não seria engraçada, motivo pelo qual atropelar um estranho com seu carro é um crime. Fazer a mesma coisa com Johnny Knoxville vestindo uma roupa de galinha vai colocá-lo na televisão.

Mesmo com toda essa variação, os efeitos do humor sobre a mente são os mesmos para todos: substâncias químicas inundam o cérebro, resultando em alegria, riso ou ambos. Embora muitas pessoas pensem que o cérebro seja como uma máquina elétrica, isso é um equívoco. Neurônios individuais dependem internamente de polarização elétrica, mas as conexões entre os neurônios são quase sempre **químicas**. É por isso que certas drogas podem ter fortes efeitos sobre nosso pensamento – elas são feitas das mesmas substâncias que as usadas pelo cérebro para transmitir mensagens.

A **dopamina**, o neurotransmissor mais intimamente ligado ao humor, é muitas vezes considerada como a "recompensa química" do cérebro. É por isso que ela também foi associada com a **aprendizagem motivada**, a memória e até mesmo a atenção. Comida e sexo também estimulam o cérebro a aumentar a dopamina disponível, ao passo que deficiências de dopamina levam à **motivação comprometida**. A **cocaína** também aumenta a disponibilidade de dopamina no cérebro, motivo pelo qual é tão viciante; após a alta inicial, o usuário desesperadamente quer mais. O **chocolate** faz basicamente a mesma coisa, só que não com tanta força.

Sabemos que a dopamina é importante para o humor porque somos capazes de olhar para o cérebro das pessoas enquanto elas veem piadas e de ver o que acontece. Isto é o que o neurocientista Dean Mobbs fez no Laboratório de Neuroimagem Psiquiátrico de Stanford. Especificamente, ele mostrou cartuns a indivíduos, enquanto eles eram monitorados por um *scanner* de imagem por ressonância magnética, conhecido popularmente como uma ressonância magnética. Metade dos oitenta e quatro cartuns foram escolhidos por serem particularmente engraçados, enquanto a outra metade teve as partes engraçadas removidas (ver Figura 1.1). Seu objetivo era ver quais partes do cérebro tornavam-se ativas durante os experimentos engraçadas, mas não durante os outros.

FIGURA 1.1. Um dos cartuns mostrados aos indivíduos enquanto eles eram monitorados por ressonância magnética. Para a versão "engraçada", foi utilizado o cartum inalterado. Para a versão "sem graça", o alienígena foi removido e o homem fazia o comentário sobre alucinação para si mesmo. Apenas a versão engraçada levou à ativação em centros de dopamina do cérebro. Copyright BIZARRO © 2013 Dan Piraro, Distributed by King Features.

Mobbs viu que o cérebro dos indivíduos ficava altamente ativado para todos os cartuns, mas um subconjunto de estruturas respondia apenas para os engraçados – a saber, a área tegmental ventral, o núcleo accumbens, e a amígdala, localizados no centro do cérebro. **O que essas regiões do cérebro têm em comum?** Elas são componentes-chave do que os cientistas chamam de circuito de recompensa dopaminérgico, que é responsável pela distribuição de dopamina no cérebro. Em resposta a piadas sem graça, nós não só não rimos, nós perdemos a alegria. Essa alegria vem na forma de dopamina.

O circuito de recompensa dopaminérgico é uma das regiões mais incompreendidas do cérebro, em parte porque ele realiza tanto. Ele é importante para as emoções, bem como para a memória, e foi associado com o condicionamento clássico, a agressão e até mesmo a ansiedade social. Ele é tão importante porque a recompensa é a forma como o cérebro se mantém funcionando. Muitas vezes pensamos em recompensas como coisas que nos são dadas, em vez de darmos a nós mesmos, mas o cérebro não funciona dessa maneira. Para manter-nos tomando boas decisões, ele dá recompensas para **si mesmo** o tempo todo. É por isso que a emoção é um elemento tão fundamental para a boa tomada de decisão. A dopamina é a moeda que permite que o governo do cérebro opere.

Vale a pena parar um momento para reconhecer este fato importante: o humor toca diretamente no sistema de produção de prazer do cérebro. Para explorar esse conceito, vamos comparar dois estudos, cada um examinando fenômenos muito diferentes. O primeiro foi realizado na Universidade McGill, em Montreal, no Canadá, onde dez músicos ouviram peças de música identificadas como tão emocionalmente tocantes a ponto de induzir calafrios, aquela sensação de arrepio nas costas que acompanha a euforia intensa. Para cada músico, apenas uma peça desse tipo foi escolhida antes do início do experimento e, em seguida, os pesquisadores identificaram as regiões cerebrais responsáveis pela sensação enquanto os músicos ouviam suas músicas. Os culpados? Não surpreendentemente, estes foram a amígdala e o estriado ventral do circuito de recompensa dopaminérgico, bem como a região primária à qual eles estão ligados: o córtex pré-frontal medial ventral.

O cérebro dos indivíduos também foi monitorado no segundo estudo, mas desta vez os pesquisadores mostraram vídeos do *show* de televisão britânico *Mr. Bean*, estrelado por Rowan Atkinson. Esta série, que enfoca na comédia física de Atkinson enquanto ele resolve problemas cotidianos com uma confusão infantil, é única pelo fato de apresentar quase nenhum diálogo. Isso permitiu que se mostrasse aos indivíduos combinações de partes engraçadas e sem graça, cuja única diferença era seu nível inerente de humor. Metade dos vídeos foram retirados das partes mais engraçadas da série, enquanto a outra metade não incluía elemento humorístico algum, e os indivíduos foram instruídos a simular o riso mesmo quando eles não os achassem engraçados.

A área do cérebro mais ativa durante as partes engraçadas, mas não as outras, foi o córtex medial ventral, o alvo principal do circuito de recompensa dopaminérgico. Esta é a região responsável por diferenciar o riso verdadeiro do fingimento, a mesma que aparentemente dá a alguns de nós arrepios quando ouvimos o *Adagio para Cordas* de Samuel Barber.

A partir dessas constatações, você pode suspeitar que a dopamina seja um dos produtos químicos mais importantes do cérebro, e você estaria certo. Os cientistas ainda propuseram algo chamado de **hipótese da mente dopaminérgica**, que afirma que o aumento da dependência de dopamina ajuda a explicar a nossa separação evolutiva de ancestrais símios inferiores. De acordo com esta teoria, quando o *Homo habilis* começou a comer carne há cerca de 2 milhões de anos, a química do cérebro começou a alterar-se. A produção de dopamina disparou, bem como a incidência de processos cognitivos e sociais que dependem desta substância, como arriscar-se e comportar-se objetivamente. Em suma, a dopamina nos fez o que somos: os caçadores de emoções físicas e intelectuais, sempre à procura de alguma nova maneira de melhorar a nossa vida ou nos fazer rir.

Temos provas de que a dopamina também é fundamental para o humor animal, mais notadamente da pesquisa de Jeffrey Burgdorf da Universidade Northwestern. Não só ele aprendeu a fazer cócegas nos ratos, mas também conseguiu configurar dispositivos de gravação para ouvir suas risadas. Aparentemente, cocega-se um rato coçando sua barriga, fazendo-o emitir gritos agudos em torno de 50 kHz, bem fora da faixa de audição humana, mas facilmente audível para um rato. Burgdorf mostrou que ratos respondem às cócegas da mesma forma que os seres humanos, fugindo em antecipação a dedos cocegantes e às vezes rindo mesmo antes de qualquer contato ser feito. Afagar (isto é, acariciar) os ratos não provoca as mesmas reações, e segurá-los também não. Burgdorf demonstrou ainda que os ratos mais velhos respondem menos às cócegas do que os mais jovens, como acontece com os seres humanos, e que os ratos jovens que estão sós, como resultado de estarem isolados de seus companheiros, são os ridentes mais prolíficos de todos.

Mas mais importante, Burgdorf mostrou que cócegas não foram a única coisa que causou riso a seus ratos. A inserção de eletrodos em seus centros produtores de dopamina alcançou o mesmo resultado. Ele até treinou ratos a estimularem seus próprios cérebros, pressionando uma barra, transmitindo uma corrente a seus centros de dopamina e fazendo-os rir, mesmo sem quaisquer cócegas. Administrar substâncias que promovem a dopamina diretamente no cérebro dos ratos teve efeitos semelhantes.

Aparentemente, os ratos não são tão diferentes dos seres humanos, o que sugere que o riso possa existir há muito tempo. Talvez ele tenha se desenvolvido para ajudar mulheres como a minha esposa a lidar com o sentimentalismo excessivo, e a meninas como Conchesta a lidar com a agitação política e social. Para Gilbert Gottfried, pode até ter ajudado a impedir uma plateia sensível de vaiá-lo para que saísse fora do palco. Agora que já não podemos mais resolver a confusão tirando pulgas do pelo um do outro ou batendo uns nos outros com paus, nosso humor evoluiu do mesmo jeito que nós. E essa evolução deu voltas muito amplas.

A Piada Mais Engraçada do Mundo

Diz a lenda que há apenas **cinco piadas no mundo**. Eu suspeito que este mito persista apenas porque ninguém tenha tentado identificar que piadas são essas, mas o sentimento tem alguma verdade. Mesmo que os tempos mudem, o humor permanece constante, motivo pelo qual ainda podemos apreciar muitas piadas que remontam à época romana: "Um barbeiro tagarela certa vez perguntou a seu cliente como ele deveria cortar seu cabelo", diz uma piada compartilhada há mais de dois mil. "**'Silenciosamente'**, o cliente respondeu." Pode ser que as piadas tradicionais sejam raras, se não estiverem mortas, e que o humor seja melhor entendido não através de frases espirituosas, mas em termos de pensamentos e sentimentos conflitantes. No entanto, ainda é útil analisar piadas porque não há melhor maneira de entender como o humor afeta a todos nós de forma diferente. Há algo universal sobre o humor, apesar de suas muitas formas. Que melhor maneira de reconhecer os diferentes tipos de humor do que vê-los em ação, na forma de piadas?

Provavelmente, a tentativa mais bem-sucedida de categorizar os tipos de humor tem o nome menos engraçado possível: o **Teste de Humor 3WD** (WD significa *Witz Dimensionen*, ou "dimensão da piada"). Ele foi desenvolvido pelo pesquisador alemão Willibald Ruch, que fez a indivíduos uma série de perguntas sobre piadas e cartuns e, com base nesses julgamentos, agrupou suas preferências humorísticas em três tipos. O primeiro tipo é chamado de **incongruência-resolução**, que normalmente envolve violar as expectativas de novas maneiras, com desfechos que levam a **surpresa** ou **alívio**. O segundo é chamado de **humor absurdo**, que é engraçado só porque **não faz sentido algum**. O terceiro é o **humor sexual**, que é frequentemente ofensivo ou, possivelmente, um **tabu**. Embora o conteúdo de piadas individuais varie, Ruch mostrou que a maneira como elas nos provocam geralmente cai em uma dessas três categorias, sendo que as piadas mais populares baseiam-se um pouco em cada uma.

Outra abordagem é a classificação de declarações em categorias dependendo da forma como elas descrevem nossos gostos humorísticos. Esta é a técnica utilizada pelo Humorous Behavior Q-Sort

Deck[10], que envolve cem cartões contendo declarações impressas que vão do **simples** (por exemplo, "É sarcástico") ao **reflexivo** (por exemplo, "Somente com dificuldade pode rir de sentimentos pessoais"). Os participantes classificam os cartões em nove pilhas, dependendo da relevância pessoal das declarações, e seu senso de humor é avaliado em termos de o quanto é **social**, **contido** ou **cruel**. Uma extensa pesquisa utilizando este teste revelou que o gosto humorístico estadunidense tende a ser socialmente **caloroso** e **reflexivo**, enquanto o humor britânico se inclina mais para o **espirituoso** e **divertidamente estranho**.

Mas tentar medir o humor sem considerar o contexto psicológico dos indivíduos é difícil, porque não podemos ver onde seus conflitos residem. Somos forçados a dar nosso melhor palpite e, apesar de poder ser útil, pode ser complicado também. Talvez por isso um cientista, Richard Wiseman, decidiu parar completamente de pedir a indivíduos para caracterizar piadas. Em vez disso, ele simplesmente lhes fez uma única pergunta: **"Essa piada é engraçada?"** Ele não perguntou-lhes por quê e ele também não os fez visitar seu laboratório. Antes, ele pediu a ajuda da Associação Britânica para o Avanço da Ciência e iniciou um *site*. Um ano e 1,5 milhão de respostas depois, ele tropeçou na piada mais engraçada do mundo.

Wiseman é psicólogo da Universidade de Hertfordshire, ao norte de Londres. Ele já escreveu quatro livros e é geralmente considerado um dos cientistas mais influentes da Grã-Bretanha. Apesar de não ser um pesquisador de humor por formação, ele tem muita experiência explorando temas incomuns, tais como a **decepção**, o **paranormal** e a **autoajuda**. Ele também é listado pelo *Guinness* como o pesquisador-chefe de um dos maiores experimentos científicos de todos os tempos.

Seu projeto, chamado LaughLab[11], começou com uma simples pergunta: **o que torna uma piada engraçada?** Para pesquisar esta questão, ele pediu às pessoas para responderem algumas perguntas sobre si mesmos, e então para classificarem a comicidade de uma amostra

---

10 – NT: Algo como "Baralho de Comportamento Humorístico com Perguntas".

11 – NT: Laboratório do Riso.

aleatória de piadas, com base em uma escala de 1 a 5 do **"risômetro"**. Já que ele também queria obter um suprimento fresco de piadas, acrescentou uma seção onde as pessoas podiam enviar suas próprias piadas preferidas. Graças a um pouco de publicidade gratuita e bastante interesse internacional, milhões de pessoas "voaram" para seu *site*. Ao todo, Wiseman recebeu mais de quarenta mil piadas, muitas das quais tiveram de ser rejeitadas porque eram demasiado vulgares para serem compartilhadas com um público mais amplo. Wiseman incluiu piadas que ele não achava que eram particularmente engraçadas, no caso de ele acidentalmente não ter entendido o humor. Por exemplo, a piada: *What's brown and sticky? A stick*[12] foi enviada mais de trezentas vezes, e Wiseman a manteve, porque ele achou que tamanho número de pessoas deveria saber algo que ele não conseguia perceber de engraçado.

Além de dizer a ele que piadas as pessoas achavam mais engraçadas, o experimento produziu grandes quantidades de informação, permitindo, assim, algumas análises muito específicas. Por exemplo, Wiseman descobriu que as piadas mais engraçadas tinham 103 letras de comprimento. Este número específico não era especial; tinha que haver algum ponto no qual as classificações seriam mais altas, e **103 letras** foi esse ponto. Uma vez que muitas das piadas incluíam referências a animais, ele também foi capaz de identificar que animal era o mais engraçado. O pato, curiosamente, ganhou esse prêmio. Talvez sejam os pés palmados, Wiseman pensou, mas se um piadista tiver a opção de dar o papel principal a um cavalo falante ou a um pato falante, a escolha é clara. A hora mais engraçada do dia: 6:03 da noite. O dia mais engraçado: o dia 15 do mês. Os dados de Wiseman renderam uma fonte quase inesgotável de descobertas.

Uma das descobertas mais interessantes foi como o humor varia de acordo com a nacionalidade. Os alemães acharam que todas as piadas eram engraçadas. Os escandinavos classificaram-se mais perto

---

12 – NT: *What's brown and sticky? A stick* . Literalmente, "O que é marrom e pegajoso? Um graveto". *Sticky* significa pegajoso, mas se parece com a palavra *stick*, que é graveto. Em inglês, um adjetivo pode derivar de um substantivo com adição da letra "y". A palavra *sticky* ficaria entendida, então, como "gravetoso".

do meio-termo, e também tiveram a infeliz tendência de incluir as palavras **"ha, ha"** no fim de suas contribuições, como se tranquilizassem o leitor de que eles tinham acabado de vivenciar uma piada. Os estadunidenses mostraram uma afinidade diferente com piadas que incluíam insultos ou ameaças vagas.

Aqui está uma piada particularmente apreciada por estadunidenses, nem tanto por outros:

> *Texano: "De onde você é?"*[13]
> *Diplomado de Harvard: "Eu venho de um lugar onde nós não terminamos frases com preposições."*
> *Texano: "Ok , de onde você é, imbecil?"*

Os europeus, por sua vez, mostraram uma afinidade para piadas que eram absurdas ou surreais. Aqui estão mais dois exemplos:

> *O paciente diz: "Doutor, ontem à noite eu cometi um deslize freudiano. Eu estava jantando com minha sogra e queria dizer: 'Você poderia por favor passar a manteiga.' Mas ao invés disso eu disse: 'Sua vaca tola, você arruinou completamente a minha vida.'"*

> *Um pastor alemão foi ao telégrafo, pegou um formulário em branco e escreveu: "Au. Au. Au. Au. Au. Au. Au. Au. Au."*
> *O atendente examinou o papel e, educadamente, disse ao cão: "Há apenas nove palavras aqui. Você poderia enviar um outro 'Au' pelo mesmo preço."*
>
> *"Mas", o cão respondeu: "Isso não faria sentido algum."*

O gosto britânico pelo absurdo é informativo, e também bem apoiado por pesquisas laboratoriais separadas. A partir de questioná-

---

13 – NT: Em inglês, é comum algumas perguntas terminarem em preposição, como no caso acima: *Where are you from?* Algumas pessoas consideram isso um erro, o que explica a piada acima.

rios de senso de humor, sabemos que os britânicos consistentemente expressam uma preferência pelo **humor frio** ou **irreverente**, assim como os estadunidenses gostam de provocação e brincadeira. O que mais você poderia esperar de um país que nos deu esta frase mordaz: *"Mamãe, como se chama uma criança delinquente? Cale-se e entregue-me o pé de cabra!"*

Wiseman também descobriu que o humor varia muito com base no gênero. As mulheres que responderam a seu *site* não se distinguiram em termos de suas piadas favoritas, mas em termos de que piadas elas classificaram pior. Por exemplo, embora os homens constantemente classificassem altamente o humor depreciativo, as mulheres raramente concordaram, especialmente quando os alvos eram mulheres. Vamos discutir esta questão mais tarde mas, por agora, no interesse da ciência, vamos olhar para uma piada que mais da metade dos homens gostou mas apenas 15% das mulheres classificou de forma positiva:

> *Um homem dirigindo em uma rodovia é parado por um policial. O policial pergunta: "Você sabia que sua esposa e filhos caíram de seu carro uma milha atrás?" Um sorriso surge no rosto do homem e ele exclama: "Graças a Deus! Eu pensei que estava ficando surdo!"*

Nos capítulos futuros se examinará o que torna cada uma dessas piadas engraçadas, mas uma observação geral ainda pode ser feita aqui: cada uma é curta, pouco menos da metade do comprimento de **"máxima comicidade"** de 103 letras. O escritor cômico Brent Forrester refere-se a essa preferência por brevidade como **princípio de duração e humor**, também conhecido como: "Quanto mais curto, melhor". Ele mesmo deu-lhe uma fórmula: $C = P/T$. Se C representa o nível de comicidade, então a comicidade depende tanto da qualidade da piada, P, e da quantidade de tempo necessária para contá-la, T. As melhores piadas são sempre enxutas. Sem gordura, sem palavras extras.

O estudo de Wiseman também teve suas falhas. Por exemplo, apenas pessoas que falam inglês puderam participar, e as piadas mais engraçadas nem sempre deram certo. (Essa não é apenas a minha opinião, é a de Wiseman também.) Isso porque as piadas que evitaram extremos, as piadas "seguras", tenderam a receber a maioria dos votos, levando a uma tendência infeliz para a mediocridade. Isso não deveria ser surpreendente, pois já aprendemos que o humor é, por natureza, **confrontante**, às vezes **cognitivamente**, às vezes **emocionalmente** e às vezes **ambos**. Porque as pessoas variam em termos de quanto elas gostam de ser provocadas por suas piadas, as piadas mais populares tendem a se aglomerar próximo, mas ainda abaixo, do mais típico "limiar provocativo". Muito alto, e algumas pessoas riem descontroladamente, mas outras de modo algum. Muito baixo, e ninguém fica impressionado.

Felizmente, Wiseman ficou satisfeito com a vencedora final, mesmo porque ela apenas mal venceu a concorrente em segundo lugar. Esta última não era uma piada ruim, por si só; ela só não era tão boa assim e a maioria das pessoas já a ouviram muitas vezes (O desfecho diz **"Watson, seu idiota, isso significa que alguém roubou nossa barraca"**, no caso de você querer procurá-la). Wiseman frequentemente conta ambas as piadas diante de plateias porque sua pesquisa muitas vezes aparece na televisão e em conferências, e na maioria das vezes nenhuma das duas consegue uma risada. Um problema são as próprias piadas, com certeza. Mas outra é a forma como são contadas. Como a maioria dos pesquisadores de humor, Wiseman não tem nenhum treinamento cômico e assim, por sua própria admissão, ele não sabe como contar uma piada. Esse é outro grande problema na pesquisa humorística, que vai receber muita atenção no Capítulo 7.

Qual foi a vencedora? Não diga que eu não avisei.

Dois caçadores de Nova Jersey estão na floresta quando um deles desaba. Ele não parece respirar e seus olhos estão vidrados. O outro homem saca o telefone e chama o serviço de emergência. Ele balbucia: "Eu acho que o meu amigo está morto! O que devo fazer?" O atendente diz: "Acalme-se. Eu posso ajudar. Primeiro, certifique-se de que ele está morto." Há um silêncio, e então ouve-se um tiro. De volta ao telefone, o homem diz: "Ok, e agora?"

2

» A Emoção da Descoberta

"O prêmio é o prazer de descobrir a coisa, a emoção da descoberta."

— Richard Feyman

Para apresentar o importante papel da descoberta no humor, vamos olhar para um experimento de 2008 realizado na Universidade Northwestern (EUA). Em contraste com nossos estudos descritos anteriormente, este não tinha nada a ver com humor. Em vez disso, os cientistas pediram a indivíduos que resolvessem problemas notórios por serem excepcionalmente difíceis. Tão difíceis, na verdade, que eles não poderiam ser resolvidos analiticamente. Os problemas exigiam o que os cientistas chamam de *insight*. *Insight* é o que acontece quando não temos ideia de como resolver um problema e, ao contrário, devemos contar com as respostas que surgem em nossa cabeças sem motivo aparente.

Outro aspecto distintivo do estudo da Northwestern é que um ímã enorme, de muitas toneladas, cercava a cabeça dos indivíduos enquanto eles trabalhavam, alterando o *spin* dos prótons em seu cérebro de modo que os cientistas poderiam dizer quais partes estavam mais ativas.

A máquina era uma de ressonância magnética, o que permitia que a atividade do cérebro dos indivíduos fosse visualizada conforme eles seguiam as instruções dos pesquisadores. Três palavras eram mostradas em um momento e, apesar de estas palavras não serem relacionadas, cada uma estava intimamente associada a uma outra palavra comum que não era mostrada. A tarefa era adivinhar a quarta palavra. Assim que os indivíduos tivessem uma resposta, eles apertavam um botão, e para cada conjunto de palavras lhes eram dados quinze segundos para identificar uma solução antes das próximas três palavras aparecerem. Vamos ver um exemplo para que você possa experimentar por si mesmo:

dente
coco
creme

Obviamente, a tarefa não é fácil. Para a maioria das pessoas, a primeira palavra que vem à mente depois de ler **dente** é **dor**. Que se encaixa com **peito**, mas não com **coco**. A primeira palavra que a maioria das pessoas associa com **coco** é **água**, mas isso não se encaixa com qualquer uma das outras duas. Você pode ver por que isto é chamado de problema de *insight*. A análise por força bruta não funciona. Vamos considerar outro exemplo:

mergulho
rigor
negócios

Desta vez, deixe sua mente relaxar. Mesmo que a resposta pareça próxima, não deixe seu cérebro escorregar para uma mentalidade analítica. Ignore quaisquer semelhanças que você possa perceber entre as palavras **rigor** e **negócios**, porque elas o segurarão. A única maneira para você chegar a uma resposta é deixar sua mente ficar vazia. Aqui está um último exemplo:

cottage
suíço
pudim

Esta última tríade é mais fácil, e espero que você tenha chegado à resposta **queijo**[14] – exatamente como você pode ter chegado a **leite**[15] para o primeiro exemplo e **traje**[16] para o segundo. A tarefa é chamada de **associações semânticas remotas** e é conhecida por ser excepcionalmente difícil. Tão difícil, de fato, que um estudo envolvendo centenas de pessoas descobriu que menos de 20% foi capaz de resolver qualquer um dos dois primeiros problemas dentro de 15 segundos. Dentro de 30 segundos, a maioria foi capaz de resolver o segundo. E o último, o com **queijo** como resposta (o mais fácil dos quase 150 problemas originais), foi resolvido por 96% dos indivíduos, a maioria em dois segundos ou menos.

O *insight* humano é uma coisa incrível e é especialmente importante para o humor, como veremos em breve. Algumas conexões entre *insight* e humor podem já ser aparentes, como a estreita relação que ambos partilham com o prazer. Nós gostamos de encontrar soluções, seja na forma piadas ou problemas de *insight* como os acima. Isso é o que o físico Richard Feynman quis dizer quando descreveu **"a emoção da descoberta"**. Seu maior prêmio não foi o Prêmio Nobel, segundo ele, mas o prazer de ter um emprego que envolvia descobrir coisas novas. Temos orgulho e prazer em resolver problemas porque nosso cérebro é programado com um desejo inerente de explicar. De acordo com a psicóloga da Universidade de Berkeley, Alison Gopnik, este impulso é tão fundamental quanto nosso desejo

---

14 – NT: No exemplo original em inglês: *cottage, Swiss, cake* ➡ *cheese*

15 – NT: No exemplo original em inglês: *tooth, potato, heart* ➡ *sweet*

16 – NT: No exemplo original em inglês: *wet, law, business* ➡ *suit*

por sexo. "A explicação é para a cognição o que o orgasmo é para a reprodução", diz ela. O pensamento sem compreensão é tão insatisfatório quanto o sexo sem... bem, você sabe.

Considere, por exemplo, um estudo realizado pelo psicólogo Sascha Topolinski na Universidade de Wurtzburgo, na Alemanha. Topolinski mostrou a seus indivíduos tríades de palavras semelhantes a nossos exemplos anteriores, exceto que ele incluiu conjuntos com nenhuma solução (por exemplo, **sonho**, **bola** e **livro** – boa sorte!). Em vez de monitorar o cérebro dos indivíduos usando uma ressonância magnética, ele examinou atentamente seus músculos faciais, procurando respostas que pudessem dar indicações de seus processos de pensamento. Sem informar a seus indivíduos que alguns conjuntos de palavras tinham associações em comum, ele descobriu que as tríades que compartilhavam uma única palavra em comum provocavam uma reação muito interessante. Especificamente, quando os indivíduos liam essas tríades, os músculos responsáveis pelo **sorriso** e o **riso** (os músculos zigomáticos maiores) eram ativados e os músculos responsáveis por **franzir a testa** (corrugador do supercílio) eram relaxados. Em outras palavras, embora os indivíduos pensassem simplesmente ler palavras não relacionadas e nem sequer tentar chegar a soluções, eles responderam como se tivessem acabado de ouvir uma piada. Eles experimentaram o prazer.

Talvez seja por isso que Karuna Subramaniam, a cientista da Universidade Northwestern que conduziu o experimento descrito na abertura deste capítulo, também pediu aos indivíduos que avaliassem seu estado de espírito antes de começarem. Embora o estado de espírito possa ser algo difícil de medir, os cientistas desenvolveram vários testes – tais como **a escala de afetos positivos e negativos** e o **inventário de ansiedade traço-estado** – para identificar o grau em que as pessoas se sentem positivas ou ansiosas em qualquer dado momento. Ao avaliar as emoções das pessoas no momento em que eles entraram no laboratório, Subramaniam pôde determinar se o estado de espírito tinha qualquer efeito sobre o quanto eles se sairiam bem em resolver os problemas de *insight*. Ele tinha. Os indivíduos de bom humor não só resolveram mais problemas do que aqueles de mau humor, eles também utilizaram uma parte específica do cérebro responsável pela gestão de conflitos. Essa região é chamada de **cíngulo anterior**.

Neste capítulo, veremos o humor mais de perto, examinando os três estágios pelos quais nossos cérebros passam ao transformar ambiguidade e confusão em prazer. Ao longo do caminho, veremos como esses estágios permitem que nós entendamos piadas e resolvamos problemas utilizando o *insight*. Nós também veremos como uma região do cérebro, o cíngulo anterior, desempenha um papel especial em manter o resto de nossa mente sob controle.

Os Três Estágios

Interpretar nosso mundo é um acontecimento criativo. Somos, por natureza, criaturas geradoras de hipóteses, o que significa que nós não apenas passivamente assimilamos nosso ambiente mas, ao contrário, estamos sempre adivinhando o que precisamos fazer ou dizer. Às vezes, essas suposições estão erradas, o que não é uma coisa ruim. É bom, porque detectar os erros é a forma como nosso cérebro transforma conflito em recompensa. A recompensa vem na forma de neurotransmissores indutores de prazer, como a dopamina, que são liberados apenas quando o conflito é resolvido. Sem este conflito, não haveria maneira de regular a recompensa e, assim, tudo nos daria quantidades iguais de prazer. E, como diz o ditado: "Se tudo nos faz feliz, então nada o faz".

Estes três estágios, que chamo de **construção**, **ajustamento** e **resolução**, são fundamentais não só para o humor, mas para todos os aspectos do pensamento complexo. Ao resolver problemas de *insight*, devemos gerar possíveis soluções enquanto também inibimos os **"alarmes falsos"** e outras respostas incorretas. Este processo apresenta potencial para muito conflito e leva nossos cérebros vários passos adiante para resolver o desafio. Vamos olhar para estas etapas individualmente para ver por que cada uma é tão importante.

Construção e o cíngulo anterior

Por que os problemas de *insight* são tão difíeis? Será que é porque nós temos palavras demais flutuando em nossa cabeça para dar sentido a todas elas? Absolutamente não. O desafio dos problemas de *insight* é que nossa mente fica presa nas respostas erradas. Temos dificuldade para chegar à resposta correta porque as erradas ficam empurrando-se sobre nós.

A tríade inicial que vimos – **dente**, **coco**, **creme** – é um bom exemplo. Para cada palavra, a solução **leite** não é a primeira na qual a maioria das pessoas pensa. Nós sabemos disso porque existem bancos de dados contendo o que os cientistas chamam de associações semânticas – palavras que vêm à mente quando indivíduos se deparam com uma palavra primária como **dente** – e **leite** aparece no fim da lista para todas as três palavras da nossa tríade. Na verdade, mesmo enquanto escrevo este capítulo, e embora eu tenha visto a resposta muitas vezes, a palavra **dor** ainda continua vindo falsamente à mente. Durante um primeiro rascunho deste livro, eu mesmo identifiquei-a mal como a solução correta. Graças a Deus pela existência dos revisores.

Eu chamo a primeira fase do processo humorístico de **construção** para mostrar o quanto somos ativos no processamento de nosso ambiente. Quando solucionamos problemas, nós não apenas buscamos em nossa memória possíveis soluções. Em vez disso, deixamos nosso cérebro trabalhar, gerando muitas respostas possíveis, algumas delas úteis (**leite**) e outras não (**dor**). Fazemos o mesmo quando lemos piadas – embora, neste caso, o caminho errado venha antes da piada. "Certa manhã, eu atirei em um elefante vestindo meu pijama. Como ele entrou no meu pijama, eu não sei", diz a clássica piada de Groucho Marx. Quem usa o pijama depende de até onde você já leu.

O cérebro é uma fera complexa. Há regiões separadas para a visão, a audição e a linguagem, além de várias para orientar nossos movimentos. Há regiões que se ativam quando usamos matemática complexa, outras que armazenam novas memórias e ainda outras que nos ajudam a reconhecer rostos. A única coisa mais surpreendente do que a especialização do cérebro é que ele faz tantas coisas que a evolução nunca poderia tê-lo preparado totalmente para fazer. Assim, não deveria ser surpresa que, quando o cérebro começa a pensar em coisas, ele toma alguns caminhos errados.

Considere o fato de que seu cérebro tem entre 10 e 100 bilhões de neurônios. Esse número é tão grande que chega a ser insignificante. Então vamos compará-lo ao número de pessoas que vivem na Terra, que já supera 7 bilhões e continua crescendo. Isso está muito próximo da menor estimativa para o tamanho de seu cérebro, então vamos considerar estes dois sistemas um pouco mais. Imagine que, neste exato instante, toda a população dos EUA decidiu gritar. Isso seria comparável à atividade neural em seu cérebro... em repouso. Um cérebro não em repouso estaria dez ou cem vezes mais ativo, de modo que agora não seriam só os EUA gritando, mas toda a Ásia também. Só é necessário que várias partes de seu cérebro discordem, e logo você começa a Terceira Guerra Mundial.

O cérebro controla essa complexidade da mesma forma que os seres humanos o fazem: construindo **"governos"**. Como já observei, suas várias regiões são especializadas para quase tudo o que fazemos e, embora ninguém saiba exatamente quantos módulos especializados o cérebro tem, provavelmente seja próximo do número de governos do mundo. Tem de haver uma forma de gerenciar todas estas vozes e, para os seres humanos, a solução é criar entidades como as Organização das Nações Unidas (ONU). A ONU não é por si só um governo, já que não tem terra, economia ou objetivos políticos. Ela simplesmente fica de olho em todos ao seu redor, ouvindo queixas e mantendo os desordeiros sob controle. O cérebro também tem uma ONU. É chamado de **cíngulo anterior**.

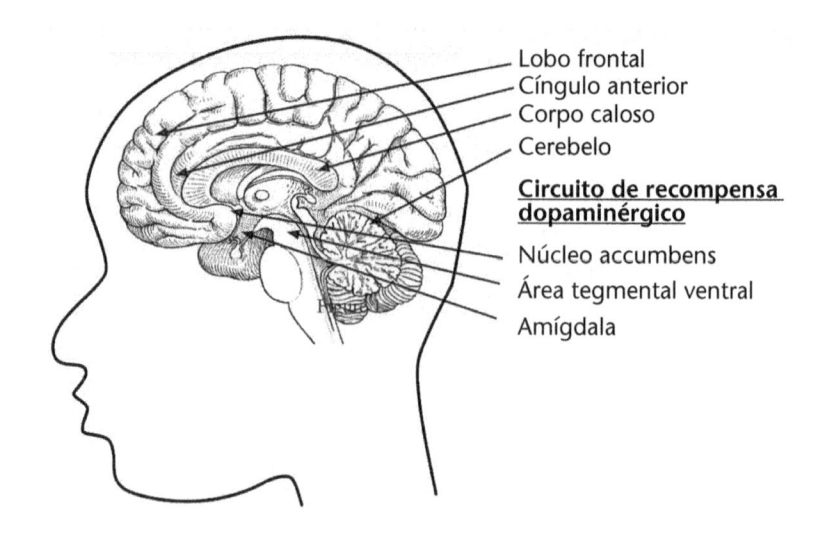

Figura 2.1. Regiões selecionadas do cérebro humano.

Localizado perto do centro de nosso cérebro, logo acima do corpo caloso que conecta os dois hemisférios cerebrais, o cíngulo anterior está na posição perfeita para supervisionar o resto do cérebro (ver Figura 2.1). Na frente está o lobo frontal, o nosso centro de raciocínio primário e a região responsável por iniciar o movimento. Atrás estão os lóbulos parietal e temporal, que ajudam com o raciocínio, bem como com a linguagem e a memória. E como parte da região límbica do cérebro, o cíngulo anterior está intimamente ligado à amígdala, ao núcleo accumbens e à área tegmental ventral, regiões que, como observado anteriormente, são fundamentais para o circuito de recompensa dopaminérgico.

Sabemos que o cíngulo anterior é especialmente importante para o *insight* porque pudemos observar a atividade no cérebro dos indivíduos antes de resolverem problemas como nossas tríades de palavras. A maioria das partes do cérebro tornam-se menos ativas quando os indivíduos se prepararam para resolver estes problemas difíceis, mas o cíngulo anterior é diferente. Torna-se **mais** ativo porque, em vez de chegar a soluções, ele lida com conflito. A tarefa de

associações semânticas remotas não parece a princípio ser conduzida por conflito, mas é. Como já discutido, a solução é raramente a primeira na qual qualquer um pensa. Chegar a uma solução exige "segurar" respostas mais potentes. A parte do cérebro que pensa que tem a resposta fácil precisa ser "calada" para que as vozes mais suaves possam ser ouvidas. E dizer para os outros se calarem é exatamente o que o cíngulo anterior sabe fazer.

Uma boa maneira de entender o cíngulo anterior é explorar a tarefa de Stroop, que recebeu o nome de John Ridley Stroop, que a desenvolveu em 1935. Ele descobriu que, quando nos é solicitado identificar a cor de algo, somos mais lentos e menos precisos quando essa coisa é uma **palavra de cor**. Por exemplo, é fácil identificar a cor de quatro asteriscos impressos em vermelho, mas muito mais difícil dar uma resposta correta quando os itens impressos em vermelho são as letras A-Z-U-L. Por quê? Porque agora nós temos duas respostas concorrentes. A mente humana naturalmente quer ler, e evitar que ela o faça é quase impossível. Se você não acredita em mim, tente executar esta experiência simples em casa: assista a um filme em língua portuguesa hoje à noite com a legenda ligada. Eu garanto que você lerá cada palavra na tela, mesmo que você entenda exatamente o que é dito.

O que isso tem a ver com o cíngulo anterior? Bem, a tarefa de Stroop é exatamente o tipo de coisa que o cíngulo anterior é especializado em fazer, porque é a única estrutura do cérebro capaz de manter as regiões de leitura quietas de modo que as regiões de identificação de cores possam responder. E é especialmente eficaz na gestão de tal controle quando estamos de bom humor, razão pela qual o efeito Stroop desaparece quando estamos felizes. Quando se pede aos indivíduos que recordem eventos positivos da vida, tais como férias ou aniversários, imediatamente antes de executar uma tarefa de Stroop, eles não têm mais dificuldade de ignorar as palavras e cores conflitantes. Assim como o *insight* correlaciona-se positivamente com a felicidade, as pessoas felizes são melhores em manter o foco, identificando a cor das letras impressas.

Estado de espírito e felicidade também são importantes para a **construção**, como veremos em breve. Como o cérebro debate constantemente sobre o que dizer ou fazer, o cíngulo anterior permanece muito ocupado, e assim qualquer coisa que forneça ajuda pode ter uma grande influência. O bom humor melhora o foco ao ajudar o cíngulo anterior a segurar as respostas indesejadas, tais como **dor** no problema de *insight* e A-Z-U-L na tarefa de Stroop quando a fonte está em vermelho. Se o cíngulo anterior é como a ONU, então o **bom humor** é seu orçamento operacional.

No entanto, é importante perceber que não somos atores passivos em nosso ambiente. Nós não somente assimilamos informação, nós a criamos. Desenvolvemos constantemente teorias e expectativas sobre nosso ambiente, depois revisando-as quando necessário. Este fenômeno é observado não apenas em laboratório, mas na escala de sociedades inteiras, passadas e presentes. Nossos ancestrais interpretavam o relâmpago como a raiva dos deuses e os eclipses como dragões comendo o sol. Tais crenças também invadiram a ciência. Aristóteles, que nasceu quase dois mil anos antes da invenção do microscópio, pensava que a vida surgira espontaneamente a partir do lodo e da lama expostos à luz do sol, porque esta foi sua única explicação para o bolor. E Isaac Newton, que viveu durante uma época em que a química não oferecia nenhuma explicação para a misteriosa existência do ouro, escreveu mais de um milhão de palavras sobre as sutilezas da alquimia.

Para mostrar o quanto nossa necessidade de construir tais teorias é onipresente, e também para ver sua ligação com o humor, vamos considerar um último estudo antes de passar para nossa segunda fase, o **ajustamento** (ou **avaliação**). Este estudo foi realizado pelo psicólogo sueco Göran Nerhardt, que queria saber se ele poderia induzir o riso utilizando materiais que não eram engraçados. Ele nem sequer disse às pessoas que elas participariam de um estudo sobre humor. Em vez disso, simplesmente as instruiu a pegar uma série de objetos e esperou para ver até onde suas falsas expectativas poderiam levá-los.

A tarefa de Nerhardt era bastante simples. As pessoas pegaram objetos de vários pesos (por exemplo, entre 740 e 2.700 gramas). Em seguida, foram convidadas a classificar cada um em uma escala de 6 pontos, variando de muito leve a muito pesado. Esta sequência foi repetida várias vezes, depois das quais os participantes receberam um objeto que era muito mais leve do que os outros, apenas cerca de 50 gramas. Não lhes disseram nada em especial sobre este último objeto. Elas simplesmente foram convidados a fazer uma série de decisões sobre itens que não eram nada engraçados.

No entanto Nerhardt descobriu que, quando os indivíduos foram convidados a fazer um julgamento sobre o peso final e descontroladamente incongruente, a maioria deles riu, apesar de não lhes ter sido dada qualquer indicação de que deveria ser uma piada. Não só isso, mas quanto mais o peso diferia dos levantados antes, mais eles riram daquele absurdamente leve.

Nos mais de quarenta anos desde que este experimento foi conduzido pela primeira vez, a estrutura variou inúmeras vezes, e cada vez a reação dos indivíduos é a mesma: eles acharam o último e incongruente peso bem engraçado. Não há nada de humorístico sobre os pesos por si só. Os indivíduos simplesmente têm que construir uma expectativa. **E quando essa expectativa prova-se falsa, eles não têm outra escolha a não ser rir.**

Ajustamento em um mundo confuso

Agora que já exploramos o conceito de **construção**, vamos ver o que nosso cérebro faz com todas essas expectativas selvagens. Apenas observando as consequências de nossos falsos começos é que podemos entender por que eles tantas vezes levam ao humor. Isso significa familiarizar-nos com o **ajustamento**, o alijamento dos nossos erros para que possamos descobrir novas interpretações.

Meu palpite é que se você perguntar a cem especialistas qual é o ingrediente chave do humor, a maioria diria: a **surpresa**. A surpresa é especial porque ela nos afeta de muitas maneiras diferentes. É o que torna os problemas de *insight* únicos, porque para estas tarefas não temos ideia do quanto estamos perto de uma solução até já a termos. Isso é o que define problemas de *insight*. Uma pesquisa feita por Janet Metcalfe na Universidade de Indiana mostrou que a confiança em estar perto de uma resposta para os problemas de *insight* é **inversamente** relacionada com o progresso real. Em outras palavras, quanto mais perto pensamos que estamos de uma resposta, mais longe realmente estamos. A surpresa não é um subproduto da conclusão destas tarefas, ela é uma **exigência**.

A surpresa é importante para o humor da mesma forma que é importante para o *insight*: temos prazer de ser afastados de falsas suposições. As piadas nos pegam de surpresa e, quanto maiores nossas expectativas de uma interpretação, mais nos permitimos ser pegos em desequilíbrio pela virada real de uma piada. Uma piada que você já ouviu antes não é inerentemente menos engraçada. É só uma notícia velha, e por isso já não lhe surpreende. Um problema de *insight* que você já viu antes também não é divertido ou desafiador, porque você não precisa mais de *insight* para resolvê-lo. Você só precisa de um pouco de memória.

O **ajustamento** é o processo de reavaliar estes equívocos, geralmente levando a uma surpresa agradável. Nós gostamos de descobrir nossos erros porque a surpresa é uma de nossas emoções mais valorizadas, tão fundamental quanto a **felicidade** ou o **orgulho**. Os cientistas até quantificaram a importância da surpresa ao perguntarem às pessoas sobre experiências emocionais recentes. Isto é o que Craig Smith, da Universidade Stanford, fez quando fez a indivíduos literalmente milhares de perguntas sobre eventos recentes em suas vidas, perguntas como: "O quanto foi agradável ou desagradável estar nesta situação?" e "Quando você estava se sentindo feliz, até que ponto você sentiu que precisava se esforçar para lidar com esta situação?" Utilizando a análise de dados avançada, ele foi capaz de localizar as emoções dos indivíduos ao longo de certas dimensões, incluindo a agradabilidade e a quantidade de esforço que elas exigiram da pessoa que as experimentou. A Figura 2.2 mostra como a surpresa foi classificada, em comparação com outras emoções.

A Emoção da Descoberta << 41

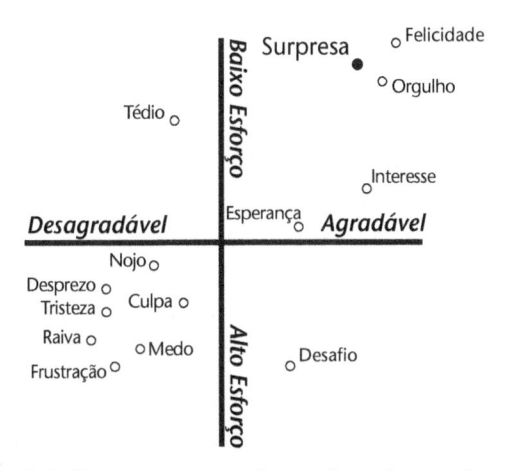

```
                    │ Surpresa  ○ Felicidade
         Tédio ○    │   ●
                    │       ○ Orgulho
                    │
                    │         ○ Interesse
                    │
 ***Desagradável***  Esperança  ***Agradável***
                    │    ○
              Nojo ○│
     Desprezo ○     │
     Tristeza ○ Culpa ○
        Raiva ○     │
                ○ Medo    ○ Desafio
     Frustração ○   │
                    │
```

Figura 2.2. Emoções como elas variam de acordo com a agradabilidade e o esforço envolvidos em sua experiência. Adaptado de Craig Smith e Phoebe Ellsworth, *Patterns of Cognitive Appraisal in Emotion, Journal of Personality and Social Psychology* 48 (1985): 813–838. Publicado pela American Psychological Association. Adaptado com permissão.

Como se constata, a surpresa tem um lugar especial, estando no alto do diagrama. Já que os eixos medem a agradabilidade e o esforço necessário para sua experiência, isto significa que a surpresa é uma das emoções mais positivas e naturais que experimentamos.

A surpresa leva ao prazer em muitos contextos, não apenas no humor. O psicólogo e teórico da arte alemão Rudolf Arnheim apresentou talvez o exemplo mais gracioso de surpresas agradáveis quando ele analisou, de todas as coisas, uma sonata para violino do compositor barroco Jean-Marie Leclair. Leclair, que escreveu quase uma centena de grandes obras em meados do século XVIII, era bem conhecido pela criação de concertos para violino sofisticados e cerebrais. Em uma de suas últimas obras, há um ponto próximo ao meio onde ele repentinamente inclui uma nota que está duramente fora do tom. A princípio soa dissonante, e o ouvinte se pergunta se talvez tenha havido um erro. Mas a mesma nota ocorre novamente e, em seguida, uma outra nota surpreendente, e logo percebemos que o compositor mudou de tom no meio da apresentação. Uma análise da música em forma escrita revela que a mudança é inteiramente intencional – uma nota escrita como Si bemol é identificada como Lá sustenido mais tarde no mesmo compasso, transmitindo a mensagem de Leclair de que ela serve a propósitos diferentes para o tom antigo e o novo. Em apenas algumas notas o ouvinte é obrigado a descartar as suposições previamente tomadas sobre a peça e a ouvi-la de uma forma inteiramente nova. E a experiência é mais enriquecedora por isso.

Arnheim explica que essas mudanças repentinas ocorrem também na arquitetura. Tomemos, por exemplo, o Hôtel Matignon, a mansão parisiense projetada em 1725 pelo arquiteto Jean Courtonne que agora serve de casa ao primeiro-ministro francês, Jean-Marc Ayrault. Na época em que foi construído, a tradição ditava que os edifícios fossem construídos simetricamente em torno de um eixo conectando as entradas frontal e a do fundo. Mas isso era impossível para o Hôtel Matignon, dadas as ruas ao redor, então o arquiteto fez a única coisa que ele podia: ele deslocou este eixo no interior do próprio edifício. Os visitantes que entram por qualquer das entradas veem tudo disposto da forma esperada e simétrica. Mas mais adiante, há um ponto em que tudo de repente muda e eles estão fora do centro relativo à entrada que eles usaram, e estão agora centrados com relação ao lado oposto. Alguns chamam isso de **trapaça**, outros o chamam de **brilhantismo**, mas todo mundo reconhece que esta mudança é o que torna o edifício tão agradável para se morar, incluindo seu atual residente.

Estes fenômenos têm um equivalente no reino humorístico e ele é chamado de *paraprosdokia*. *Paraprosdokia* é o discurso que envolve uma súbita e surpreendente mudança de referência, geralmente para efeito cômico. Tomemos, por exemplo, a seguinte citação de Stephen Colbert: "Se eu estou lendo este gráfico corretamente, eu ficaria muito surpreso". Colbert estava olhando para os dados de pesquisa das eleições presidenciais de 2008 nos EUA, dados que, mesmo sob as melhores circunstâncias, seriam difíceis de interpretar. A princípio parece que ele está preparando uma observação perspicaz e mordaz. Em vez disso, nós percebemos que ele está caçoando da ignorância que todos nós sentimos ao tentar interpretar tais números. A piada não exigia nem introdução, nem desfecho. Tudo o que precisava era que o ouvinte "**queimasse a largada**" em relação ao que Colbert realmente estava dizendo.

Não surpreendentemente, a região do cérebro responsável por capturar esses falsos começos é o cíngulo anterior. Sabemos disso a partir de estudos como o conduzido pela bióloga Karli Watson, do Instituto de Tecnologia da Califórnia, que queria ver se alguma região particular do cérebro era especialmente importante para a surpresa. Para isso, ela mostrou cartuns a indivíduos enquanto eram monitorados usando um *scanner* de ressonância magnética, e (como em estudos anteriores) ela certificou-se de que alguns cartuns fossem engraçados enquanto outros não o fossem. Como uma manipulação adicional, ela variou a natureza dos cartuns de modo que alguns dependessem de piadas visuais, enquanto outros dependessem de legendas e linguagem. Variações como esta podem ter grandes impactos sobre a forma como o cérebro responde, já que os centros visuais são muito diferentes dos da linguagem, então ela esperava que as piadas ativassem regiões totalmente diferentes. **Mas será que alguma região em comum foi ativada?**

A resposta, claro, foi **sim**! Ambos os centros dopaminérgicos e o cíngulo anterior ficaram ativos para cada tipo de piada. Não só isso, mas quanto mais engraçadas as piadas, mais o cíngulo anterior de cada indivíduo engajava-se.

Estudos como este proporcionam um grande exemplo de **ajustamento** porque eles mostram que o que provoca o riso não é o conteúdo da piada, mas a forma como nosso cérebro lida com o conflito que a piada provoca. Isto pode ser visto na piada de Colbert, bem como na sonata para violino de Leclair e no Hôtel Matignon de Courtonne. Sentimos alegria em reconhecer nossos erros. Embora muitas vezes pensemos que as piadas envolvem a indicação do caminho errado, é na verdade nosso cérebro ansioso que abastece as falsas interpretações. Não havia notas dissonantes na sonata de Leclair, assim como não havia contradição real na frase de Colbert. A satisfação de ambas vem unicamente da substituição de uma falsa expectativa criada dentro de nós mesmos. Desta forma, o **ajustamento** adiciona à **construção** ao forçar-nos a reexaminar as falsas expectativas.

Para ver como tudo isso finalmente transforma-se em uma piada, vamos enfim explorar o conceito de **resolução**.

Resolução com scripts[17]

> *Uma mulher volumosa senta-se em uma mesa de uma lanchonete e pede um bolo de frutas inteiro. "Quer que eu o corte em quatro ou oito pedaços?", pergunta a garçonete.*
> *"Não o corte", responde a mulher. "Estou de dieta."*

Esta piada é engraçada? A menos que você tenha uma afinidade especial com humor fudamentado em bolos, sua resposta provavelmente é **não**. Mas, à primeira vista, parece que ela deveria ser, porque a resposta da mulher é definitivamente surpreendente. É tão surpreendente que não faz sentido algum. Considere, então, este fim alternativo:

> *Uma mulher volumosa senta-se em uma mesa de uma lanchonete e pede um bolo de frutas inteiro. "Quer que eu o corte em quatro ou oito pedaços?", pergunta a garçonete.*
> *"Quatro", responde a mulher. "Estou de dieta."*

Agora é engraçada? Mais uma vez, você provavelmente não riu em voz alta, mas eu aposto que você, pelo menos, achou mais engraçada do que a primeira versão. A razão é que esta segunda versão fornece uma explicação para a súbita mudança de perspectiva. Não é suficiente apenas apresentar surpresa em uma piada; nós também devemos fornecer uma mudança de perspectiva. Eu chamo esta terceira etapa do processo humorístico de **resolução**.

Ao estudar o humor, precisamos de uma forma de caracterizar os resultados, o **esperado** e o **real**, de uma piada. Para nossa história de bolo, vemos que há várias palavras sinalizando uma expectativa de gula. Há o fato de que a mulher pede um bolo inteiro, não apenas uma fatia. Ela também é descrita como volumosa. Todo este cenário

---

17 – NT: *Script Theory* é uma teoria psicológica sobre o comportamento humano; o termo deriva de *script* (roteiro) de cinema, teatro etc.

sugere que ela está realmente ansiosa pelo bolo. Quando ela pede quatro fatias em vez de oito, uma interpretação – aquela influenciada por seu peso – é que ela pensa que quatro fatias significam menos calorias. A outra interpretação, a certa, é que golpes de faca não tem nada a ver com calorias ou quantidade de bolo.

Bastante chato, não é? Após essa análise, fica claro por que dissecar o humor é muitas vezes comparado à análise de uma teia de aranha em termos de geometria. Perde a graça.

Peço desculpas por esmiuçar uma piada tão simples e eu prometo não fazê-lo novamente. Mas é importante reconhecer que a construção da piada é complicada. Para comparar significados contrastantes, precisamos de um modo científico de caracterizar todas as falsas suposições envolvidas na piada. Precisamos de uma maneira de medir distâncias entre significados intencionais e não intencionais para ter uma ideia do quanto uma piada pode ser engraçada. E, talvez mais importante, precisamos entender por que as pessoas riem de algumas incongruências – como uma mulher pensar que quatro grandes fatias de bolo são mais saudáveis do que oito pequenas – quando incongruências muito maiores – como uma mulher entrar em uma lanchonete e pedir um bolo inteiro – são aparentemente ignoradas. Para isso, precisamos entender *scripts* (roteiros).

Depois de me formar na Universidade da Califórnia, com um doutorado em psicologia, eu inicialmente trabalhei como pesquisador de pós-doutorado com o cientista da computação e neurologista James Reggia. Estava animado para trabalhar com Reggia porque ele se interessava por quase tudo. Ele estudou não só a lateralidade hemisférica (minha especialidade), mas também linguagem e memória. Especializou-se em inteligência artificial e **enxame caótico**[18], um campo emergente que usa a vida artificial para examinar os espaços de problema de grande escala. Ele até deu aulas sobre evolução da máquina e sistemas especialistas. Em suma, ele era o tipo de pessoa que sabia alguma coisa sobre quase tudo. Assim, quando nos

---

18 – NT: *Chaotic swarming* (enxame caótico), uma união de *swarm intelligence* (inteligência de enxame) e *chaos theory* (teoria do caos).

conhecemos em um restaurante em Columbia, no Estado de Maryland, suas primeiras palavras para mim foram uma surpresa.

"Estou ansioso para trabalhar com você. Eu nunca trabalhei com um quadrologista antes."

Embora eu não tivesse ideia do que ele quis dizer, quando explicou eu não só compreendi, mas concordei com a caracterização de Reggia, e nos tornamos amigos íntimos. Reggia quis dizer que os psicólogos, por natureza, adoram desenhar quadros. Tomamos fenômenos cognitivos e sociais complexos e, para entendê-los, partimos seus componentes em processos e os cercamos com quadros. Desenhamos setas entre os quadros para mostrar como eles influenciam um ao outro e, quando ficamos especialmente espirituosos, removemos os mesmos para dar mais espaço, deixando apenas palavras e setas. Pode parecer bobagem às vezes, mas muitas vezes não temos escolha, pois o que estudamos é complexo. É por isso que eu gostaria de direcioná-lo para a piada na Figura 2.3 e deixá-lo ver como nossas análises podem ser quadradas.

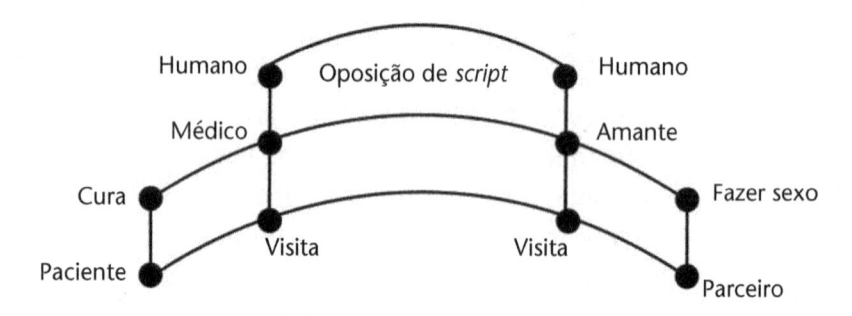

Figura 2.3. Representação gráfica da piada que começa com *"O médico está em casa?"* Entendeu? Adaptado de *Humor, the International Journal of Humor Research*. Band 15, Heft 1, Seiten 3-46, ISSN (*On-line*) 1613-3722, ISSN (Impresso) 0933-1719, DOI: 10.1515/humr.2002.004, De Gruyter Berlin/Boston, janeiro de 2006.

Eu suponho que, mais uma vez, você não riu. Se você o fez, então deve parar de ler agora, porque não tenho mais nada para lhe oferecer. Agora, que tal se eu apresentar a piada em um formato ao qual você está mais acostumado?

"O médico está em casa?" O paciente perguntou em um sussurro brônquico.

"Não", a jovem e bonita esposa do médico sussurrou em resposta. "Entre imediatamente."

Embora esta segunda apresentação parece totalmente diferente da primeria, a piada é a mesma em ambos os casos. A primeira é apenas uma representação gráfica de todos os elementos-chave da piada, como identificados por Salvatore Attardo. Linguista na Universidade A&M do Texas, Attardo é um dos mais prolíficos pesquisadores de humor do mundo. Sua principal contribuição ao campo é o que ele chama de **teoria geral do humor verbal** (GTVH), que explica como as piadas são na verdade apenas maneiras diferentes de manipulação de *scripts*. Para entender o que isso significa, é preciso olhar mais atentamente para a Figura 2.3 e ver como ela mapeia o formato da piada com o qual estamos mais familiarizados.

Vamos começar por olhar mais atentamente as palavras. Cada palavra reflete um *script* diferente, que é um pedaço de informação que descreve um objeto, uma ação ou uma crença. Os *scripts* são diferentes para todo mundo, e não há regras para o que deve estar contido no script de uma pessoa. Para mim, o *script* para **médico** inclui o fato de que ele ou ela vê pacientes, prescreve remédios e, provavelmente, joga golfe. Dependendo da sua própria exposição a especialistas, como pediatras e psiquiatras, seu *script* pode incluir outras expectativas, como pirulitos e escritórios com sofás. Os bebês nascem sem *scripts*. Os *scripts* devem ser aprendidos.

Os cientistas usam *scripts* para estudar o humor porque eles permitem uma análise sistemática, como vemos na Figura 2.3. Note que o lado esquerdo da Figura 2.3 representa todos os *scripts* que são ativados pela interpretação inicial da piada. Inicialmente achamos que o paciente vai ao médico buscando uma cura. (Os "nós" circulares representam *scripts* e as linhas representam conexões significativas entre eles.) Então, quando a esposa do médico convida-o para entrar, vemos que vários *scripts* foram falsamente ativados. O paciente não está doente. Ele também não está procurando um médico, e está querendo se encontrar com sua amante. A partir da Figura 2.3, você vê que o elemento comum entre médico e paciente é **cura**. A ligação correspondente entre amante e parceiro é bem diferente.

A ideia de *scripts* é velha, enraizada em quase cinquenta anos de pesquisa psicológica. "Na verdade, *script* pretendia ser um termo global para todo o conhecimento que os seres humanos têm para descrever seu mundo", diz Attardo. "Quando Victor Raskin (o desenvolvedor original da teoria de *script*) apresentou a ideia, ele pretendia que ela fosse geral. Nos anos 1970, houve uma proliferação de pesquisas sobre coisas como esquemas, enquadramentos – todas formas ligeiramente diferentes de descrever como os seres humanos organizam informações. Algumas foram definidas mais formalmente ou operacionalmente. Mas todas elas tentavam fazer a mesma coisa. Procuravam explicar como as pessoas manipulam o conhecimento sobre seu mundo", complementou Attardo.

Toda esta análise pode parecer um tanto técnica para uma piada abaixo da média, mas ilustra alguns requisitos importantes para o humor. Em primeiro lugar, para funcionar, uma piada deve ativar vários *scripts*. Em segundo lugar, esses *scripts* devem opor-se uns aos outros – e quanto maior for a oposição, mais engraçada a piada. A oposição principal aqui é entre **cura** e **fazer sexo**. Ser tratado de asma ou tuberculose é tão diferente de ter um encontro à tarde quanto possível.

Outro benefício de pensar sobre o humor em termos de *scripts* é que isso permite que certas incongruências sejam destacadas e outras ignoradas. Considere a seguinte piada para ver o que eu quero dizer:

> *Um urso entra em um bar e se aproxima do barman. "Um martini... seco."*
> *O barman pergunta: "Qual é a da pausa?"*
> *"Eu não sei", o urso responde. "Eu nasci com elas."*[19]

---

19 – NT: *A bear walks into a bar and approaches the bartender. "A martini... dry." The bartender asks: "What's with the pause?" "I don't know", the bear replies. "I was born with them."*

Essa piada se baseia em um **trocadilho**, que é essencialmente um conflito entre *scripts* com base na ambiguidade **fonológica**, mas essa não é a questão. A questão é: por que um urso entrou em um bar? Por que o *barman* não fugiu para salvar sua vida? E como um urso poderia segurar uma taça de martini, de qualquer maneira? Nós ignoramos essas incongruências porque nós reconhecemos rapidamente que elas não fazem parte da piada. A principal oposição de *scripts* é entre as palavras **pausa** (*pause*) e **patas** (*paws*)[20], que nada tem a ver com a capacidade repentina do urso para falar e consumir gim. Alguns tipos de humor na verdade exploram estas incongruências aparentemente ignoradas, como vemos no longo histórico de piadas de elefante:

> *Como é que o elefante se escondeu em uma cerejeira? Resposta: Ele pintou as unhas de vermelho.*

Pessoalmente, eu adoro piadas de elefante, não porque são inteligentes, mas porque elas debocham do próprio conceito de surpresa. A oposição de *scripts* no centro desta piada em particular é o aspecto menos saliente de um elefante escalador de árvores. Não importa que qualquer árvore certamente quebraria sob pressão elefantina, ou que paquidermes não têm polegares opositores para escalada, muito menos dedos. O que eu realmente quero saber é de que cor eram seus dedos! A piada toda é **absurda** porque seu *script* mais altamente ativado, elefantes, evoca pensamentos de tamanho e peso, comprometendo assim todos os outros aspectos da piada.

Pesquisas descobriram que tais incongruências contextuais não são apenas toleradas, mas elas tornam as piadas mais engraçadas. Refiro-me a uma série de experimentos da psicóloga Andrea Samson, da Universidade Stanford, a qual instruiu indivíduos a observar cartuns que ou incluíam incongruências contextuais ou omitiam-

---

20 – NT: Trocadilho com as palavra *pause* e *paws*, que têm o mesmo som. *Pause* é pausa e *paws* é patas. O *barman* perguntou por que o urso havia feito uma pausa enquanto pedia a bebida (*"What's with the pause?"*), e o urso entendeu que ele havia perguntado sobre suas patas (*"What's with the paws?"*).

nas totalmente. Para fins de controle experimental, duas versões de cada cartum foram utilizadas: uma com **"incongruência extra"** e uma **realista**. Os indivíduos viram misturas de ambas e foram incumbidos de classificar o quanto eles achavam que cada uma era engraçada. Por exemplo, um cartum mostrava uma mãe e um pai pinguim em pé na imensidão da Antártica, celebrando com gesticulações descontroladas: "Ele recém disse sua primeira palavra," diz um. "Ótimo! O que foi? 'Mamãe'? 'Papai'?" diz o outro. O segundo quadro mostra os pinguins ao lado de seu filho, que exclama: "Frio danado!" Na versão realista, as palavras permaneceram as mesmas, mas os pinguins foram substituídos por esquimós.

Samson descobriu que os indivíduos preferiram as piadas com incongruências contextuais. Os pinguins, aparentemente, deixam as piadas mais engraçadas.

Para entender o que tudo isto tem a ver com **resolução**, vamos dar uma última olhada no cérebro, desta vez usando um electroencefalograma, vulgarmente conhecido como EEG. O experimento foi conduzido pelo psicólogo Peter Derks para uma conferência de 1991 realizada pela Sociedade Internacional de Humor em Ontário, no Canadá, e envolveu a medição do cérebro dos indivíduos por meio de eletrodos colocados estrategicamente ao longo de seu couro cabeludo. Os eletrodos não podiam dizer o que os indivíduos estavam pensando, mas eles mostraram quando seus cérebros ficaram particularmente ativos. Enquanto ligados a estes eletrodos, vinte indivíduos leram uma série de piadas, cada uma terminando em um palavra final fornecendo um desfecho surpreendente. Ao mesmo tempo, Derks e seus colegas monitoraram os músculos zigomáticos que controlam a boca dos indivíduos, um método útil para cientificamente determinar se alguém riu ou sorriu.

Quando os dados dos EEG foram analisados, Derks viu que os indivíduos produziram duas respostas eletrofisiológicas muito diferentes para as piadas. A primeira foi um pico na atividade chamada de P300. Isto ocorreu cerca de um terço de segundo após a última palavra do desfecho e tomou a forma de um aumento súbito e positivo na atividade elétrica. Em suma, o cérebro dos indivíduos ficou muito ativo logo após as piadas serem concluídas. Em seguida, cerca de cem milissegundos após isso, o EEG mostrou um N400 – uma deflexão negativa também representando um aumento súbito da atividade elétrica, novamente devido ao aumento do processamento cerebral.

É importante observar aqui duas coisas a respeito do EEG. Primeiro, a natureza positiva ou negativa de qualquer efeito observado do EEG é insignificante porque depende da forma como os neurônios estão orientados no cérebro, que não tem nada a ver com a forma como pensamos. Em segundo lugar, e mais importante, o momento e a identidade do potencial elétrico observado significam tudo. Na verdade, o efeito P300 foi observado em centenas de estudos, se não em milhares. A partir destes estudos, os cientistas descobriram que ele sempre reflete uma reação de orientação. Quando as pessoas veem algo que elas não esperam, ou algo que prende sua atenção, eles demostram invariavelmente um P300. O N400 também é bem estudado, embora reflita um tipo diferente de processamento. O N400 ocorre quando o cérebro tem que ajustar novas informações a um conhecimento existente, um processo chamado de **integração semântica**.

Infelizmente, a simples presença ou ausência dos efeitos P300 e N400 não nos diz nada sobre como os indivíduos processam as piadas, mas quando eles são combinados com dados de resposta muscular coletados do rosto dos indivíduos, uma nova imagem emerge. Derks descobriu que os indivíduos claramente achavam algumas piadas mais engraçadas do que outros, o que foi indicado pelos músculos zigomáticos dos indivíduos. Quando Derks separou os experimentos contendo piadas que eram engraçadas daqueles em que não eram, viu que todos os indivíduos apresentaram um efeito P300, independentemente da comicidade da piada. No entanto, o efeito N400 emergiu somente quando os músculos zigomáticos dos indivíduos foram ativados. Em outras palavras, **as piadas que não eram engraçadas não fizeram as pessoas rir**, e não provocaram integração semântica ou um N400.

Derks havia encontrado provas de que o humor envolve mais do que apenas ser chocado ou surpreso. As piadas que não eram engraçadas ainda assim trouxeram uma reação de orientação – um P300

– porque elas incluíam um desfecho surpreendente. Mas isso é tudo o que elas fizeram. Elas não levavam a uma resolução satisfatória e, assim, nunca chegaram a nossa terceira etapa do processamento humorístico. Elas não ativaram um *script* opositor, permitindo à piada que "se integrasse". E assim, depois de encontrar a incongruência, o cérebro dos indivíduos ficou em silêncio.

As descobertas de Derks claramente distinguem **ajustamento** e **resolução** porque elas mostram que uma coisa é ouvir uma piada, mas outra bem diferente é essa piada nos satisfazer. Justar todas as partes e "sacar" a piada é distintamente independente de ser chocado ou surpreso, e eu chamo esta fase de **resolução** porque o humor requer não apenas que lidemos com o inesperado, mas que ativemos um novo quadro de referência.

Curiosamente, o cíngulo anterior foi intimamente associado ao P300, mas não está relacionado com o N400. Em outras palavras, o cíngulo anterior ajuda a gerenciar respostas concorrentes, mas não é responsável pela ativação de um novo *script* após a piada. Essa responsabilidade é compartilhada por nosso cérebro inteiro, que detém todo o conhecimento necessário para saber o que a piada realmente quer dizer. Então, o conflito pode ser essencial para o humor, mas não acharemos uma piada engraçada sem alguma resolução. De fato, sem resolução, não temos prazer. É a diferença entre dizer para a garçonete que estamos de dieta e esperar que uma faca milagrosamente faça as calorias desaparecerem.

Além dos Estágios

É importante notar que os estágios de **construção**, **ajustamento** e **resolução** não são apenas uma maneira de olhar para o humor. Eles refletem crenças comuns sobre como nós processamos todos os aspectos de nosso ambiente. Nós, seres humanos, estamos sempre adivinhando e sacando a arma, assim como nós estamos sempre lidando com conflitos e procurando maneiras de resolvê-los. As piadas são meramente uma forma especializada de lidar com esses estágios muito rapidamente.

Isso não quer dizer que as piadas não possam envolver vários estágios que ocorram simultaneamente. O humor que ocorre naturalmente frequentemente mistura os três estágios, como às vezes vemos nas manchetes jornalísticas humorísticas. "Fita Vermelha Segura Ponte", afirma uma. "Médico Testemunha em Ação de Cavalo", afirma outra. Estas manchetes são dignas de uma apresentação de *stand-up* de Jay Leno, mas seu aspecto mais impressionante é que, em poucas palavras, cada uma convida-nos a simultaneamente construir, ajustar e resolver interpretações conflituosas. Não é suficiente para uma manchete ser meramente ambígua, porque se fosse esse o caso, então, "Médico Testemunha em Ação" seria tão engraçado quanto. Pelo contrário, é o significado não intencional que nos faz imaginar um cavalo no tribunal e perguntar-nos quanto tempo vai demorar até o juiz declarar **desacato ao tribunal**!

Antes de continuar com o próximo capítulo, vamos rever o nosso velho amigo, o cíngulo anterior, a região cerebral que gerencia o conflito ao ouvir a todas as vozes em nossa cabeça e dizer às indesejadas para calarem a boca. Sabemos que em um cérebro povoado por bilhões de neurônios, o cíngulo anterior é um mediador de conflito, uma espécie de ONU integrada por países que frequentemente discordam. Claramente, ele não evoluiu somente para que possamos achar as piadas engraçadas. Pelo contrário, ele realiza várias tarefas, e em nenhum lugar isso é mais visível do que quando estamos examinando seu papel nas crenças políticas.

Colin Firth, o ator inglês que ganhou um Oscar por sua interpretação do rei George VI em *O Discurso do Rei*, não é o tipo de homem que você esperaria que realizasse um estudo acadêmico sério. E, além disso, política não é um tema que você esperaria que fosse pesquisado na University College do Instituto de Neurociência de Londres. Isso faz com que o estudo que Firth conduziu com Geraint Rees, o diretor do instituto, seja duplamente surpreendente. A ideia para o estudo veio a Firth quando ele participou como editor convidado de um programa da BBC. Firth pediu a Rees para examinar o cérebro do conservador britânico Alan Duncan e do líder do Partido Trabalhista Stephen Pound, porque ele queria ver se era possível diferenciar seus cérebros com base em suas crenças políticas opostas. "Eu encarei isso como um exercício bastante fútil inicialmente", diz Firth. "Quero dizer, decidi descobrir o que estava biologicamente errado com as pessoas que não concordam comigo e ver o que os cientistas tinham a dizer sobre isso", salientou Firth.

Várias partes do cérebro dos políticos, de fato, foram ativadas quando eles falaram sobre seus trabalhos. Isto em si deu algumas anedotas divertidas para compartilhar no ar, mas ainda mais interessante foi o que aconteceu quando Firth e Rees estenderam o experimento a uma amostra mais ampla de 90 indivíduos escolhidos aleatoriamente. Especificamente, eles pediram aos indivíduos que identificassem sua orientação política ao longo de uma escala de 5 pontos, de muito liberal a muito conservador e, em seguida, colocaram-nos em um *scanner* e mediram o tamanho de duas estruturas dentro de seus cérebros: a amígdala e o cíngulo anterior.

A primeira coisa que Firth viu é que o cíngulo anterior no cérebro dos liberais era muito maior do que nos conservadores. E os conservadores? Suas amígdalas eram maiores do que as dos liberais. Nós ainda não falamos muito sobre a amígdala, mas é parte do circuito de recompensa, que entrega a dopamina por todo o cérebro. Há outra coisa pela qual ela é responsável: o medo, especialmente no que se relaciona com a aprendizagem e a tomada de decisões. Então, ao mostrar que os conservadores têm uma amígdala maior e que os liberais têm um cíngulo anterior maior, Firth e Rees demonstraram que esses indivíduos são provavelmente especializados para coisas diferentes. Os liberais são mais altamente sintonizados para a **detecção de conflito**. Os conservadores, para o **aprendizado emocional**.

Esta diferença era grande o suficiente para que Rees e Firth pudessem classificar corretamente os indivíduos como muito liberais ou muito conservadores com 72% de precisão apenas olhando para seus cérebros. Por outro lado, a intensidade religiosa, um dos fatores mais influentes na crença política, prevê inclinações liberais ou conservadoras com apenas cerca de 60%.

Falando em religião, você pode se surpreender ao saber que esta também está ligada à atividade do cíngulo anterior. Um estudo da Universidade de Toronto (Canadá) descobriu que, quando as pessoas religiosas pensam em Deus, a atividade em seu cíngulo anterior diminui, sugerindo que, para eles, a espiritualidade é um processo de redução de conflito. O resultado exatamente oposto foi encontrado entre ateus, cuja atividade do cíngulo anterior **aumentou** quando eles pensaram em Deus. Para os ateus, a fé em um poder superior sobrenatural não resolve o conflito. **Ele o aumenta.**

>> <<

Será que isso significa que liberais e ateus são programados para ser pessoas mais engraçadas? Provavelmente não. O que ela sugere, no entanto, é que os liberais estão mais sintonizados para perceber o conflito. E, dado que o cíngulo anterior ajuda a resolver a ambiguidade, os liberais também podem ser mais capazes de adaptarem-se a complexidades e contradições. Os conservadores, por outro lado, são provavelmente mais emocionais. Eles tendem a resolver a complexidade através de seus sentimentos, o que não é uma coisa ruim porque, sem sentimentos, o humor não existiria.

O cíngulo anterior e a amígdala certamente evoluíram por um motivo além de apenas para identificar piadas engraçadas. Eles nos ajudam a dar sentido a nosso mundo, buscando conflitos e complexidades e, em seguida, resolvendo os mesmos de uma forma emocionalmente satisfatória. O liberalismo e o conservadorismo, como piadas e religião, são apenas diferentes formas de lidar com a confusão. **E, sem essa confusão, nunca riríamos**!

3

» Escala no Empire State Building

"Somente o homem sofre tão terrivelmente no mundo que ele foi obrigado a inventar o riso."
— Friedrich Nietzsche

"Fora isso, o que achou da peça, sra. Lincoln?"
— Desconhecido

Se 11 de setembro de 2001 foi o dia que mudou para sempre a política estadunidense, **então 29 de setembro de 2001 foi o dia que para sempre mudou o humor**.

A maioria das pessoas não pensa nesse dia como particularmente especial, mas os nova-iorquinos sabem melhor. Não foi o dia que marcou a invasão estadunidense ao Afeganistão, o que não aconteceria antes de mais uma semana. E não foi a aprovação da Lei Patriótica, à qual faltava ainda mais de um mês. Não, 29 de setembro de 2001 foi a estreia da vigésima sétima temporada do *Saturday Night Live*.

Assim como todos nós lembramos dos trágicos eventos de 11/9, também recordamos o clima sombrio que se seguiu. As estações de televisão pararam de mostrar seriados cômicos e qualquer outra coisa além de noticiários 24 horas por dia. Músicos cancelaram *shows*, jogos profissionais de futebol americano e beisebol foram suspensos e, apenas pela segunda vez em sua história de 56 anos, a Disney World fechou suas portas. Como Gilbert Gottfried descobriu quando tentou fazer uma piada sobre a tragédia na fritada de Hugh Hefner, o país ainda não estava preparado para rir.

O desafio para Lorne Michaels, produtor do *Saturday Night Live* com sua plateia de milhões de espectadores, era enorme. Dezoito dias após um incidente que tirou a vida de mais de dois mil e quinhentos nova-iorquinos, mais de quatrocentos dos quais eram policiais, bombeiros e paramédicos, ele deveria levar ao ar um programa cujo único propósito era... **comédia**. Ninguém o teria culpado se tivesse cancelado o *show*. Apenas um punhado de programas de entretenimento estavam de volta no ar, ainda assim Michaels sabia que o *Saturday Night Live* era especial. Ele representava a própria cidade e, se a estreia não fosse ao ar a tempo, uma mensagem inaceitável seria enviada para o resto do país.

"O que estou fazendo aqui?", perguntou o ator Stephen Medwid, um figurante para o programa que estava marcado para uma audição com um coordenador de talentos apenas dois dias depois da tragédia. Sirenes ainda soavam pela cidade e, através de uma janela, ele podia ver o brilho fumegante do **marco zero**. "A única resposta à qual eu poderia chegar era: talvez o riso seja o melhor remédio", lembrou Michaels.

Quando o programa foi ao ar, ele abriu com o prefeito de Nova York, Rudy Giuliani, em pé no centro do palco, cercado por 24 membros do Corpo de Bombeiros e do departamento de Polícia de Nova York.

"Boa noite. Desde 11 de setembro, muitas pessoas chamam Nova York de uma cidade de heróis. Bem, **estes** são os heróis. Os bravos homens e mulheres do Corpo de Bombeiros de Nova York, o departamento de Polícia de Nova York, o departamento de Polícia da Autoridade Portuária, o comissário dos bombeiros, Tom Von Essen, e o comissário de polícia, Bernard Kerik", disse Rudy Giuliani.

Em seguida, após uma breve discussão sobre o heroísmo daqueles que pereceram, Giuliani apresentou Paul Simon, que começou a cantar *The Boxer*, uma música sobre Nova York originalmente gravada apenas a uma pequena distância da capela de São Paulo. Quando a música acabou, a câmera retornou para Giuliani, que agora estava em pé ao lado do produtor, Michaels.

"Em nome de todos aqui, eu só quero agradecer a todos por estarem aqui esta noite. Especialmente ao senhor", Michaels disse ao prefeito. "Obrigado, Lorne", Giuliani respondeu. "Muito obrigado. Ter as instituições de nossa cidade em funcionamento envia uma mensagem de que Nova York está aberta para negócios. *Saturday Night Live* é uma de nossas grandes instituições de Nova York, e é por isso que é importante que vocês façam seu *show* hoje à noite", completou Giuliani.

Michaels fez uma pausa.

"Podemos ser engraçados?", recorda Michaels.

Embora Giuliani não fosse um comediante, ele certamente sabia como trabalhar com a câmera. Mas sua fala foi tão fria quanto poderia ser.

"Por que começar agora?"

Não foi uma piada que fez as pessoas rirem alto, mas foi uma fala que todo mundo lembra. Nós desesperadamente queríamos permissão para rir novamente, e somente a aprovação do prefeito da cidade poderia fazer isso. De alguma forma, Giuliani fez parecer que seríamos antipatrióticos se não o fizéssemos.

Começo este capítulo com a história do retorno do *Saturday Night Live* após a tragédia terrorista porque isso mostra como o riso pode ser sensível. Ainda assim, o *show* não foi particularmente ousado naquela noite. Por exemplo, o monólogo de abertura deveria começar com a anfitriã convidada, Reese Witherspoon, contando uma piada sobre um filhote de urso polar:

Era uma vez um casal de ursos polares que tiveram um lindo bebê urso polar. Ele era o bebê mais bonito, e corria muito rápido e já falava muito cedo. Sua primeira pergunta para sua mãe foi: "Mãe, eu sou um urso polar de verdade?" E a mãe diz: "É claro que você é um urso polar. Eu sou um urso polar, e seu pai é um urso polar, então é claro que você é um urso polar."

Assim, o bebê urso continua crescendo, aprendendo a capturar peixes e deixando seus pais muito orgulhosos. Então, depois de alguns meses, novamente ele pergunta: "Mãe, tem certeza de que eu sou um urso polar?" "Sim, querido, nós somos ursos polares", responde sua mãe. "Sua avó e seu avô são ursos polares. Você é urso polar puro." E ele diz: "Está bem."

Então, em seu primeiro aniversário, seus pais dão uma grande festa, dizendo como eles estão orgulhosos dele e, assim que ele está prestes a assoprar as velas do bolo, ele pergunta: "Mãe, você tem certeza de que eu sou 100% puro urso polar?" A mãe, afobada, pergunta: "Por que você fica perguntando isso? Claro que você é urso polar puro!"

"Porque eu estou sentindo um frio do caralho!"[21]

Até o momento em que o programa foi ao ar, Witherspoon se preocupou com a piada, especialmente com o fim. Michaels implorou para que ela a contasse, com palavrão e tudo. Ele se ofereceu para pagar a multa que a FCC[22] faria contra ela, dizendo que valia o custo de provar para os telespectadores que Nova York estava de volta e funcionando. Witherspoon entendeu o argumento, mas ela ainda mudou o fim. "Está um frio do cão!"[23], ela disse. Todo mundo riu, e ninguém sabia que ela havia censurado a piada, mas o efeito não foi o mesmo.

---

21 – NT: *I'm fucking freezing*

22 – NT: Federal Communications Commission é o órgão regulador da área de telecomunicações e radiodifusão dos EUA.

23 – NT: *I'm freezing my balls out. Fucking (foder)*, do fim original, é um palavrão comumente evitado na TV, já *balls (bolas)* não passa de uma palavra com mais de uma conotação.

O humor é tanto sobre emoção quanto surpresa. Quando as piadas vão muito longe ou usam linguagem ofensiva, sentimo-nos **desconfortáveis**. Esse desconforto é o motivo pelo qual a multidão vaiou a piada dos **aristocratas** de Gottfried, e por Witherspoon optar não dizer "caralho" na televisão. Mas às vezes um pequeno desconforto é bom. É útil não só para resolver problemas de *insight* e entender piadas, mas também para transformar nosso estresse e emoções negativas em algo positivo, como uma risada.

Este capítulo explora o **porquê**.

O Humor Recebe uma Crítica Ruim

Surpreendentemente, por grande parte de nossa história o humor foi bastante impopular. Platão baniu o humor na *República*, alegando que ele distraía as pessoas de assuntos mais sérios. Ele não estava sozinho; os gregos antigos, esclarecidos como eram, acreditavam que o riso era perigoso porquê que ele leva a uma **perda de autocontrole**. Thomas Hobbes foi um pouco mais prático, alegando que o humor é uma parte necessária da vida, mas apenas para pessoas de **intelecto inferior**. Dá-lhes uma oportunidade de se sentirem melhor sobre si mesmos, segundo ele, especialmente quando apontam as imperfeições dos outros.

Os filósofos não são os únicos antagônicos em relação ao humor. A *Bíblia* é francamente agressiva. Em várias ocasiões, o Antigo Testamento menciona Deus rindo, mas quase sempre como uma forma de escárnio ou desprezo, como no segundo Salmo:

> *Aquele que habita no céu ri-Se*
> *Javé diverte-Se à custa deles*
> *E depois fala-lhes com ira*
> *confundindo-os com furor*[24]

---

24 – NT: versão segundo: http://www.bibliacatolica.com.br/biblia-sagrada/salmos/2/#.U8v5m0ARcpk

Não é o tipo de riso que se quer ouvir. Em toda a *Bíblia*, quando as pessoas riem é geralmente de tolice, como quando Abraão e Sara riem da ideia de que eles poderiam conceber um filho. Alguns pesquisadores foram tão longe a ponto de contar o número de vezes em que Deus ou seus seguidores riram, caracterizando cada instância devido à agressão, **tristeza** ou **alegria**. O vencedor por uma avalanche foi a agressão, com 45%. Risos devido à alegria ocorreram apenas duas vezes.

E para aqueles que argumentam que o Antigo Testamento é inerentemente mais escuro do que a versão mais recente, considere o seguinte: existem vários debates acontecendo entre os estudiosos religiosos sobre se Jesus riu. Não como está registrado na Bíblia. Em toda sua vida.

Por que o humor foi tratado tão duramente ao longo da história? Uma razão é que o humor é **inerentemente subversivo**. Algumas piadas são inócuas, com temas como galinhas cruzando ruas e elefantes escondidos em cerejeiras, mas a maior parte do humor não é assim. Ele trata assuntos sérios com **frivolidade** e, às vezes, com **rudeza** e **desconsideração** também. Considere a seguinte piada, que eu ouvi muitas vezes durante minha infância, mas que é provavelmente nova para a geração atual:

O que quer dizer NASA? Necessita agora sete astronautas[25].

A maioria das pessoas não entenderão a piada até que eu lhes diga que esta piada era popular em 1986, após a explosão do ônibus espacial *Challenger*. Setenta e três segundos depois de decolar do cabo Canaveral, uma junta tórica no foguete reforçador da nave falhou, causando um vazamento de combustível e o rompimento da aeronave. Todos os sete passageiros morreram, incluindo a professora Christa McAuliffe, que os acompanhava como parte do projeto "Professores no Espaço" da NASA.

Esta também não foi a única piada sobre a *Challenger*; havia muitas outras. Elas não surgiram imediatamente mas, na verdade, algu-

---

25 – NT: A piada original foi adaptada, pois em inglês é: *What does NASA stand for? Need another seven astronauts.*

mas semanas após o incidente. Um estudo identificou o período de latência entre esta tragédia particular e o ciclo de piadas correspondente em dezessete dias. A morte da princesa Diana teve um período de latência mais curto. O desastre do World Trade Center teve um muito mais longo.

Nosso fascínio com o humor negro mostra-se pela imensa variedade de piadas morbidas, incluindo as piadas sobre a *Challenger*, as piadas sobre a AIDS e as piadas sobre o desastre na usina nuclear de Chernobyl, para citar apenas algumas. Gerações inteiras de piadas até mesmo sobreviveram às tragédias que as geraram. Quando eu estava crescendo, todo mundo tinha sua piada de "sem braços nem pernas" favorita. *Como você chama um garoto sem braços nem pernas pregado na parede? Art*[26]. *Como você chama um garoto sem braços nem pernas flutuando em uma piscina? Bob*[27].

O que muitos leitores podem não perceber é que houve uma geração inteira ameaçada por esta mesma doença. A talidomida, frequentemente prescrita por médicos nos anos 1950 e 1960, teve a marca terrível de causar uma ampla gama de defeitos congênitos. Um desses defeitos era **focomelia**, a ausência congênita de membros. Uma vez que a principal razão para o uso da talidomida na época era o tratamento de enjoos matinais, milhares de crianças foram afetadas. A taxa de sobrevivência da focomelia era de cerca de 50%, então provavelmente havia bebês nascidos sem braços e pernas, e seus nomes poderiam ter sido Art ou Bob.

Algumas pessoas afirmam que estas piadas destacam o pior aspecto do comportamento humano. As piadas sobre a AIDS, dizem eles, não são nada mais do que uma desculpa para a homofobia. As piadas sobre a talidomida tiram sarro de deficientes. Um crítico chegou a afirmar que as piadas sobre a *Challenger* incentivaram jovens estudantes a tirar sarro dos professores. Mas outros não acham que essas afirmações são justas. Eles acreditam que a verdade é mais com-

---

26 – NT: *Art* é um nome próprio, mas também significa **arte**.

27 – NT: *Bob* é um nome próprio, mas, nos EUA, também é uma forma de chamar a boia conectada à linha de pescar.

plicada do que isso e, não surpreendentemente, seu argumento tem a ver com as diferentes formas de nosso cérebro lidar com conflito.

"Eu vou lhe dizer uma coisa. (Essas piadas) não (são) uma forma de luto", declarou Christie Davies, pesquisador britânico de humor e autor de mais de cinquenta livros e artigos sobre o tema. Se há uma pessoa que pode explicar o propósito do humor morbido, seria ele. Ele deu palestras sobre o assunto em mais de 50 países, apareceu internacionalmente na televisão e no rádio e até mesmo testemunhou perante a Suprema Corte. Em suma, quando se trata de humor morbido, Davies sabe do que fala. E ele não se ofende facilmente.

"A segunda coisa é que elas não são insensíveis. A explicação, creio eu, é a incongruência", destacou Davies. A teoria de Davies, e aquela apoiada pela maioria dos pesquisadores de humor, é que, apesar da natureza cruel das piadas morbidas, a intenção do narrador não é a de ser vil. Na verdade, para compreender a verdadeira mensagem das piadas morbidas, temos que explorar os sentimentos incongruentes por trás delas. Quando a tragédia nos atinge, podemos ter muitas reações. Podemos sentir tristeza, pena, até mesmo desespero. Também podemos sentir frustração sobre a manipulação de nossas emoções por repórteres de notícias, especialmente na televisão. Em suma, nós experimentamos emoções conflitantes. Algumas pessoas argumentam que as piadas morbidas demonstram sentimentos de superioridade, o que talvez também seja verdade, mas esta afirmação não explica por que criar alternativas para a sigla AIDS é engraçado para algumas pessoas, mas gritar **"Ha, ha, você está doente!"** em uma ala oncológica não é engraçado para ninguém. Nós rimos de piadas sobre grupos ou eventos somente quando essas piadas resultam de reações emocionais complexas, porque sem essas reações não teríamos nenhuma outra maneira de responder.

Alguns leitores podem se preocupar que ver o humor morbido como resultado de emoções conflitantes é perigoso, porque significa que rir dessas piadas não é cruel, mas sim simplesmente um meio de abordar nossos sentimentos. Pode até parecer um convite aberto para provocar os doentes, os mortos ou os deficientes. **Mas não é!**

A melhor prova de que o humor morbido não tem que ser percebido como ofensivo vem de um estudo sobre piadas que aparentemente zombava das próprias pessoas que usou como objeto de estudo. Conduzido pelos psicólogos Herbert Lefcourt e Rod Martin, envolveu 30 deficientes a quem pediram para ver uma série de cartuns sobre pessoas com deficiência. Por exemplo, um cartum mostrava uma forca elevada. De um lado havia degraus que levavam até o laço, e do outro havia uma rampa para cadeiras de rodas ao lado de uma placa de deficientes. Outro cartum mostrava um penhasco com uma placa dizendo: "Salto para suicídio." Ao lado da borda havia uma rampa para cadeiras de rodas e uma palca de deficientes.

Os pesquisadores não queriam que os indivíduos soubessem que o propósito do estudo era avaliar seu senso de humor, então eles mostraram os cartuns casualmente enquanto preparavam o espaço para as entrevistas que se seguiriam. Após sorrateiramente observar as reações dos indivíduos, eles administraram uma série de questionários e pesquisas sobre seus sentimentos em relação ao fato de serem deficientes.

Lefcourt e Martin descobriram que os indivíduos que riram mais das piadas eram também os que estavam melhor ajustados a sua condição. Comparados a outros indivíduos, eles apresentaram níveis mais altos de vitalidade, mais autocontrole e melhores autoconceitos. Em suma, aqueles que viam suas deficiências de forma mais saudável acharam as piadas mais engraçadas.

Estes resultados não são surpreendentes, tendo em conta outra pesquisa que mostra que as viúvas e os viúvos enlutados que são capazes de rir de sua perda são percebidos como sendo mais felizes, mais bem equipados para lidar com o estresse e socialmente mais adaptados. As mulheres que usam o humor como mecanismo de enfrentamento depois de passarem por uma cirurgia para câncer de mama também demonstram reduzido estresse pós-operatório.

Outra evidência de que as piadas morbidas não têm de ser ofensivas para serem engraçadas vem da manipulação das próprias piadas morbidas. Estas piadas variam de diversas maneiras, e não apenas nos seus alvos, mas também em seu grau de crueldade e adequação e, através da manipulação de cada um destes fatores, os pesquisadores podem determinar se utilizar alvos vulneráveis torna as piadas ofensivas demais para serem apreciadas (por exemplo, *Como se impede que um bebê morto exploda em um forno de microondas? Pique furos nele com um cabide*).

Experimentos desse tipo foram realizados – por exemplo, por Thomas Herzog da Grand Valley State University, em Michigan – e deles vemos duas coisas interessantes. Em primeiro lugar, a **crueldade** não melhora a **comicidade**. As piadas percebidas como mais vis (por exemplo, aquelas envolvendo bebês mortos) são geralmente vistas como menos engraçadas. Mas assim também são as piadas avaliadas especialmente baixas pela crueldade, muitas das quais não são emocionalmente envolventes. Assim, a crueldade não torna as piadas mais engraçadas, ela só fornece um meio para introduzir um conflito emocional. Pouca provocação – pouco conflito emocional sobre o fato de uma piada ser apropriada ou não – e a piada falha. Muita provocação, e não há conflito porque a inadequação é clara desde o início.

Em segundo lugar, vemos que o maior preditor de jocosidade é a **adequação**. Isso é definido pela forma como a piada leva tanto a incongruência quanto a resolução (muito parecido com o estágio de **resolução** discutido no Capítulo 2). Em outras palavras, quanto mais eficazmente o desfecho leva a um fim surpreendente, **mais engraçado é**. Não é suficiente que fiquemos chocados ou surpresos. Nosso humor deve levar-nos a um lugar novo, emocionalmente e cognitivamente.

Parte da razão pela qual há tantos tipos de piadas morbidas é que nossa mente é confrontada com uma mistura de emoções, de muitas formas. Por exemplo, sentimos pena de pessoas com deficiência, mas também queremos capacitá-las e tratá-las como elas devem ser tratadas: como todo mundo. E apesar de lamentarmos pelas vítimas de catástrofes naturais, podemos nos sentir simultaneamente manipulados pelos meios de comunicação por nos dizerem como nos sentir. A televisão, em particular, pode ser uma fonte esmagadora de informações e uma importante fonte de conflito, principalmente porque é muito imediata. O que fazemos quando ocorre um desastre? Ligamos a TV (ou entramos imediatamente em alguma busca na Internet).

"A televisão tentará convencê-lo na hora do emocional impacto da situação, e a retórica é toda sobre o imediato", diz Davies. "Mas você não pode sentir através da televisão o que as pessoas estão sentindo na cena imediatamente. O que você está vendo na tela é higienizado, mas o indivíduo que o descreve está dizendo como é terrível. Você está olhando a tela e o seu cérebro está reconhecendo que isto é um absurdo", complementou Davies.

Acontece que o imediatismo é um grande problema quando se trata de humor. Como observado anteriormente, passaram 17 dias para que as piadas sobre a *Challenger* chegassem aos *campi* e parquinhos. Isso chega a cerca de dois dias e meio de luto por pessoa perdida. Por esse cálculo, mais de sete mil dias – ou dezenove anos – deveriam se passar antes que alguém risse sobre os ataques ao Pentágono e ao World Trade Center. Embora eu suspeite que não possamos confiar em uma fórmula tão simples, ela pode não estar tão distante da realidade. O filme *Voo 93* – que não foi sequer uma comédia, mas uma recriação dramática – não chegou aos cinemas até quase cinco anos após a tragédia. E embora o jornal satírico *The Onion* tenha brincado recentemente que os estadunidenses deveriam honrar o 11/9 não se masturbando em seu aniversário, tal humor é raro e geralmente respeitoso às vítimas.

Ainda assim, muitas piadas apareceram logo após 11/9 – não na mídia dominante, mas na Internet. Estas foram também algumas das mais jingoistas e violentas. Considere, por exemplo, a imagem de *Photoshop* da estátua da Liberdade segurando a cabeça decapitada de Osama bin Laden. Ou a imagem de um *747* sendo jogado no coração de Meca com a legenda: "Não se enfureça – vingue-se." É difícil confundir as mensagens emocionais que estas imagens devem transmitir.

Mas o aspecto realmente importante destas piadas sobre 11/9 é que elas revelam nossos verdadeiros sentimentos sobre o incidente. Há raiva, é claro, mas também frustração e, ocasionalmente, irreverência. Um cartum que vem à mente retrata vários Teletubbies saltando das Torres Gêmeas em chamas, com a legenda "Ah, não!". Outra mostra um cursor do *mouse* pairando sobre o World Trade Center, ao lado de uma janela de mensagem de computador perguntando: "Tem certeza de que deseja excluir ambas as torres?". Essas piadas não zombavam de terroristas. Elas zombavam do processo de luto em si. E, como foi observado, elas apareceram de imediato, enquanto as estações de televisão ainda cancelavam *shows* de premiação e Lorne Michaels empenhava-se em como apresentaria um *show* de comédia ao vivo. Eles não estavam compadecidos ou sentimentais; eles estavam o oposto disso.

Em suma, eles refletiam o que as pessoas queriam dizer: "Não me diga como eu devo me sentir. Sou capaz de reconhecer uma tragédia quando vejo uma sem ser lembrado sobre ela pela cobertura jornalística 24 horas por dia."

Essas piadas revelam algo novo e notável sobre a mente humana, ou seja, que sermos ordenados a não rir nos faz **querer rir**. Nos faz querer criar uma imagem de *Photoshop* de um enorme gorila agarrando aviões do céu, perto das Torres Gêmeas, com uma legenda dizendo "Onde estava o King Kong quando precisamos dele?"

O cérebro humano é uma fera teimosa. Ele não gosta que lhe digam o que fazer.

Filmes de Terror e Alívio

Quando você pensa em complexidade emocional, provavelmente não pensa em filmes como *O Exorcista* ou *A Mansão Marsten*. Estes são filmes de terror e destinam-se a transmitir uma sensação específica: **medo**. Eles também são muito bons nisso, o que levanta a questão: por que as pessoas os veem? Se os filmes de terror provocam sentimentos que a maioria de nós tenta evitar, por que pagamos para vê-los nos cinemas?

Minha esposa gosta de filmes de terror, mas eu não. Não é que eu seja medroso, ou pelo menos espero que eu não seja. Principalmente, é porque eu não **vejo graça neles**. Mas minha esposa, como tantos outros, discorda. Ela diz que é muito divertido sentir-se aterrorizado. Ela também adora montanhas-russas, o que não faz nenhum sentido para mim.

Eu sempre havia pensado que os filmes de terror são populares porque as pessoas gostam do alívio que segue as cenas assustadoras. Esta crença deriva em parte da **teoria de alívio do humor**, que afirma que nós rimos quando somos subitamente libertados de ameaça ou desconforto. A ideia está enraizada na teoria psicanalítica de Freud, que sustenta que tudo o que fazemos (incluindo o riso) é afetado pelo estresse imposto pelo nosso superego nas unidades hedonistas de nosso *id*. Mas esta teoria é insatisfatória por vários motivos, sendo um deles que ela é tão científica quanto leitura da palma da mão e astrologia. Ela também não explica por que nós não passamos nossos dias batendo na cabeça com um martelo só para desfrutar do sentimento de satisfação em parar.

Aparentemente, eu não sou o único a questionar a sanidade dos filmes de terror. Eduardo Andrade, professor de *marketing* da Hass School of Business da Universidade da Califórnia em Berkeley, também se sente desconfortável com este gênero popular, ou melhor, com as explicações que as pessoas dão para o porquê de filmes de terror serem tão populares. Por exemplo, por que precisamos assistir a cenas assustadoras ou nojentas para sentir-nos bem sobre nós mesmos? Se os espectadores supostamente desfrutam destes filmes por causa do alívio que vem quando eles terminam, por que os bandidos quase sempre vencem no fim e retornam na continuação? E se é verdade que as pessoas que gostam de filmes de terror são menos sensíveis do que todos os outros e não se incomodam com cenas horríveis, por que essas diferenças não se revelam em testes de personalidade?

Para procurar uma explicação, Andrade realizou uma série de experimentos que só os fãs de filmes de terror poderiam amar. Ele mostrou a seus indivíduos clipes de 10 minutos de dois filmes de terror populares: *O Exorcista* e *A Mansão Marsten*. Em uma versão do experimento, ele pediu aos indivíduos que avaliassem sua alegria e desconforto, também conhecidos como afetos positivo e negativo, antes e depois de cada filme ser visto. Em outro, ele pediu estas avaliações durante as cenas mais assustadoras. Os sentimentos relatados foram analisados para aqueles que se consideravam fãs de filmes de terror, em comparação àqueles que geralmente evitam este tipo de filme.

Contrariamente às expectativas populares, os fãs e não fãs relataram aumento no desconforto após ver esses filmes. Em suma, **todos** os indivíduos acharam-nos perturbadores, independentemente de eles gostarem deles ou não. As diferenças experimentais surgiram quando Andrade observou os sentimentos de alegria dos indivíduos. Fãs relataram aumento da alegria, juntamente com o desconforto, durante as cenas mais assustadoras. Essa felicidade continuou até o fim dos clipes dos filmes, enquanto os não fãs não mostraram tal apreciação. Assim que as coisas ficaram assustadoras, eles estavam prontos para fechar os olhos até que o experimento terminasse.

Os dados de Andrade revelaram que os fãs de filmes de terror realmente experimentam duas emoções ao mesmo tempo: **alegria** e **medo**.

Quando eu li pela primeira vez sobre estas descobertas, eu fui com minha esposa para ver um filme de terror para realizar um teste eu mesmo. Eu não sabia o que eu esperava ver, mas ao entrarmos na matinê de *Hotel da Morte*, prometi manter meus olhos abertos. Pela primeira vez na vida, esperava que as pessoas no cinema falassem alto e perturbassem a exibição para que eu pudesse ver suas reações.

Durante a primeira cena assustadora, muitas pessoas na plateia gritaram. Intervalos silenciosos foram pontuados por sobressaltos de antecipação, e então os gritos vinham novamente. A princípio, parecia que esta seria a extensão da reação do público mas, então, algo estranho aconteceu. Durante a próxima cena assustadora, em que a personagem principal entra em um porão assombrado, ao invés de gritarem, várias pessoas riram. Não houve piada, só um bando de pássaros muito assustados, mas essas pessoas riram de qualquer maneira. Isso aconteceu várias vezes, principalmente durante as cenas para as quais havia um crescimento especialmente longo de suspense.

O que fez os membros da plateia rirem? E por que os indivíduos no estudo de Andrade relataram alegria durante as cenas de terror? Uma das últimas manipulações experimentais de Andrade fornece a resposta para ambas as perguntas. Antes dos filmes de terror serem mostrados, ele apresentou breves biografias dos principais atores para os indivíduos para lembrá-los de que estavam observando pessoas "desempenhando um papel". Ele também colocou fotos dos atores ao lado da tela durante os filmes. Desta vez, mesmo os não fãs relataram sentimentos de felicidade durante as cenas assustadoras, até quase no mesmo grau que os fãs. Evidentemente, as fotos e biografias forneceram aos indivíduos o que Andrade chamou de "estrutura protetora" da qual se assiste aos eventos acontecendo na tela. Serem lembrados de que estavam apenas assistindo a um filme lhes permitiu substituir seu medo de modo que o prazer pudesse emergir. É como se os indivíduos quisessem aproveitar os filmes, mas seu medo não os deixasse. O experimento permitiu que estes sentimentos latentes fossem finalmente libertados.

Harald Høffding foi um filósofo dinamarquês, bem conhecido no fim do século XIX e início do século XX, mas relativamente desconhecido para a maioria das pessoas hoje em dia. Ele fez um imensa, embora muitas vezes despercebida, contribuição para o estudo do humor que vale a pena mencionar agora – o que ele chamou de **"Grande Humor"**. As emoções, alegou Høffding, revelam-se de muitas formas, tipicamente sob a forma de sentimentos **"simples"**, como a **felicidade** ou a **tristeza**. Mas às vezes nossas emoções se fundem e formam complexos organizados que refletem perspectivas inteiramente novas. Isto acontece no que ele chamou de **"os altos da vida"**, momentos em que ficamos tão em sintonia com nossas emoções que agimos com base na totalidade de nossas experiências, ao invés de em resposta às imediatas demandas emocionais e cognitivas colocadas sobre nós por nosso ambiente.

Os pensamentos de Høffding a respeito do Grande Humor servem como uma introdução útil à ideia de complexidade emocional. De fato, o Grande Humor reflete um reconhecimento da vida não apenas a partir das perspectivas de felicidade ou tristeza, mas mais completamente, por meio de uma síntese complexa destas emoções. O melhor humor não nos faz sentir meramente de uma forma ou de outra. É mais do que isso. Faz-nos rir da piada de deficientes ao mesmo tempo que sentimos simpatia por seu alvo.

"É inútil pensar no humor em termos de catarse. Não estamos falando em lavar nada", diz Davies, e eu concordo. O humor mórbido não purga simplesmente o estresse emocional de nosso sistema – ele "cultiva" o estresse para que possamos atingir algum tipo de resolução. Isso chega na diferença entre os conceitos gregos de catarse e catexia. Catarse é a purificação dos sentimentos. Catexia é o menos conhecido oposto disso. É o investimento de energia emocional, a aceleração da libido. O humor nos proporciona alívio, não ao lavar os sentimentos ruins, mas ao ativá-los, juntamente com os positivos, para que possamos desfrutar de uma experiência emocional complexa.

Em nenhum lugar isso é mais aparente do que no humor negro, a forma mais escura de comédia na qual se cria luz a partir de circunstâncias terríveis. Quando os membros restantes da trupe de comédia Monty Python cantou *Always Look at the Bright Side of Life*"[28] no funeral de seu falecido amigo Graham Chapman, eles não estavam celebrando sua morte – eles estavam celebrando sua vida. De fato, ambientes trágicos, como funerais e a guerra, são criadouros eficazes para o humor, porque eles fornecem a mesma libertação que os filmes de terror, permitindo que os participantes enfrentem suas emoções de frente. *"Por que o Hitler ainda não invadiu a Inglaterra?"* Perguntou um tcheco no outono de 1940. *"Porque os oficiais alemães ainda não conseguiram aprender todos os verbos irregulares em inglês"*, respondeu alguém.

Talvez o mais famoso exemplo de humor negro é a história de Gerald Santo Venanzi, um capitão da Força Aérea de Trenton, Nova Jersey. Durante um bombardeio sobre o Vietnã do Norte em setembro de 1967, a aeronave RF-4C de Venanzi foi abatida perto de Hanói. Quase imediatamente ele foi preso e, junto com vários outros soldados, foi submetido a um tratamento brutal. Muitos de seus companheiros estavam em pior forma que ele, amarrados e miseráveis, desesperados por algo positivo. Vendo a tristeza da situação,

---

28 – NT: Música final do filme *A Vida de Brian*, que é cantada durante a crucificação do mesmo. O título diz *Sempre Olhe o Lado Bom da Vida*.

Venanzi fez a única coisa que podia: ele criou uma motocicleta imaginária, bem como um chimpanzé fictício chamado Barney.

Para divertir seus companheiros prisioneiros de guerra, Venanzi "montava" a moto ao redor do complexo prisional sempre que podia, fazendo acrobacias e até mesmo tendo um vazamento ocasional, como seria de se esperar durante essas manobras ousadas. A maioria dos guardas acharam-no mentalmente desequilibrado, mas seus companheiros de prisão adoravam isso. Logo Venanzi começou a criar efeitos sonoros e, finalmente, o *show* ficou tão animado que os guardas pediram para ele parar. Não era justo com os outros presos, eles explicaram, porque eles também não tinham motocicletas.

Felizmente, depois de os guardas levarem sua motocicleta imaginária, Venanzi ainda tinha Barney, que o acompanhou para o confinamento solitário, bem como para várias interrogatórios. Barney fazia observações insultantes sobre os captores, sempre voltadas apenas para Venanzi, mas compartilhadas com todos os outros indiretamente. Já convencidos de que lidavam com uma mente fraca, os guardas cooperavam, às vezes pedindo a Venanzi para repetir as retaliações vis de Barney. Um guarda até ofereceu chá a Barney, que Venanzi recusou, embora ele tenha rido sobre essa troca com seus companheiros de prisão depois. Embora estranhas da perspectiva de seus captores, estas palhaçadas eram o melhor entretenimento que Venanzi e seus companheiros de prisão poderiam compartilhar. E o esforço finalmente deu a ele a Silver Star[29], a terceira mais alta condecoração que um militar pode receber em tempos de guerra.

Prisioneiros não são o único grupo que rotineiramente usam o humor para lidar com um ambiente macabro. Os médicos também passam grande parte do seus dias expostos a sangue e depressão em geral e, novamente, sua abordagem de enfrentamento parece ser o riso.

O que *Ardil 22* fez pela guerra, *A Casa dos Deuses*[30] fez para a medicina. Escrito sob o pseudônimo de Samuel Shem, este romance de

---

29 – NT: Estrela de prata.

30 – NT: *The House of God* parece não ter sido publicado no Brasil. O título aqui é da publicação portuguesa.

Stephen Bergman se concentra em um grupo de estagiários médicos lutando para lidar com as pressões e a complexidade da medicina. Eles criam nomes para pacientes desinteressantes mas agudos, tais como Gomer(uma sigla para *"get out of my emergency room"*[31]) e referem-se a "jogar" os pacientes difíceis para outras equipes. Eles até mesmo cometem suicídio e, secretamente, eutanásia em pacientes, tudo em reação ao estresse extremo colocado sobre eles por seus empregos. Embora não tão extrema quanto a guerra, a situação dos estagiários é intensa, e vidas são salvas ou perdidas com base nas decisões que tomam.

A medicina está repleta de humor, mesmo quando você nunca esperaria vê-lo. O livro *Bases Patológicas das Doenças* descreve enfisema intersticial como um inchaço do tecido subcutâneo a uma "alarmante, mas geralmente inofensiva aparência de pneu Michelin". O mesmo livro adverte que, uma vez que a chance de contrair hepatite ao comer ostras é **1 em 10.000**, os médicos deveriam alertar os amantes de ostras a nunca consumir mais de 9.999 em uma refeição. O *Manual Merck de Diagnóstico e Tratamento* classifica a soltura de flatos, também conhecida como soltar gases, em três categorias: o **deslizante**, a **arma de esfíncter** e o ***staccato***.

Se estes casos parecem leves, tornando difícil para nós decidir se o humor é inadequado, considere a seguinte história verídica sobre um grupo de profissionais médicos debatendo como tratar um bebê nascido com graves defeitos neurológicos. Os médicos discutiram os diversos testes, contemplando todas as informações possíveis que poderiam reunir sobre a condição da criança. Logo ficou claro que a **situação era sem esperança**, embora ninguém quisesse ser o primeiro a desistir. Finalmente, um dos médicos encerrou o debate: "Olhem. É mais provável que ele **seja** segunda base, do que jogador."[32]

Uau! Felizmente, os pais não estavam por perto para ouvir isso. Mas essa não é a questão. O médico não estava tentando ser cruel.

---

31 – NT: "Saia da minha sala de emergência".

32 – NT: Referência ao beisebol. Creio que a ênfase no verbo mostre que o bebê **seria** a segunda base, e não o jogador que fica na segunda base.

Ele estava fazendo o que o ensaísta estadunidense George Saunders chama de "verdade rápida". O termo foi originalmente cunhado em referência ao uso de Kurt Vonnegut de um humor nu e cru no livro *Matadouro 5* para descrever a depravação da guerra. Significa "expressar a verdade sem floreios". Como Saunders disse: "O humor é o que acontece quando nos dizem a verdade mais rápido e mais diretamente do que estamos acostumados." Em outras palavras, comparar um bebê em luta pela vida a uma peça de equipamento esportivo é engraçado pela mesma razão que é horrível: expressa uma ideia tão horrível que estamos desacostumados a abordá-la tão diretamente.

Na maioria dos casos de humor mórbido, o alvo não é óbvio. O humor médico, particularmente do tipo macabro, não zomba dos pacientes; ele zomba da morte. Há uma velha história, também verdadeira, sobre um grupo de médicos trabalhando tarde da noite no pronto-socorro e, juntos, decidiram encomendar uma *pizza*. Já passava das três da manhã e sua entrega ainda não havia chegado quando, de repente, uma enfermeira interrompeu suas reclamações ao trazer um paciente vítima de tiro. Os médicos rapidamente reconheceram o paciente como o entregador de pizza, que aparentemente havia sido baleado enquanto entregava seu pedido do lado de fora do prédio. Eles trabalharam por horas tentando salvá-lo, chegando ao ponto de abrir sua caixa torácica e massagear seu coração dilacerado. Mas seus esforços foram em vão e o rapaz morreu.

Cansados e deprimidos por terem perdido seu paciente, um dos médicos finalmente fez a pergunta que estava em todas suas mentes.
"O que vocês acham que aconteceu com a *pizza*?"

Outro médico olhou para fora e viu a caixa, virada para cima, apenas a poucos passos das portas do pronto socorro. Ele pegou a comida e colocou-a sobre o mesa na frente de seus colegas.
"Quanto vocês acham que devemos dar de gorjeta?"

O que a pergunta sobre a gorjeta realmente transmite? Eu acredito que diga várias coisas. Em primeiro lugar, que todos nós vamos morrer, e que questões triviais como a gorjeta permanecerão muito tempo depois que nos formos. Em segundo lugar, que estar vivo é uma condição muito especial, que não deve ser desperdiçada, assim como *pizza*. E, terceiro, que a morte pode vir e levar até mesmo as mais inocentes pessoas, mas não pode nos dar medo se não a deixarmos. A morte é a inimiga, não a *pizza*, e a única maneira de o cérebro expressar todas essas ideias complexas é rindo.

Piadas com um Alvo

Um dos principais benefícios de fontes de informação como a Internet é que mesmo leigos têm acesso às mais recentes descobertas na ciência cerebral. Considere, por exemplo, os neurônios espelho – células cerebrais que disparam quando agimos nós mesmos, mas também quando vemos alguém demonstrar o mesmo comportamento. Elas podem disparar quando alguém pega um alimento, aperta a mão de alguém ou pega um livro, mas elas não se importam se estamos fazendo essas coisas nós mesmos ou assistindo a alguém fazê-las à distância. Os neurônios espelho foram descobertos na década de 1990 e tornaram-se familiares ao público em geral, em parte, porque são tão incríveis. Muitos cientistas agora afirmam que essas células são responsáveis por reconhecer a intenção em outros e, talvez, até mesmo empatia.

Mas há uma classe ainda mais emocionante de neurônios, pelo menos em sentido neurocientífico, que recentemente estão recebendo atenção do público e são conhecidos como **células fusiformes**. Estas células (cientificamente chamadas de neurônios Von Economo, por causa do neurocientista romeno Constantin Von Economo) são relativamente raras, ocorrendo em apenas algumas regiões dentro do cérebro. Um destes é o cíngulo anterior. Sua aparência é incomum também, quatro vezes maior do que a maioria dos outros neurônios com projeções extremamente longas. E elas são encontradas em apenas algumas outras espécies além dos seres humanos, ou seja, em nossos vizinhos macacos mais inteligentes, como gorilas e orangotangos, e em alguns outros mamíferos avançados, como baleias e elefantes.

O que elas fazem? Enquanto os neurônios espelho são responsáveis pela empatia, as células fusiformes são responsáveis pela consciência social e o controle emocional. Pesquisas sugerem que elas realizam a atualização rápida e intuitiva de sentimentos e reações emocionais. Suas projeções longas permitem que elas se comuniquem eficientemente através de amplas regiões do cérebro, e seu surgimento após o nascimento – ao contrário da maioria dos outros neurônios, que se desenvolvem pré-natalmente – sugere que seu desenvolvimento é influenciado por fatores ambientais, como a qualidade da interação social. E, finalmente, as células fusiformes são observadas apenas nos animais com cérebros que possuem um equilíbrio de pensamento cognitivo e emocional. Há uma região que cada um destes animais têm em comum, o mesmo lugar em que estas células fusiformes são mais comumente encontradas: o **cíngulo anterior**.

Neste capítulo, vimos que o conflito pode ser emocional bem como cognitivo. Quando experimentamos sentimentos conflitantes, precisamos reconciliar tais sentimentos e estabelecer o controle emocional. As células fusiformes, porque são construídas para uma comunicação rápida e de longo alcance, são perfeitamente adequadas para este objetivo.

Uma coisa que não mencionei anteriormente sobre o cíngulo anterior é que ele não é uma entidade única. Ele tem partes, como o cérebro maior, e uma de suas divisões mais importantes está entre suas seções dorsal e ventral (das palavras latinas *dorsum* e *ventralis*, que significam "alto" e "baixo"). Estas seções dividem as responsabilidades cognitivas e emocionais, respectivamente, do cíngulo anterior. A parte alta – ou dorsal – do cíngulo anterior lida em grande parte com o conflito cognitivo. A parte baixa ou ventral é emocionalmente focada.

Voltando agora à tarefa de Stroop do Capítulo 2, ler palavras em diferentes cores de tipos é uma tarefa cognitiva, por isso normalmente ativa o cíngulo anterior dorsal. Mas também há uma versão emocional da tarefa, chamada de **tarefa emocional** de Stroop. Por exemplo, em vez de solicitar aos indivíduos que relatem a cor de palavras neutras como A-Z-U-L, a tarefa emocinal de Stroop usa palavras como A-S-S-A-S-S-I-N-A-T-O e E-S-T-U-P-R-O. As palavras chocantes não têm relação com a tarefa, mas a parte ventral do cíngulo anterior as percebe de qualquer maneira. Em seguida, ela envia um alerta para o resto do cérebro: **não confie neste pesquisador!**

É provável que as células fusiformes sejam a chave para o compartilhamento de tais avisos. Elas parecem estar concentradas na parte ventral do cíngulo anterior, o qual é responsável pela detecção de tais mensagens emocionais, e elas também são encontradas em uma região chamada de ínsula frontal, outra área-chave para o processamento de emoções. Isto as torna adequadas para lidar com conflito em situações sociais, particularmente aquelas que envolvem emoções contraditórias ou mistas. Tanto a parte ventral do cíngulo anterior e a ínsula frontal também são ativadas durante períodos de **empatia, culpa, decepção...** e **humor**. Em resumo, estas duas regiões cerebrais estão especialmente envolvidas em lidar com sentimentos confusos.

Esta questão de sentimentos confusos é significativa porque nos leva a outro tipo de conflito importante para o humor: o **conflito pessoal**. Às vezes o alvo de nossas piadas não possui nome, mas a maior parte do tempo nossa comédia é dirigida a indivíduos particulares. Nestes casos, o humor é pessoal, envolvendo sentimentos sobre pessoas específicas e talvez até mesmo insultos. Embora não tenhamos ainda identificado precisamente quais respostas neurais estão envolvidas nestes tipos de interações, com a descoberta das células fusiformes podemos não estar longe. Suas longas projeções e suas conexões com nossos centros emocionais permitem que estas células acessem uma ampla gama de sentimentos, ajudando-nos assim a entender nossas complexas reações emocionais. Uma maneira de fazer isso é contar uma piada.

> *Um dia, a secretária do ministro das Relações Exteriores israelense David Levy ouve no rádio que um lunático está dirigindo na contramão na movimentada rodovia Jerusalém/Tel Aviv. Sabendo que esta é a rota de seu chefe, ela chama imediatamente seu carro para avisá-lo. "Só um lunático?", ele grita para ela. "Eles estão todos dirigindo na contramão!", diz Levy.*

Esta piada depende do seu conhecimento de quem é David Levy, que muitos leitores não têm, mas eu a incluí aqui porque ela destaca dois tipos de humor. Primeiro, ela é claramente um insulto. No fim da piada, temos algumas impressões claras de Levy: que ele é um motorista ruim, não particularmente inteligente e, talvez, cabeça-dura também. A piada é também uma sátira política, uma vez que Levy é uma figura pública. E é uma sátira polarizante, o que torna a piada ainda mais engraçada.

Durante o fim do século XX, David Levy foi um proeminente e controverso político israelense. Com uma educação de apenas até o oitavo ano, Levy começou a trabalhar na construção civil antes de mais tarde se alinhar com o Likud, um partido de direita moderada de seu país. Após exercer várias posições ministeriais, ele alcançou uma posição bem reconhecida no governo, mas várias características pessoais infelizes continuaram o restringindo. Uma delas era que ele frequentemente parecia cisudo e pomposo. Outra é que ele nunca aprendeu inglês, tornando difíceis para ele as relações internacionais. Mesmo em sua língua nativa ele frequentemente cometia lapsos de linguagem que o levaram a parecer ignorante. Finalmente, ele se tornou um símbolo de políticos estúpidos e egoístas, que estão sempre dispostos a dizer o que o público quer ouvir.

Entre na onda de *Bedichot David Levi*, que quer dizer "piadas sobre David Levy" em hebraico. Este fenômeno, como registrado por Hagar Salamon da Universidade Hebraica de Jerusalém, conquistou Israel e os países vizinhos. As pessoas zombaram da inteligência de Levy, da sua arrogância e, acima de tudo, da sua incapacidade de reconhecer suas próprias falhas. As piadas tornaram-se tão generalizadas que um repórter do *Los Angeles Times* escreveu um artigo especulando se ele poderia superá-las. Aqui está uma especialmente popular: *Um homem se aproxima de David Levy e diz: "Você já ouviu falar da mais recente piada sobre David Levy?". "Desculpe-me", responde David Levy. "Eu sou David Levy." "Tudo bem", o homem responde. "Eu lhe conto devagar."*

À primeira vista, isto pode parecer apenas mais uma onda de humor político dirigida a um alvo fácil. No início dos anos 1990, quase todos contavam piadas sobre Dan Quayle aparentemente pelas mesmas razões. Os nomes Quayle, Clinton e Palin poderiam ser facilmente usados no lugar de Levy para qualquer uma das piadas e ainda ser engraçado. **Será?**

Apesar de diferenças de linguagem tornarem difícil responder a esta pergunta, um exame mais atento mostra que o humor por trás destas piadas é mais complicado. Por um lado, Levy não nasceu em Israel, mas no Marrocos e, como judeu marroquino, ele representava uma nova facção na política israelense. Até a época de Levy, Israel tinha sido dominada pelo sionismo europeu; no entanto, como Levy chegou ao poder, os judeus de países orientais e tradicionalmente muçulmanos começaram a alterar o equilíbrio étnico da sociedade israelense. O fato de que Levy frequentemente enfatizava suas origens étnicas somente aumentou as tensões crescentes associadas a esta mudança. Os aspectos da personalidade de Levy claramente tornaram-no mais fácil de ridicularizar, mas o conflito que as pessoas sentiam sobre sua antiga e nova sociedade também desempenhou um grande papel. Levy frequentemente reclamava que as piadas sobre ele eram motivadas pelo racismo latente, e talvez a acusação tenha funcionado, porque o ciclo da piadas finalmente terminou.

É fácil achar piadas semelhantes visando figuras populares estadunidenses, embora a maioria destas não tenham nada a ver com racismo. No fim dos anos 1980 e início dos anos 90, quando as piadas sobre Dan Quayle estavam no auge de sua popularidade, os EUA tornaram-se obcecados por dinheiro e poder. Os anos Reagan haviam introduzido uma era em que a riqueza era o símbolo definitivo de *status*, fosse ganha ou herdada, e Quayle era o exemplo perfeito desta última, proveniente de duas gerações de ricos editores. Embora moderadamente bem-sucedido por conta própria, ele era visto como afastado, ignorante e desconectado do que acontecia na nação. Certamente isso não ajudou o fato de que Quayle não saber como soletrar **batata**, mas em um momento em que os EUA estavam prontos a se rebelar contra os ricos e privilegiados, ele estava fadado a falhar.

Ondas de piadas sobre Clinton nos anos 1990. Piadas sobre Sarah Palin nos anos 2000. Cada um destes alvos tocavam em um aspecto da sociedade caracterizada por conflito, fossem a infidelidade crônica de Clinton durante um tempo de prosperidade econômica ou os déficits intelectuais de Palin contrastando com seu populismo familiar. Por que os estadunidenses se deleitaram com estes ciclos piadísticos, mas deixaram outra figura, Jimmy Carter, relativamente em paz? Carter não escapou incólume, é claro; várias piadas sobre os agricultores de amendoim vieram à tona em Washington no fim dos anos 1970. Mas, considerando seus fracassos, tais piadas foram relativamente poucas. O aumento dos preços do gás, a inflação e a crise de reféns do Irã levaram os críticos a avaliar a presidência de Carter como uma das **mais ineficazes na história recente**. No entanto, piadas a sua custa foram escassas, principalmente porque Carter não era um homem que provocava emoções conflitantes. Simpático, ético e inteligente, ele passava a impressão geral de ser um bom rapaz, mais adequado para missões de paz do que para liderar o mundo livre.

As piadas políticas são populares porque elas se alimentam de uma mistura de sentimentos que as pessoas têm sobre as figuras públicas, mas e se esses sentimentos forem a respeito de grupos maiores? Quando políticos como Barack Obama e Newt Gingrich concorrem à presidência, eles esperam ser expostos ao ridículo como parte do processo, mas o que dizer de piadas sobre os mexicanos ou os polacos[33]? **O que as piadas sobre grupos sociais e étnicos maiores dizem sobre a sociedade?**

Quando eu estava crescendo, as piadas sobre os poloneses eram famosas nos EUA. Embora grosseiramente inapropriadas, quase todas as crianças ou adultos sabiam pelo menos uma. *O que eles imprimem no fundo das garrafas de Coca-Cola polonesas? Abra a outra extremidade. Como você quebra o dedo de um polonês? Dando um soco em seu nariz.*

Cada país tem um ou mais alvos populares. Os russos zombam dos ucranianos. Os australianos zombam dos tasmanianos. Os canadenses zombam dos habitantes de Terra Nova. Na maioria das vezes, as piadas são sobre serem estúpidos, mas às vezes elas são sobre serem sujos ou incivilizados também. Estes alvos podem parecer esco-

---

33 – NT: Equivalentes às piadas sobre portugueses e argentinos no Brasil.

lhidos casualmente, ou destinados somente a grupos de baixo *status* que ameaçam a prosperidade do país de origem. Não é assim.

A coisa surpreendente a respeito de piadas sobre **estupidez** é que elas podem ser encontradas em todos os lugares, apesar de os alvos geralmente não serem os grupos de que menos gostam dentro da cultura. Em vez disso, eles são sobre aqueles um pouco fora da classe predominante, aqueles que vivem na periferia. Nós tiramos sarro desses grupos porque eles são apenas um pouco diferentes de nós mesmos, e tal humor ajuda a aliviar o estresse e ansiedade associados a viver em uma sociedade pluralista. Até que ponto, de fato, os estadunidenses sentiam-se ameaçados pelos poloneses quando as piadas visando este grupo eram mais populares? Essas piadas vieram com quase cem anos de atraso para que essa possibilidade fosse levada a sério. Em vez disso, as pessoas riam de piadas de polonês porque o povo polaco era diferente daqueles ao seu redor, mas não tão diferente a ponto de ser um perigo real para as normas culturais existentes.

Se esta interpretação está errada e as piadas raciais são realmente uma questão de implicância com os oprimidos, então o conteúdo dessas piadas não deveria importar. Mas, novamente, não é este o caso. Embora nos EUA contarem-se piadas confortavelmente sobre os poloneses, irlandeses ou italianos serem estúpidos ou sujos, no outro lado do oceano as coisas são muito diferentes. Não demora muito tempo em um *pub* inglês antes que você ouça alguém chamar um irlandês de estúpido, mas você anda muito por Haverstock Hill antes que ouça um britânico chamar um irlandês de imundo. Hábitos de higiene apenas não aparecem na lista de coisas sobre as quais os londrinos provocam os estrangeiros. Então, qual é?

O exemplo mais claro de que piadas de insulto dizem mais sobre quem as conta do que sobre o alvo é o destaque das "piadas sujas" nos EUA, mas quase em nenhum lugar no exterior. *Por que os italianos usam bigodes? Para parecerem-se com suas mães.* Você nunca ouviria essa piada na Suíça, apesar de os suíços frequentemente tirarem sarro de italianos. Por que essa diferença? "A chave é que os estadunidenses e canadenses são obcecados com a limpeza. É um valor central", diz Christie Davies. "Na Grã-Bretanha e em outros lugares, é algo empírico. Importa mais o quanto você está limpo dependendo das circunstâncias. É utilitário. As coisas devem estar limpas porque as consequências de ser sujo são ruins. Nos EUA é um valor moral", complementou Davies.

Ninguém na Grã-Bretanha zomba dos hábitos de higiene do irlandês ou belga porque ninguém lá se importa. Esta é mais uma forma em que o humor de insulto diz mais sobre quem conta as piadas do que sobre seus alvos, porque mostra quais são verdadeiramente seus valores. Não é que os italianos ou os franceses sejam patologicamente sujos e não possuam lâminas de barbear, é que os estadunidenses são obsessivamente limpos. Para eles, todo mundo é sujo, tornando tais brincadeiras menos sobre o insulto aos outros do que sobre como lidar com seus próprios sentimentos sobre higiene pessoal.

Argumentos como estes podem soar como conjecturas não científicas, e de certa forma o são, mas eles ainda são importantes para os antropólogos e sociólogos porque as tendências humorísticas são difíceis de quantificar. A análise pode também exagerar. Considere a revisão publicada por Roger Abrahams e Alan Dundes nos anos 1960. Abrahams era professor de inglês, Dundes folclorista e, juntos, eles examinaram uma crescente onda de humor criando seu caminho por todo os EUA: as **piadas de elefante**. "Não se pode deixar de notar a este respeito que a ascensão da piada de elefante ocorreu simultaneamente com a ascensão do negro no movimento dos direitos civis", eles escreveram. "Os dois fenômenos culturais díspares parecem estar intimamente relacionados e, de fato, pode-se dizer que o elefante é um reflexo do negro estadunidense como o homem branco o vê e que a afirmação política e social do negro fez com que certos medos primitivos fossem reativados."

No caso de você não ter entendido, estes autores querem dizer que as pessoas brancas gostam de piadas de elefante porque elas têm medo de pessoas negras. O artigo passa a considerar várias características elefantinas supostamente compartilhadas por estes grupos, incluindo as fálicas.

Obviamente, algum julgamento é necessário aqui, assim como paciência com termos e estereótipos raciais dos anos 1960. Ainda assim, só porque tal análise pode exagerar não significa que o humor de insulto não diga mais sobre quem o conta do que sobre seus alvos. E para ver como, vamos terminar este capítulo com um exemplo envolvendo um assunto um pouco menos sensível. Vamos rir um pouco dos advogados.

Como você impede um advogado de afogar-se? Atire nele antes que ele atinja a água.

Quantos advogados são necessários para colocar o telhado de uma casa? Depende de quão fino você cortá-los.

O que é uma kombi com 6 advogados dentro caindo num precipício? Um desperdício, pois numa kombi cabem mais advogados!

Você já ouviu estas piadas antes? Se não estas específicas, você provavelmente já ouviu outras como elas. Isso porque nas últimas décadas, piadas de advogado tornaram-se um dos tipos mais populares no país. Um estudo de tipos de humor nos anos 1950 descobriu que das 13.000 piadas detectadas em circulação comum, tão poucas eram sobre advogados que não justificava a contagem, mas no fim dos anos 1990 mais de 3.000 *sites* na Internet foram construídos com a finalidade exclusiva partilhar piadas de advogado, em comparação com 227 para piadas de médico e 39 para piadas de contador. Esse é um grande aumento.

Quando as piadas de advogado explodiram três décadas atrás, elas eram notórias por serem populares e incrivelmente violentas. Analisando as três piadas citadas há pouco, vemos que todas envolvem assassinato. Nenhuma tem nada a ver com a lei, e nenhuma dá pistas de por que advogados devem ser tão ultrajados. Será que advogados são por natureza um grupo especialmente antipático? Talvez, mas como vários sociólogos apontaram, advogados têm uma reputação muito pior em outros países. A Holanda, por exemplo, é bem conhecida por sua atitude antagônica em relação a advogados. No entanto, entre as 34.000 piadas e anedotas engraçadas reunidas pelo sociólogo holandês Theo Meder, **apenas 5** são direcionadas a este grupo.

Algo mudou dentro do sistema judiciário estadunidense nos anos 1980. Essa década trouxe uma onda perniciosa de litigiosidade para os EUA, bem como uma quase duplicação do número de advogados. Então, em 27 fevereiro de 1992, Stella Liebeck pediu um copo de café em um *drive-through* do McDonald's em Albuquerque, no Novo México. Depois de sair com seu pedido, ela derramou o café no colo, sofrendo queimaduras de terceiro grau em mais de 6% de sua pele. Embora Liebeck inicialmente tenha procurado fazer um acordo apenas para os custos de suas contas médicas, cerca de U$S 20 mil dólares, o caso enfim foi a tribunal e Liebeck recebeu quase U$S 3 milhões em danos compensatórios e punitivos.

Liebeck e seus advogados estavam apenas tentando mudar as práticas das cadeias de *fast-food* para tornarem seu produto seguro – mais de setecentos incidentes semelhantes já haviam sido registrados – mas o público ficou indignado. O café do McDonald's tem que ser quente. Aonde vai o mundo se derramar *fast-food* no seu colo lhe torna um milionário? Somente nos EUA, onde todo mundo quer se tornar um profissional bem-sucedido e altamente remunerado, o público poderia ter tais sentimentos contraditórios sobre advogados. Por um lado, queremos elogiá-los por proteger os inocentes, preservar a lei e ter uma vida bem-sucedida. Por outro lado, queremos a certeza de que se alguém tropeçar na calçada em frente a nossa casa não poderá processar-nos até o último tostão. Ao tomar um papel de destaque na sociedade, os advogados têm se exposto a admiração e medo. É um ardil: **ame-os** ou **odeie-os**, os advogados estão aqui para ficar. Nossa única opção é rir deles.

Desta forma, vemos que o humor serve a uma importante função social, ajudando-nos a lidar com a dor e a resolver opiniões conflitantes acerca de figuras proeminentes. Ele também pode ser uma consequência de vivermos em uma sociedade social, permitindo-nos lidar com nossas diferenças de forma mais madura do que como nossos antepassados o faziam, por exemplo, com clavas e paus. O psicólogo russo V. I. Zelvys relatou a história das tribos Dyak de Bornéu, que costumavam se envolver em batalhas frequentes entre si, incluindo caça a cabeças. Quando essas tribos iam para a guerra, elas sempre começavam suas lutas por se aproximarem um do outro e xingarem-se das mais obscenas maneiras. Os insultos eram terríveis, repletos de promessas de remover membros e enfiá-los em lugares muito privados. Eles também eram muito pessoais, envolvendo comentários ofensivos sobre proezas sexuais. Tradições similares foram encontradas na América do Norte e na Itália antigas, onde os insultos ritualizados até mesmo assumiram uma métrica rítmica especial, tornando-os uma forma de poesia. Somente após essas partidas de insulto concluirem-se é que quaisquer batalhas reais eram autorizadas a começar.

Pergunto-me se, por vezes, as partidas de insultos tornavam-se tão animadas que os dois lados se esqueciam de realmente atacar um ao outro fisicamente. Como o humor mórbido e as piadas sobre dar gorjeta a entregadores de pizza mortos, estas partidas de gritos serviam a um propósito social e, para as tribos Dyak de Bornéu, esse objetivo era atrasar a violência, pelo menos por um tempo curto. Na sociedade moderna, esta finalidade evoluiu, ajudando-nos a lidar com a raiva e a dor associadas com a tragédia, bem como a integrar opiniões conflitantes sobre indivíduos célebres ou muito populares. É fácil ver o valor do humor nestas situações difíceis, assim como é fácil ver como os médicos devem, por vezes, **rir** de seus pacientes mais indefesos. O humor não tem que ser cruel, e ele também não tem que ser doloroso. **Às vezes é simplesmente a única forma disponível para reagir.**

» PARTE DOIS

"Para Quê?
O HUMOR E QUEM SOMOS

4

» A Especialização é para os Insetos

> *"Uma pessoa sem senso de humor é como um carro sem molas. É sacudido por cada pedra na estrada."*
>
> — Henry Ward Beecher

> *"Eu tenho um bom senso do ridículo, mas nenhum senso de humor."*
>
> — Edward Albee

É HORA DE MUDAR DE MARCHA. NOS TRÊS PRIMEIROS CAPÍTULOS, focamos na pergunta *O que é?* sobre o humor. O que é o humor, e por que algumas coisas nos fazem rir e outras não? Até agora vimos que o humor tem componentes distintos, como conflito e resolução, mas agora é hora de mudar para o que chamo de a pergunta: **Para que o humor?**: A que propósito o humor serve, e por que nosso cérebro não adota meios mais simples de transformar conflito em prazer? Toda esta discussão dentro de nós mesmos parece um maneira ineficiente para fazer negócios. Certamente, se nosso cérebro fosse mais simples e funcionasse mais como os computadores, seríamos pessoas mais felizes e mais joviais? **Não é assim**. E para mostrar o porquê, vamos conhecer A. K., uma menina de dezesseis anos de idade que foi ao Centro Médico da UCLA[34] esperando encontrar um tratamento para a epilepsia e saiu conhecendo a parte exata de seu cérebro que a faz rir.

A. K.

"O cavalo é engraçado", exclamou a paciente A. K. em resposta à pergunta do médico. O médico havia recém inquirido por que ela estava rindo e, sem outras explicações, esta foi sua melhor resposta. Na frente dela, o médico percebeu uma imagem de um cavalo e, embora não fosse particularmente especial, parecia hilariante para ela. Ela não sabia o porquê.

O médico continuou a mostrar fotos a ela e a pedir-lhe para ler parágrafos e mover seus dedos e braços. Enquanto ele fazia estas coisas, outro médico tra balhava fora de vista, mais perto de sua cabeça. A. K., a quem conhecemos apenas por suas iniciais, entendeu que o segundo médico sondava seu cérebro. Os médicos tentavam descobrir por que ela periodicamente experimentava convulsões, e a única maneira de fazer isso era identificar qual a área de seu cérebro que não funcionava corretamente. O que ela não entendia era por que seu corpo continuava a abandonar seu controle.

A. K. começou a rir de novo. Mais uma vez, o médico perguntou o porquê.

"Vocês são tão engraçados, em pé a minha volta", disse A. K.

Os assistentes anotavam cada interação enquanto o exame continuava. Enquanto isso, o corpo de A. K. continuava a fazer movimentos inesperados. Em um momento, sua perna direita formigava, em outro seus braços se contraíam. Várias vezes ela se viu incapaz

---

34 – NT: Universidade da Califórnia em Los Angeles

de falar e responder às perguntas do médico, e ela não fazia ideia do porquê. Então, é claro, havia o **riso**.

A área do cérebro de A. K. que estava sendo sondada era o córtex motor suplementar, e o objetivo dos médicos era mapear suas funções milimetricamente. Eles descobriram que as convulsões originavam-se na região fronto-medial de seu cérebro, não muito longe da parte que controla a fala e os movimentos motores, bem como o riso. Embora A. K. nunca tenha experenciado riso durante suas convulsões, seu cérebro aparentemente havia aglomerado estes comportamentos anatomicamente, com as áreas motoras afetadas pelas convulsões localizadas junto às áreas que controlam seu riso.

A este respeito, A. K. teve sorte; muitos pacientes riem durante as convulsões, e os resultados nunca são engraçados. Uma paciente de derrame da Índia de repente viu-se a rir, então 15 minutos depois perdeu a sensibilidade no lado direito de seu corpo e a capacidade de falar. Outro paciente, um homem de 47 anos de idade, começou a rir depois da cirurgia para reparar um aneurisma rompido e não parou por vinte anos. E depois há Jenna, uma paciente de **24 anos de idade**, da Grã-Bretanha, que ri incontrolavelmente toda sua vida, até quinze vezes por dia. "O riso é como uma explosão", diz ela, que descreve a condição que somente recentemente está sob controle com o uso de medicação. "Em um minuto tudo está normal e, em seguida, eu só rio. É totalmente natural, mas também incontrolável. Muito irregular", complementou Jenna.

Os nomes para o riso patológico são quase tão variados quanto a condição em si, todos parecendo-se com feitiços perversos de Harry Potter: *enuresis risosa* (latim para "incontinência risonha"), *fou rire prodromique* (francês para "riso louco súbito"), *risus sardonicus* (novamente latim, desta vez para "sorriso diabólico"). Mas o nome mais comum é *epilepsia gelástica*, um termo adaptado das palavras gregas para **"convulsão"** e **"riso"**, que os neurologistas concordam que é a maneira mais precisa de descrever o evento. Isso é o que uma convulsão: uma atividade descontrolada e excessiva no cérebro. Para pacientes como Jenna, essa atividade se manifesta como riso.

O **riso patológico** nos diz muito sobre o cérebro, porque mostra como o humor envolve a interação de muitas partes diferentes. Como discutido anteriormente, o riso está relacionado ao humor da mesma forma que um sintoma está relacionado com a doença subjacente: é uma manifestação externa do conflito interior. Embora o conflito muitas vezes venha na forma de piadas, não precisa ser assim. Pode ser causado pelo estresse, a ansiedade ou, em casos de riso patológico, a atividade excessiva do cérebro devido a lesão neural. O imenso número de diferentes módulos no cérebro, e as muitas conexões entre eles, nos permite ser altamente adaptáveis como espécie, mas também somos mais suscetíveis a comportamentos incomuns, tais como o **riso incontrolável**, porque há muitas maneiras para o cérebro danificar-se.

Esta pode ser a razão por que os sintomas associados com o riso patológico sejam tão variados. Para Jenna, os ataques não incluem quaisquer sentimentos de comicidade, somente o riso. Outros pacientes sentem euforia durante episódios espontâneos de riso, e outros ainda confundem o prazer e a dor, um estado infeliz chamado de **assimbolia à dor**. Em alguns casos, o riso patológico é acompanhado por déficits cognitivos, como memória ou inteligência reduzidas. Em outros, não há impactos adicionais. Aparentemente há uma centena de maneiras diferentes para enganar nosso cérebro e fazê-lo rir de forma inapropriada, mas não há maneira de adivinhar o que acontecerá de uma pessoa para a outra.

Possuir um cérebro tão modular e interligado tem vantagens e desvantagens. As espécies tendem a se dividir em dois grupos: **especialistas** e **generalistas**. Os especialistas prosperam apenas nos ambientes aos quais elas são altamente adaptadas. Um bom exemplo de um especialista é a esperança-folha da Costa Rica, que evita predadores camuflando-se como uma folha da flora local. Tire uma esperança-folha de seu hábitat e logo você terá uma esperança morta. Os especialistas não são limitados a insetos e outros organismos simples; o coala, por exemplo, também é um especialista. Sua dieta consiste exclusivamente de folhas de eucalipto e, por isso, é encontrado apenas no leste e no sul da Austrália. A menos que você visite um zoológico, você não encontrará um coala na Europa ou, até mesmo a uma curta distância, na Tasmânia, porque o eucalipto também é um especialista.

O fato de que os seres humanos vivem na Europa, Tasmânia e até mesmo na Antártida mostra como somos **generalistas extremos**. Nossa especialidade é a inteligência, desenvolvida ao longo de gerações como uma capacidade de se adaptar a nosso entorno. Nosso cérebro é a ferramenta de nossa sobrevivência, permitindo-nos ser mais espertos que nossos ambientes, em vez de simplesmente nos conformarmos a eles. Mas ele também faz coisas estranhas quando danificado, como fazer-nos rir inapropriadamente, uma infeliz consequência de possuir tantas peças funcionais.

Vamos conectar essas estratégias de sobrevivência com cutelaria – que eu tenho certeza que é a analogia em você também estava pensando –, se um coala é uma **faca de pão**, então um ser humano um **canivete suíço**. O canivete suíço não só corta pão, mas também abre garrafas, saca rolhas e serra galhos. Não é perfeitamente adequado para qualquer uma dessas tarefas, mas ele faz o trabalho, seja o que for necessário.

O que também explica nossa extrema variabilidade. Com tantos recursos e tantas partes interagindo para nos dar essa inteligência adaptativa, há muito espaço para que as pessoas sejam diferentes. Para continuar com o exemplo envolvendo facas, uma verificação não científica do *site* Williams e Sonoma mostra que eles oferecem 24 tipos de facas de pão. Pode parecer muito, mas você pode encontrar o mesmo número de canivetes suíços apenas dentro de sua seção *"pen-drive"*. Esses são os canivetes que contêm *drives* USB. Seu número total de opções está nas centenas.

Eu não estou tentando vender-lhe um canivete suíço, mas vale a pena reconhecer que a complexidade tem um preço, ou seja, a **imprevisibilidade**. Significa que temos mais peças para danificar e, mesmo quando nosso cérebro funciona perfeitamente, o faz de formas **idiossincráticas**. Este capítulo explora uma das consequências dessa imprevisibilidade: as diferenças individuais. Em nenhum lugar essas diferenças estão mais aparentes do que em nosso senso de humor, motivo pelo qual continua a ser uma das melhores maneiras para examinar quem realmente somos.

Estados e Características

O humor é notavelmente **escasso** de fórmulas quantitativas. Claro que a surpresa e o conflito interno são importantes, mas como podemos medir essas coisas? É impossível. Ainda assim, isto não impediu que algumas pessoas tentassem – por exemplo, o psicólogo Peter Derks, que criou esta fórmula bastante inteligente:

| Humor = Saliência (Característica + Estado) × Incongruência + Resolução |

A princípio, isso parece uma bagunça confusa de palavras. Saliência? **O que é isso?** Mas uma análise mais aprofundada sugere que Derks na verdade entendeu algo.

Vamos começar com a segunda metade da fórmula: **incongruência** e **resolução**. Como já discutimos, rimos de coisas que nos surpreendem (incongruência) e que nos obrigam a olhar as coisas de forma diferente (resolução). Estes conceitos são paralelos aos estágios de **ajustamento** e **resolução** descritos anteriormente. Sendo assim, eu teria dado à resolução um papel mais importante, talvez tornando tudo mais dependente dela de forma exponencial mas, independentemente disso, a partir de incongruência e resolução, vemos que achamos engraçadas coisas que nos pegam de surpresa e mudam nossa visão do mundo.

Agora vamos considerar o primeira metade da fórmula, que diz que o humor depende também da saliência. A saliência tem dois componentes: **característica** e **estado**. Para compreendermos esses elementos, devemos ver como todos os ingredientes do humor juntam-se. Certo?

Tenho 1,80 m, aproximadamente 82 kg e, quando eu como balas de menta, sempre espirro **pelo menos três vezes**. Esses detalhes me descrevem com precisão desde que me tornei adulto, tornando-os **características**. Eles não mudam, pelo menos não rapidamente e assim, para fins práticos, podem ser descritos como fixos. Compare essas características com o fato de que agora, enquanto escrevo este parágrafo, estou experimentando uma dor fraca no meu tornozelo esquerdo. Esta manhã, enquanto eu deixava meus três cães saírem, meu vira-lata adotado de cinco anos de idade, Maynard, derrubou-me ao passar correndo entre minhas pernas. Como resultado, estou um pouco mal-humorado e me esforçando para não culpar Maynard por seu entusiasmo. Isso é um **estado**, e que certamente irá mudar em breve, seja quando meu tornozelo parar de doer ou quando Maynard fizer algo engraçado como rolar de costas e ronronar, como ele às vezes faz quando esquece que é um cão.

Esta é uma maneira indireta de dizer que nossos estados variam de momento a momento, mas nós possuímos disposições gerais também, e ambos têm um grande impacto sobre o humor. Por exemplo, muitas pessoas religiosas têm pouco senso de humor. Isto pode parecer uma **generalização injusta**, mas pelo menos é cientificamente embasada. Estou me referindo a um estudo realizado pelo psicólogo belga Vassilis Saroglou, da Universidade Católica de Louvain. Ele deu a quase 400 indivíduos uma variedade de testes de senso de humor, tendo anteriormente avaliado sua religiosidade autorrelatada. Ele descobriu que a força das crenças religiosas era inversamente proporcional ao humor social, e também que os religiosos tendem a contar piadas autoderrotistas, talvez devido a seu desconforto sobre a natureza leve do humor, dadas suas convicções espirituais.

Como se poderia esperar, diversos estudos analisaram a relação entre características de personalidade e senso de humor. Não entrarei em mais deles porque eles não são muito informativos – qual é a surpresa, de verdade, de que pessoas alegres contem mais piadas do que pessoas tristes? No entanto, um experimento em particular diz algo importante sobre a forma como pensamos, além da influência positiva de ter bom humor. Estou me referindo a um estudo realizado por Paul Pearson, que é ao mesmo tempo psicólogo e membro do Clube Cartunista da Grã-Bretanha. Ele aplicou um teste de personalidade – especificamente, o Questionário de Personalidade de Eysenck (QPE) – em 60 cartunistas profissionais e descobriu que as pessoas às vezes menos propensas a contar uma piada são as mais engraçadas.

O QPE é talvez a avaliação psicológica mais amplamente utilizada que existe, por isso vale a pena abordá-lo aqui. Desenvolvido pelo psicólogo Hans Jürgen Eysenck, com a ajuda de sua esposa Sybil, o teste foi projetado para medir três aspectos-chave de nosso temperamento que acredita-se que sejam configurados no nascimento. Embora ninguém, incluindo os Eysencks, acredite que estas três características nunca mudem, aceita-se amplamente que elas permaneçam relativamente estáveis ao longo de nossas vidas. Como tal, é muito útil medi-las.

A primeira é **extroversão**. Ela existe em um *continuum*, variando de introversão a extroversão, e descreve quanta energia nós buscamos de nosso ambiente, em contraste com o quanto nós gostamos de ficar sozinhos. Também está intimamente ligada à **excitação** – os extrovertidos tendem a procurar excitação em seus arredores, como um meio de superar o tédio, enquanto os introvertidos procuram ambientes mais silenciosos, devido a sua natureza nervosa. Se você sente uma necessidade constante de estar em torno de pessoas e experimentar ambientes estimulantes, então é provavelmente um extrovertido. Se isso lhe parecer muito trabalhoso, considere-se então na outra extremidade do espectro.

A segunda é o **neuroticismo**, que existe em um *continuum* que varia de estabilidade a neuroticismo. Esta mede a quantidade de ansiedade que normalmente sentimos e o quanto somos influenciados por depressão, tensão e sentimentos de culpa. O neuroticismo está intimamente ligado à reação de lutar ou fugir, uma reação que é ativada de forma relativamente rápida em pessoas neuróticas, porque elas ficam facilmente estressadas ou ansiosas. Por outro lado, pessoas com níveis mais elevados de estabilidade tendem a manter-se calmas sob pressão.

A característica final é o **psicoticismo**, que contrasta com a socialização. Os indivíduos psicóticos são **assertivos, manipuladores** e **dogmáticos**. Isso os torna inflexíveis com seu ambiente e também agressivos com ele. Eles também podem ser cabeça-dura, bem como imprudentes e hostis. A testosterona é muitas vezes identificada como a culpada por este comportamento, o que pode explicar por que os estudos realizados em mais de 30 países descobriram que os homens, em média, exibem níveis mais elevados de psicoticismo do que as mulheres.

É importante notar que essas características não implicam em qualquer tipo de patologia. O psicoticismo pode ser um diagnóstico, ou pode simplesmente descrever a posição de alguém em um *continuum* muito mais amplo. O que é bom, porque os cartunistas do estudo de Eysenck pontuaram muito mais que a população normal tanto em neuroticismo quanto em psicoticismo. Então, aparentemente, esses artistas estavam um pouco "no limite" no que diz respeito à ansiedade e à agressão. O que é mais surpreendente é que os cartunistas não diferiram do resto da população em termos de extroversão – uma descoberta surpreendente, porque se há uma característica da personalidade que esperava-se que fosse ligada ao humor, é o quanto somos extrovertidos. Numerosos estudos mostraram que pessoas extrovertidas contam mais piadas e também apreciam mais as boas piadas. **Então, qual é, os cartunistas são especiais?**

Aparentemente não. Acontece que pessoas criativas em geral mostram resultados semelhantes. Músicos profissionais tipicamente pontuam mais do que amadores tanto em neuroticismo quanto em psicoticismo. Pintores e escultores também, especialmente em psicoticismo, sendo que os artistas mais bem-sucedidos muitas vezes pontuam mais alto nesta medida. Um grande metaestudo, examinando profissionais criativos que vão de dançarinos profissionais a cirurgiões veterinários nigerianos, descobriu que um fator melhor caracterizava artistas e cientistas bem-sucedidos. Esse fator era um alto grau de psicoticismo.

Um problema com a generalização com base em estudos científicos como estes é que eles muitas vezes medem coisas diferentes. Alguns pesquisadores estudam artistas profissionais; outros, os alunos; e ainda outros, misturas de ambos. Alguns cientistas dão a seus indivíduos questionários para avaliar traços de personalidade, outros medem coisas como o riso. Como resultado, é difícil fazer comparações sem a realização de anos de trabalho analítico profundo. Felizmente, há cientistas como Willibald Ruch, dispostos a fazer isso por nós.

Muitas vezes, os investigadores realizam estudos envolvendo apenas um ou dois experimentos, com apenas duas medidas diferentes, porque a ciência exige esforço. Há a questão da obtenção de participantes, além de questões práticas de quais testes aplicar e por quanto tempo coletar dados antes de finalmente publicar os resultados. O que fez o seguinte estudo, realizado pelo psicólogo alemão e ex-presidente da Sociedade Internacional para Estudos de Humor, Willibald Ruch, ainda mais impressionante. Ele sabia que para compreender a relação complicada entre a personalidade e o humor, tinha que ser completo. Assim, ele não visou apenas o humor em uma única população, estudou mais de 100 adultos cujas idades iam de 17 a 83 anos. Ele também não deu apenas um ou dois testes de personalidade; ele deu 12. E, em vez de gerenciar pesquisas e aplicar questionários, colocou seus indivíduos analisados para trabalhar. Em uma tarefa, por exemplo, ele instruiu-os a ver 15 cartuns e, em seguida, criar tantas legendas humorísticas quanto podiam no prazo de 30 minutos. Sabendo que as legendas variariam em qualidade, ele pediu a uma equipe de observadores independentes para avaliar a perspicácia e originalidade de cada uma.

As descobertas de Ruch foram claras: os indivíduos extrovertidos produziram mais humor. Quanto mais extrovertidos eram, mais legendas criaram. Eles também eram os mais alegres, os menos sérios e os mais propensos a autorrelatarem um senso de humor. Em resumo, eles eram os mais divertido de ficar por perto.

Os indivíduos que classificaram-se alto em psicoticismo se mostraram bastante diferentes. Eles pontuaram pouco em seriedade e produziram menos legendas. No entanto, distinguiram-se pela qualidade dessas legendas. Especificamente, suas contribuições foram julgadas pelos observadores independentes como sendo significativamente mais engraçadas do que todas as dos outros. Assim, ser assertivo, manipulador e dogmático pode torná-lo menos propenso a contar piadas mas, pelo menos, as piadas vão ser mais engraçadas e mais propensas a fazer as pessoas rirem.

Esta descoberta ajuda a explicar por que alguns estudos encontram relações entre certas características de personalidade e humor, e outros não. Não é suficiente apenas medir quantas piadas uma pessoa conta, porque **quantidade** é muito diferente de **qualidade**. Todos nós conhecemos pessoas que gostam de contar piadas e divertem os outros a seu redor. Às vezes são engraçadas, mas outras vezes são simplesmente irritantes. Não estou dizendo que uma pessoa precisa ser mentalmente desequilibrada para contar uma boa piada, ou que todos os bons comediantes são necessariamente esquizofrênicos. Pelo contrário, o que quero dizer é que quando nós "cultivamos" conflito, tanto dentro de nosso cérebro quanto com os outros a nosso redor, estamos mais propensos a encontrar nosso lado bem-humorado. Da mesma forma, os cérebros hiperativos não são ruins, pelo menos quando se trata de humor. Como vimos, é importante ter um pouco de ousadia, apenas o suficiente para tornar essas piadas engraçadas. Muito pouca ousadia e ficamos chatos. Demasiada e vamos para o hospício.

Uma implicação é que os indivíduos psicóticos (mais uma vez, não estou sugerindo qualquer patologia) são mais propensos do que os outros a falarem de maneira estranha ou socialmente inaceitável para contar uma boa piada. Mas nós ainda não consideramos a diferença entre ser engraçado e ter um bom senso de humor. Como sabemos, há uma diferença entre contar uma piada e ser capaz de apreciar uma quando é apresentada a nós. É uma questão de produção *versus* apreciação. Será que algumas pessoas "entendem piadas" melhor do que outras?

A resposta é **"sim"** e, também aqui, a explicação tem a ver com o cérebro hiperativo. Há um outro grupo de indivíduos que são altamente sintonizados para apreciar o humor, e isso se dá porque suas mentes são mais ativas do que as daqueles que os rodeiam. Chamamos esses indivíduos de **buscadores de sensação**.

Indivíduos em busca de sensação podem ser vistos como uma combinação de todos os três traços de personalidade principais de Eysenck. Como os extrovertidos, eles são altamente excitáveis, sempre buscando novas situações sociais. No entanto, eles não são sempre sociáveis. Os verdadeiros buscadores de sensações não se importam se seus atos são prejudiciais para si ou para outrem e, se não controlarem esses atos, o resultado pode ser estilos de vida perigosos e comportamento antissocial. Isso os torna mais do que um pouco neuróticos. E como psicóticos, os buscadores de sensação frequentemente têm altos níveis de testosterona, que por sua vez está fortemente correlacionada com uso de drogas e sexo. Em certo sentido, então, a busca de sensações é como colocar a personalidade no nível dez e deixar as fichas caírem como quiserem.

Figura 4.1. Um exemplo de humor absurdo, usado em um estudo mostrando que os buscadores de sensações experimentam altos níveis de ativação cerebral durante o processamento de piadas sem sentido. Reproduzido de *Neuropsychologia*, Vol. 47, Andrea Sampson, Christian Hempelmann, Oswald Huber e Stefan Zysset, *Neural Substrates of Incongruity-Resolution and Nonsense Humor*, 1023-1033, 2009, com permissão de Elsevier.

Sabemos que indivíduos em busca de sensações são especialmente responsivos ao humor porque pudemos olhar para seus cérebros enquanto eles processavam piadas. O que nos levou ao tópico do humor absurdo, do tipo que não leva a desfechos facilmente resolvidos (por exemplo, *O que é amarelo e não sabe nadar? Uma escavadeira!*). A maioria de nós responde ao humor absurdo com o cérebro "quieto", primeiramente porque não temos certeza do que fazer com isso. Mas vemos uma reação diferente entre os buscadores de sensações. Para eles, isso leva a mais ativação cerebral, porque é visto como um desafio. Esta forma de humor lhes permite esforçar-se o quanto quiserem para entender a piada e, já que é ridícula, não há limite para a quantidade de exercício que seu cérebro pode obter. Então, se você quiser saber se algum de seus amigos têm um senso particularmente apurado para o absurdo, mostre-lhes o cartum na Figura 4.1. Um cérebro inativo e preguiçoso vai imediatamente desistir de tentar dar sentido a ele. O cérebro de um buscador de sensações vai continuar tentando.

Outras descobertas ligando as características de personalidade à apreciação do humor são apenas estranhas ou surpreendentes. Herbert Lefcourt descobriu que pessoas com um forte senso de humor também são mais conscientes com o meio ambiente. Rod Martin e Nicholas Kuiper descobriram que homens com características fortes do Tipo A, tais como **ambição** e **cumprimento de prazos**, apreciam piadas mais do que seus colegas descontraídos (mas as mulheres não demonstraram tal diferença). E então há os estudos realmente estranhos, como o intitulado, apropriadamente, *Humor e Analidade*. Ele testou a teoria de Freud de que o riso é nossa maneira de lidar com temas sensíveis, como a **defecação**. De acordo com Freud, muito na vida é proibido. Sem entrar em detalhes, a analidade é uma dessas coisas proibidas, decorrentes da necessidade de descarga de resíduos e ao mesmo tempo manter-nos limpos e em ordem. Uma pessoa que sente a **necessidade de controlar** tudo é **anal**. E, de acordo com o estudo, assim também é uma pessoa que goste particularmente desta piada:

Uma mãe agitada entrou correndo em uma farmácia, gritando que a criança em seus braços acabara de engolir uma bala calibre 22. "O que devo fazer?", disse ela chorando. "Dê a ele uma garrafa de óleo de rícino", respondeu o farmacêutico, "mas não o aponte a ninguém".

O estudo de analidade procurava por conexões entre as preferências para piadas como esta e a organização extrema, apesar de que eu não vá discutir os resultados aqui, principalmente porque acho o tópico bobo. Mas, como todos podemos concordar, nós, seres humanos, somos uma espécie complicada, e variamos em muitos aspectos, incluindo o quanto gostamos de piadas sobre cocô. Em última análise, nosso senso de humor pode ser uma ótima maneira de nos diferenciar. Pode nos ajudar a entender melhor a nós mesmos e quem realmente somos.

O Sexo Frágil

"É axiomático na sociedade estadunidense de classe média que, a princípio, **as mulheres não sabem contar piadas** – elas destroem o desfecho, misturam a ordem das coisas e assim por diante. Além disso, elas não 'entendem' piadas. Em resumo, as mulheres não têm senso de humor."

No meu trabalho na Universidade de Maryland, estive cercado por mulheres incrivelmente inteligentes. De acordo com uma pesquisa realizada em 2007 pelo Instituto Nacional da Saúde, 43% dos pós-doutorandos em ciências biomédicas são mulheres. Em campos como o meu, que inclui psicologia e sociologia, esse número é ainda maior. Então, é quase errado chamar as mulheres de **minoria**, pelo menos na academia. No entanto, elas ainda são tratadas muitas vezes com menos respeito do que os homens, são pagas menos e são submetidas a generalizações como a descrita acima.

O que é ainda mais surpreendente é que o autor dessa citação não é um homem, mas uma mulher, e uma muito respeitada, ou seja, Robin Lakoff, uma sociolinguista proeminente e feminista que escreve frequentemente sobre as diferenças de linguagem entre os sexos. O que Lakoff na verdade queria dizer, embora perdido quando tomado fora de contexto, é que as mulheres comunicam-se de forma diferente dos homens e, consequentemente, são muitas vezes sujeitas a mal-entendidos em ambientes dominados por homens. Devido à sua linguagem tender a ser impotente (opinião não levada em conta), elas não sabem (conseguem) contar piadas, pelo menos não de forma eficaz, e por isso são impedidas de uma importante função social. A ideia é controversa, embora ela levante uma boa pergunta: **as mulheres são menos engraçadas do que os homens?**

Eu tenho dificuldade em acreditar que sim, mas esta questão destaca várias diferenças importantes entre homens e mulheres, incluindo como se comunicam. Muitas dessas diferenças são sutis e difíceis de reconhecer, mas o humor não é sutil. O humor é direto e pode ser útil para reconhecer as diferenças de gênero. Se as mulheres realmente são menos hábeis em contar piadas, o que isso diz sobre como elas pensam?

Um dos maiores estudos científicos sobre gênero e humor foi conduzido pelo psicólogo e renomado pesquisador do riso Robert Provine. Como Richard Wiseman (que conhecemos no Capítulo 1), Provine queria examinar o humor em um ambiente natural. No entanto, ele não tinha interesse em piadas. Em vez disso, ele queria ver como homens e mulheres diferem em termos de frequência de riso. Para isso, ele enviou assistentes para espionarem pessoas em locais públicos. Eles ouviram as conversas em festas, tomaram notas em metrôs e monitoraram pessoas pedindo café em restaurantes, tudo para recolher o que Provine chama de **"episódios de riso"**. Finalmente, depois de quase um ano de coleta de mais de mil eventos, Provine foi finalmente capaz de dizer quem riu mais em ambientes naturais.

As mulheres, ele descobriu, riam mais do que os homens, até 126% mais. Então, certamente não é verdade que as mulheres não têm senso de humor. As mulheres conversando com outras mulheres geraram a maior parte do riso, representando 40% dos episódios gravados. Os homens conversando com outros homens levaram ao riso apenas cerca de metade dessas vezes. Além disso, as mulheres riram mais em conversas mistas (ou seja, entre homens e mulheres), e realmente não importava quem estava falando. Se era um homem ou uma mulher falando, as mulheres foram mais de duas vezes mais propensas a rir do que seus homólogos masculinos.

Estes dados revelam que as mulheres de fato riem e apreciam uma boa piada, embora, provavelmente, por razões diferentes do que os homens. O riso não é oferecido facilmente entre homens. Talvez seja uma coisa de macho, ou talvez eles sejam, por natureza, mais reservados. Mas os homens são muito mais propensos a provocar o riso de uma pessoa próxima a eles do que a rirem eles mesmos. Coloque duas mulheres em uma sala e logo compartilharão uma risada, mas quando os sexos se misturam, são os homens que são os **palhaços** e as mulheres que são o público.

Talvez isto explique por que as mulheres são menos propensas a entrar no ramo da comédia profissional. Em 1970, o percentual de comediantes de *stand-up* do sexo feminino nos EUA era de cerca de 2%. Ele subiu para 20% na década de 1990 e agora está perto de 35%, mas este último número pode ser enganoso. Shaun Briedbart, um comediante que escreveu para Jay Leno e apareceu no programa de televisão *The Last Comic Standing*[35], chegou ao último percentual, contando o número de mulheres artistas em noites de microfone aberto na cidade de Nova York, que está longe de ser um ambiente profissional. "A percentagem de comediantes profissionais trabalhando é provavelmente muito menor... porque leva anos para ir do começo até ganhar dinheiro", observou Briedbart. "E talvez apenas um 1% chegue ao nível profissional", ele complementou.

Por que as mulheres têm mais dificuldade no mundo da comédia? Uma forma de descobrir é olhar para o cérebro de artistas cômicos e comediantes. Até agora, vimos que várias áreas do cérebro são ativadas quando processamos o humor, incluindo aquelas associadas a conflito e recompensa. No entanto, não observamos para ver se esse padrão é o mesmo para todos. Talvez homens e mulheres tenham diferentes tipos de cérebro, e é por isso que achem coisas diferentes engraçadas.

Allan Reiss é professor de psiquiatria e ciências comportamentais na Universidade Stanford, e seu interesse em humor começou com uma simples pergunta: **o que desencadeia a cataplexia?** Uma doença que afeta cerca de um em cada dez mil estadunidenses, a cataplexia envolve a perda ocasional e súbita do controle muscular vo-

---

35 – NT: *O Último Comediante em Pé*

luntário. Embora seja diferente dos ataques epilépticos descritos no início deste capítulo, suas consequências podem ser tão preocupantes quanto aquelas. Os incidentes catapléticos geralmente começam com um afrouxamento dos músculos faciais, seguidos por fraqueza dos joelhos e pernas. Os músculos começam a tremer, a fala começa a arrastar-se e finalmente todo o corpo desmorona. Em seguida, o doente é deixado a esperar, deitado imóvel ainda completamente alerta, matando o tempo até que o ataque acabe. Reiss sabia que muitos **incidentes catapléticos começam com o riso**, um fato que o fez se perguntar por que tão pouco se sabe sobre as respostas emocionais do cérebro. Para entender a doença, ele teria que estudar o que acontece em nosso cérebro quando achamos algo engraçado.

Primeiro, ele pediu a 10 homens e 10 mulheres que visualizassem 42 cartuns enquanto eram monitorados usando um *scanner* de ressonância magnética e, em seguida, ele pediu-lhes para avaliarem a comicidade de cada um em uma escala de 1 a 10. Metade dos cartuns haviam sido anteriormente avaliados como engraçados, enquanto a outra metade não o era, uma diferença que Reiss esperava que lhe permitiria comparar as respostas cerebrais com base na qualidade da piada. Além disso, ele fez mudanças sutis em alguns dos cartuns, modificando-lhe apenas o suficiente para arruinar o desfecho. "Eu fiquei fascinado com como eram muito pequenas as mudanças necessárias", relatou depois. "Mudar apenas uma palavra na legenda podia fazer a diferença entre um cartum hilariante e um totalmente sem graça", disse Reiss.

Como esperado, Reiss descobriu que homens e mulheres apresentaram forte ativação cerebral em regiões conhecidas por processarem imagens visuais, bem como em áreas frontais que tratam dos mecanismos lógicos associados ao humor. Homens e mulheres também pontuaram de forma semelhante a um número de cartuns que acharam engraçados. Em outros aspectos, no entanto, eles diferem substancialmente. Por exemplo, as mulheres apresentaram significativamente mais atividade no lado esquerdo do giro frontal inferior, uma região importante para a linguagem. Esta região inclui a área de Broca, que é essencial para a produção de palavras e fala.

Outro subconjunto de regiões também demonstrou maior ativação nas mulheres durante o processamento humorístico, ou seja, o circuito de recompensa dopaminérgico. Como discutido no Capítulo 1, estas são as regiões que são responsáveis por dar-nos prazer quando comemos chocolate... ou entendemos uma piada. Elas foram ativadas tanto nos homens quanto nas mulheres durante o processamento de piadas, mas a um grau muito maior no sexo feminino. Tal ativação ainda aumentou para as mulheres quando achavam as piadas mais engraçadas. Para os homens, a ativação permaneceu moderada para todas as piadas, a não ser aquelas com as partes engraçadas removidas, o que levou a um **decréscimo** na atividade.

"Os resultados ajudam a explicar descobertas anteriores, sugerindo que mulheres e homens diferem na forma como o humor é usado e apreciado", disse Reiss em um comunicado de imprensa distribuído logo após a publicação de seu artigo. A maior ativação dentro de centros de linguagem e raciocínio do lóbulo frontal sugere que o maquinário analítico cerebral torna-se mais intensamente envolvido em mulheres do que em homens ao ler piadas. Isto indica que ou as mulheres abordam as piadas com uma mente mais aberta, permitindo que seu cérebro se engaje uma vez que a piada começa, ou que elas dedicam mais esforço cognitivo para chegar a uma resolução quando ela termina. Reiss prefere a primeira interpretação: "Esta diferença na atividade cerebral parece ter mais a ver com as expectativas (das mulheres) do que com suas experiências reais... As mulheres pareceram ter menos expectativa de uma recompensa, que neste caso era a piada do cartum. Então, quando chegavam ao desfecho da piada, elas ficavam mais satisfeitas com ele."

Esta diferença de expectativas nos diz muito sobre como os dois sexos olham a vida. Os homens esperam **muito** e, quando não conseguem, **tornam-se amargos**. As mulheres esperam **pouco** e ficam felizes quando **conseguem qualquer coisa**. Quando elas "entendem" a piada, seus centros de recompensa acendem porque o prazer é tão surpreendente. As mulheres não riem mais do que os homens porque seus cérebros são mais ativos; elas riem mais porque **suas mentes estão mais abertas**!

Será possível que as mulheres abordem o humor com uma mente mais aberta porque os homens esperam que elas riam de todas suas piadas? Ou será que riem mais porque os homens dão-lhes tantos motivos para fazê-lo? Ambas explicações parecem possíveis, mas há uma terceira opção, uma que também ajuda a esclarecer por que as mulheres riem mais quando os homens estão presentes em vez de ausentes: talvez Lakoff tivesse razão quando afirmou que as mulheres são mais sensíveis ao humor porque elas são tão comumente discriminadas. O riso pode ser sua única defesa. Certamente ninguém pode negar que o humor muitas vezes inclua preconceitos sexuais.

As piadas sexistas são um **problema especialmente controverso**, com tanta coisa já escrita sobre o tema é difícil saber por onde começar. Por exemplo, sabemos que as mulheres não gostam de piadas que zombam de vítimas femininas. Sabemos também que elas não gostam do humor sexual que objetifica seu gênero. Minha descoberta favorita, no entanto, é que os homens gostam mais dos cartuns da *Playboy* do que os do *The New Yorker*, ao passo que as mulheres não expressam tal preferência. Na verdade, isso é uma supersimplificação, porque o estudo analisou muito mais do que apenas isso, mas ele realmente descobriu que homens classificam os cartuns sexistas da *Playboy* como até 25% mais engraçados do que os de periódicos mais jornalísticos escolhidos por sua "inocência relativa".

Até agora, ninguém deve se surpreender que as mulheres não sejam fãs de piadas sexistas. Mas isso não significa que elas sejam o gênero mais sensível. Considere, por exemplo, esta piada do experimento LaughLab de Wiseman, um raro exemplo de mulheres que riem de homens:

O marido pisou em uma dessas balanças de moedas que informam sua fortuna e peso. "Escute isso," ele disse a sua esposa, mostrando-lhe um pequeno cartão branco. "Ela diz que eu sou enérgico, brilhante, engenhoso e uma ótima pessoa." "Sim", sua mulher acenou com a cabeça, "e ela também errou seu peso."

Apenas 10% dos homens no experimento de Wiseman acharam essa piada engraçada, quase a mais baixa classificação a que se pode chegar. Para as mulheres, bem, ela foi classificada como bem engraçada.

Ninguém gosta de ser ridicularizado, mulheres e homens. Mas há uma questão mais ampla sobre o impacto das piadas sexistas sobre nosso comportamento: **as piadas sexistas refletem preconceitos de gênero ou elas os criam?**

A psicologia bem estabeleceu que os estereótipos têm impactos fortes e negativos sobre nossas crenças. Estudos demonstraram, por exemplo, que as pessoas que veem os afroamericanos retratados em papéis estereotipicamente negativos em esquetes de comédia rapidamente adotam atitudes negativas em relação a esse grupo na vida real. A exposição a tais estereótipos pode até aumentar a probabilidade de acusar falsamente os afroamericanos de cometer um crime fictício.

O humor sexista tem impactos semelhantes sobre as percepções das mulheres, de acordo com um estudo de atitudes sexistas conduzido por Thomas Ford na Universidade da Carolina do Oeste. Ford primeiro deu a grupos de homens adultos avaliações de crenças sexistas existentes, pedindo-lhes que concordassem ou discordassem com declarações como: "As mulheres buscam ganhar poder obtendo o controle sobre os homens." A partir dessas avaliações, cada indivíduo foi classificado como possuindo sexismo hostil baixo ou alto. A seguir, alguns dos indivíduos leram uma série de piadas sexistas com mulheres como alvo (por exemplo, *Como você sabe que uma loira usou o computador? Tem corretor líquido na tela!*), juntamente com piadas igualmente agressivas sem mulheres como alvo (por exemplo, *Qual é a diferença entre um jogador de golfe e um paraquedista? O jogador de golfe faz bum... droga; o paraquedista faz droga... bum*). A título de comparação, outros indivíduos leram uma série de histórias sexistas e não sexistas não envolvendo humor.

Para ver o impacto que as piadas e histórias sexistas tinham sobre as atitudes dos indivíduos, Ford descreveu o Conselho Nacional de Mulheres, uma organização comprometida com o avanço político e social das mulheres e das questões femininas, e pediu a todos os homens para imaginarem fazer uma doação a esta organização, de até US$ 20. Eles não tinham de comprometer nenhum dinheiro real, apenas imaginarem fazê-lo. O montante final que eles escolhiam dar era o que Ford considerou como sua medida dependente.

Quando analisou seus dados sem levar em consideração as crenças sexistas existentes dos indivíduos, as piadas pareciam não ter nenhum impacto no dinheiro que eles doavam à organização. No entanto, quando ele diferenciou as respostas daqueles que pontuaram baixo e alto na escala sexista, um quadro muito diferente emergiu.

Ford descobriu que, em comparação com indivíduos pouco sexistas, os indivíduos muito sexistas estavam dispostos a doar muito menos dinheiro para o Conselho Nacional de Mulheres, mas só depois de lerem as piadas sexistas. As piadas não sexistas, bem como as histórias sexistas não cômicas, não tiveram impacto sobre suas doações. Para confirmar suas descobertas, Ford variou seu projeto experimental, perguntando aos indivíduos quanto dinheiro uma universidade fictícia deveria cortar de organizações estudantis com causas similares relacionadas à mulher. Os resultados foram os mesmos. Os indivíduos muito sexistas defenderam os cortes mais drásticos, mas só depois de lerem as piadas sexistas.

Se você for como eu, você acha estes resultados surpreendentes e até mesmo um pouco assustadores. O humor sexista, de fato, parece ser mais insidioso do que a propaganda misógina. Pode até ser que o humor provoque opiniões e emoções de forma mais eficaz do que o preconceito direto porque ele trabalha em um nível abaixo da consciência. Em outras palavras, ao "voar abaixo do radar", o humor amplifica as crenças preconceituosas existentes, dando-lhes uma voz sem lhes permitir serem abertamente questionadas.

Por revelar como o humor pode ser influente, a pesquisa de Ford é um bom argumento contra o humor orientado pelo estereótipo – até piadas de advogado. Dado isso, só importa se já tivermos atitudes preconceituosas para com estes grupos (na verdade, os indivíduos pouco sexistas prometeram **mais** dinheiro ao Conselho Nacional de Mulheres após as piadas sexistas). Mas, como vimos, o humor sempre contém duas mensagens: o que o humorista está dizendo e todas as outras coisas não ditas. Quando o não dito é maldoso ou prejudicial, a maneira mais fácil de deixá-lo escapar é usar uma piada. Novamente, é uma questão de intenção.

A Especialização é Para os Insetos

Perto do início deste capítulo, falei sobre a especialização e como nós, seres humanos, evoluimos para a nossa posição bem-sucedida atual por sermos generalistas extremos. É hora de voltar a esse assunto, o que me leva a uma de minhas citações favoritas de todos os tempos:

> *"Um ser humano deveria ser capaz de trocar uma fralda, planejar uma invasão, esquartejar um porco, guiar um navio, projetar um edifício, escrever um soneto, fazer balanço de caixa, construir um muro, colocar um osso no lugar, confortar os moribundos, receber ordens, dar ordens, cooperar, agir sozinho, resolver equações, analisar um problema novo, carregar estrume, programar um computador, cozinhar um prato saboroso, lutar eficientemente, morrer galantemente. A especialização é para os insetos."*

Esta citação aparece em *Tempo Suficiente para Amar*[36], de Robert Heinlein, um romance de ficção científica sobre um homem de dois mil anos de idade que vive tanto tempo que perde a vontade de ir em frente. Até agora em minha vida, eu realizei treze dos itens da lista de Heinlein e, a menos que eu passe algum tempo em uma fazenda ou contraia uma doença mortal, é improvável que eu complete muitas mais. Gosto da citação porque ela mostra como a vida pode ser variada e como nosso cérebro se tornou tão maravilhosamente flexível para nos preparar para os diferentes desafios da vida.

Aqui está uma outra citação, talvez mais familiar, de Heinlein: **"Quando os macacos aprenderem a rir, eles serão pessoas"**. Eu também gosto desta, porque ela implica que o riso é parte do que nos torna humanos. Nas páginas que se seguem, vamos colocar esta teoria à prova, não ao determinar se os macacos têm a capacidade de rir – eles a têm, como já vimos – mas ao olhar para as formas como nosso cérebro humano complexo se desenvolve, culminando em uma capacidade de rir. Poucas outras pessoas, além de Aristóteles,

---

36 – NT: Não foi encontrada versão em português do livro, mas o título aparece assim na Internet. O original é *Time Enough for Love*.

argumentaria que uma criança que ainda não riu não tem uma alma, mas eu acho que nós todos concordaríamos que pessoas de diferentes idades riem de diferentes coisas. Esta variabilidade diz muito sobre nosso desenvolvimento cognitivo, bem como sobre como nosso cérebro se tornou complexo e "humano".

Considere, por exemplo, um de nossos primeiros obstáculos ao desenvolvimento: a "permanência dos objetos". Esta é a capacidade de reconhecer que o mundo existe separado de nossas percepções e que, quando fechamos os olhos, o **mundo não desaparece**. Leva até dois anos para que as crianças apreciem plenamente este fato, e é por isso que gostam de brincar de esconde-esconde. Há um momento em nosso desenvolvimento quando ver algo desaparecer significa que ele se foi para sempre. Algum tempo depois, nós reconhecemos que os objetos e as pessoas continuam a existir, mesmo quando eles não podem ser vistos. Entre estes períodos há uma fase de transição, quando o cérebro experimenta um conflito – um momento de confusão ou indecisão. Uma criança que não gosta mais de esconde-esconde provavelmente dominou o conceito de permanência dos objetos. Aquela que fica assustada com este jogo provavelmente ainda não entendeu o truque.

Como se vê, os macacos não só riem, eles também têm uma compreensão muito firme sobre a permanência dos objetos. Como os cães, gatos e algumas espécies de aves, incluindo o corvo. Por exemplo, se você esconde comida atrás de uma barreira e, então, move a barreira em volta, cada um destes animais irá reconhecer que o alimento ainda está lá, mesmo após um período prolongado de tempo. Alguma vez você já leu sobre os cientistas que afirmam que cães são mais inteligentes do que gatos? Testes envolvendo a permanência dos objetos são a forma como eles fazem tais alegações, porque cães tem um desempenho ligeiramente melhor do que gatos em tais testes. Assim como corvos, então deve-se da um destaque para os pássaros.

Examinar o **humor em crianças** nos permite ver em que estágio cognitivo de desenvolvimento que estão. Depois da permanência dos objetos, um grande desafio para as crianças é alcançar a **"teoria da mente"**: a capacidade de atribuir estados mentais aos outros e de entender que os outros têm crenças e intenções que são diferentes das nossas. Em suma, é a capacidade de superar o egocentrismo.

Crianças com idade inferior a cerca de seis anos não sabem a diferença entre uma mentira e uma piada porque elas não têm a teoria da mente para reconhecer que **estas são coisas diferentes**. Por razões semelhantes, também não entendem **ironia** e **sarcasmo**. Em cada um destes casos, a mensagem literal é diferente da pretendida, e o ouvinte deve reconhecer isto considerando as motivações e intenções do falante. Porque crianças com menos de seis anos normalmente não conseguem entender que alguém possa ter intenções diferentes de suas próprias, o humor em declarações sarcásticas é perdido. Um estudo descobriu que muitas crianças com até 13 anos de idade não reconhecem sarcasmo em declarações faladas, mesmo quando elas percebem que as declarações estão incorretas.

Eu nunca troquei uma fralda, número um na lista de Heinlein, e eu também nunca criei uma criança. Mas eu tenho muitos amigos que o fizeram, e eles sempre alegam que é um destino cruel vê-los dominar a arte do sarcasmo bem a tempo de tornarem-se adolescentes movidos a hormônios.

Um dos últimos grandes desafios para as crianças é o "pensamento operacional", a capacidade de raciocinar abstratamente. Em idades precoces, aprendemos a manipular os objetos em nosso ambiente e até mesmo a organizá-los e classificá-los. Finalmente, nós aprendemos a usar símbolos para esses objetos e, quando ficamos realmente avançados, fazemos o mesmo para as coisas que não podemos ver ou tocar, como os números. As crianças que chamam um cão de estimação de "gato" ou dizem "oi" para uma pessoa em uma fotografia – ambas são tentativas de humor – estão essencialmente quebrando regras recém adquiridas acerca de nomes abstratos referentes a coisas concretas. Elas estão brincando com o fato de que as representações são diferentes dos próprios objetos.

O desenvolvimento não termina na infância, é claro. Estende-se ao longo da vida, o que significa que as preferências humorísticas também mudam mais tarde na vida. Como a maioria de nós aprendeu através da experiência pessoal, um aspecto fundamental do envelhecimento é que perdemos a flexibilidade cognitiva. Torna-se mais difícil de aprender coisas novas e de abordar novas situações com mente aberta e flexível. Outra consequência é que nós paramos de nos preocupar com o que as outras pessoas pensam, o que pode ter um impacto considerável em nosso senso de humor.

Para explorar por que este é o caso, vamos considerar outro estudo realizado pelo psicólogo alemão Willibald Ruch. Este foi maior ainda, examinando mais de quatro mil indivíduos de 14 a 66 anos. Ruch começou dando a seus indivíduos um questionário sobre senso de humor, que dividia o humor em dois tipos: **"humor de incongruência"**, que envolve a surpresa tradicional e os estágios de resolução descritos anteriormente, e "humor absurdo", que também envolve a incongruência, mas deixa o estágio de resolução sem solução por causa do ridículo. Já vimos este tipo de piada: *Por que o elefante sentou-se no marshmallow? Porque ele não queria cair no chocolate quente.*

Depois de medir as preferências dos indivíduos para estes dois tipos de humor e administrar avaliações de personalidade adicionais, Ruch analisou os dados para determinar se estas preferências alteravam-se com a idade. Elas o faziam. Não surpreendentemente, ele descobriu que conforme as pessoas envelhecem, elas **gostam menos de humor absurdo** e **mais de humor de incongruência**, provavelmente porque, a uma certa idade, todos nós esperamos que as coisas façam sentido.

Mas a descoberta mais interessante surgiu quando Ruch comparou estes resultados com o conservadorismo, que ele também avaliara. O conservadorismo é uma coisa difícil de medir, como se poderia esperar, por isso Ruch foi forçado a criar seu próprio teste. Composto por várias perguntas de outras avaliações de personalidade perguntando sobre ideologia familiar tradicional, educação liberal de crianças e orientação para o trabalho, seu teste mediu o quanto os indivíduos eram avessos à mudança e o quanto eles eram tradicionais em sua perspectiva social. Ruch descobriu que diferenças de idade no humor estão fortemente correlacionadas com o conservadorismo. Quanto mais as pessoas não gostavam do humor absurdo, mais conservadoras eram suas crenças.

Este efeito foi bastante forte, representando 90% da variação no gosto por humor de incongruência e 75% no desgosto por humor absurdo. Na verdade, foi forte o suficiente para sugerir que gosto no humor é em grande parte impulsionado somente pelo conservadorismo.

Antes de escrever este livro, eu nunca teria imaginado que nosso cérebro tem uma idade ideal para o humor. Já se disse que as crianças são tolas se não forem liberais, assim como os adultos são tolos se não forem conservadores, e isto pode muito bem ser verdade, pelo menos em termos de plasticidade cerebral. Cérebros jovens são flexíveis e abertos, levando a uma afinidade com o liberalismo e piadas de elefante. O conflito é menos um problema para as crianças do que para os adultos porque as ajuda a crescer e aprender. Mas à medida em que envelhecemos, nossas perspectivas se alteram. A mudança torna-se **menos bem-vinda**, assim como o absurdo, e a aprendizagem torna-se menos importante do que fazer as coisas se encaixarem. Não é um pensamento feliz, pelo menos para aqueles de nós nesse segundo grupo, mas é um pensamento importante a reconhecer.

Na verdade, ao revelar tanto sobre nós mesmos, o humor pode ser a **melhor maneira de aprender quem realmente somos**. É uma ideia intrigante, que vai receber mais atenção no próximo capítulo. Exceto que não destacaremos mulheres, crianças ou adultos conservadores. Em vez disso, veremos indivíduos que sequer têm um cérebro!

5

» Nossos Senhores Computadores

"A questão de se computadores podem pensar é como a questão de se submarinos podem nadar."

— Edsger W. Dijkstra

"Este era para ser um jogo de despedida para a humanidade." Assim falou Ken Jennings, autor, engenheiro de *software* e detentor das mais longas vitórias consecutivas no programa de televisão *Jeopardy!*[37] Ele fora convidado pelos produtores do *show* para competir contra um computador que a IBM tinha desenvolvido como parte de seu programa de pesquisa sobre **inteligência artificial**. Parecia uma ideia intrigante, pelo menos até ele entrar no auditório onde ele iria competir e ver que a multidão inteira estava contra ele. Ao invés de filmar em seu habitual local em Los Ange-

---

37 – NT: A palavra se traduz como *risco*. É um programa de TV estadunidense em que os participantes recebem dicas e devem dizer a que elas se referem.

les, o *show* tinha sido transportado para o condado de Westchester, Nova York, o local dos laboratórios de pesquisa da IBM. Assim que as luzes se acenderam, o público aplaudiu. Mas eles não torciam por sua própria espécie. Eles torciam para a "máquina inteligente".

"Era uma multidão inteira da IBM: programadores, executivos. Todos acionistas!", disse Jennings. "Eles queriam sangue humano. Era como na época dos gladiadores", completou Jennings.

O desafio era intimidador; *Watson* era uma maravilha da engenharia, e todos sabiam disso. Construído com 90 servidores IBM Power 750 em *cluster* e com 32 processadores Power7 em paralelos, *Watson* era capaz de armazenar mais de 16 terabytes de memória. Isso é 16 com doze zeros depois. E operava a mais de 80 teraflops, o que significava que ele poderia realizar 80 trilhões de operações... por segundo. Em suma, foi construído para se manter íntegro contra qualquer combinação de água, sal e proteínas que seus concorrentes atirassem nele.

Apesar do poder de *Watson*, a vantagem histórica ainda pertencia a seres humanos. A IBM desenvolvera *Watson* para competir no *Jeopardy!* porque esta é exatamente a arena onde os computadores normalmente perdem. *Watson* podia ter um poder computacional incrível, mas o jogo *Jeopardy!* – como a vida – é **bagunçado**. Vencer exige não apenas conhecimento do mundo real, mas a capacidade de reconhecer ironia, gírias, trocadilhos, referências à cultura *pop* e todo o tipo de outras complexidades. Mas também exige saber o que você não sabe. Em outras palavras, você não pode apenas tentar adivinhar a cada oportunidade, porque as penalidades para erros somam-se no fim.

Considere, por exemplo, a frase: **"Eu nunca disse que ela roubou meu dinheiro"**, que os engenheiros da IBM ofereceram como um exemplo do tipo de ambiguidade para a qual os seres humanos são especializados. Há literalmente sete diferentes significados que essas palavras podem transmitir, um número impressionante dado que a frase contém apenas oito palavras. Se você não acredita em mim, leia em voz alta para si mesmo, cada vez enfatizando uma palavra diferente. Tudo o que precisamos é de uma inflexão aqui, ou uma mudança de tonicidade ali, e a intenção inteira é alterada. Reconhecer este tipo de ambiguidade é algo que os seres humanos fazem com facilidade, mas os computadores, bem, digamos apenas que os computadores não gostam de ser confundidos.

Após o primeiro dia da competição Jennings foi relativamente bem contra *Watson* e Brad Rutter, o outro competidor humano. Em um certo momento Rutter, que possuía a distinção de ter ganho mais dinheiro na história do *show*, estava empatado com *Watson* em 5.000 dólares. Jennings tinha US$ 2.000. Então as coisas ficaram fora de controle.

Ao invés de ser derrubado por indícios vagos ou confusos, *Watson* prosperou neles. Ele sabia que "O antigo Leão de Nimrud desapareceu do museu nacional desta cidade em 2003" significava "Bagdá" e que "Um *etude* é uma composição que explora um problema técnico musical; essa é a palavra em francês para isso" referia-se a "estudo". Dito isso, ele também cometeu erros, por exemplo, quando ele deu "Toronto" como resposta para a categoria de "cidades dos EUA". Mas as gafes foram mínimas e *Watson* venceu com folga com US$ 35.734, em comparação aos US$ 10.400 de Rutter e os US$ 4.800 de Jennings.

O segundo jogo, que deveria ser exibido na noite final da competição, em 16 de fevereiro de 2011, removeu qualquer dúvida a respeito de quem seria o novo campeão de *Jeopardy!* No momento em que os concorrentes chegaram à última rodada, que sempre termina com uma aposta em uma única pista final, *Watson* tinha uma vantagem significativa. A pergunta final: "Que romance foi inspirado por *Um Relato dos Principados da Valáquia e Moldávia* de William Wilkinson", foi respondida corretamente por todos os três concorrentes (*Drácula* de Bram Stoker), mas não importava. *Watson* já tinha vencido a partida, embora Jennings tivesse uma última surpresa em si.

Abaixo de sua resposta final, ele escreveu: "Eu, por exemplo, dou as boas-vindas a nossos novos senhores computadores."

Esta foi uma brincadeira com uma fala clássica de um episódio de *Os Simpsons* em que um apresentador de notícias sem noção, acreditando que a terra havia sido tomada por uma raça superior de formigas gigantes espaciais, decide puxar o saco de seus novos chefes. "Eu, por exemplo, dou as boas-vindas a nossos novos senhores insetos", diz ele. "E gostaria de lembrá-los que, como uma personalidade de TV confiável, posso ser útil para convencer os outros a trabalhar em suas cavernas subterrâneas de açúcar", finalizou o apresentador.

Jennings pode ter perdido o jogo, mas ele ganhou vários corações, especialmente quando ele deu um golpe extra no computador que tinha acabado de derrotá-lo: "*Watson* tem muito em comum com um grande jogador de *Jeopardy!* Ele é muito inteligente, muito rápido, fala em um tom monótono e nunca conheceu o toque de uma mulher."

Na verdade, Jennings fez algo que *Watson* nunca poderia fazer: **ele contou uma piada**. Usando seu imenso poder de computação *Watson* foi capaz de superar o problema da ambiguidade, mas não poderia contar uma piada porque as piadas **exigem** não apenas **reconhecer a ambiguidade**, mas **também explorá-la**. Isso é pedir muito, mesmo de uma máquina tão poderosa quanto *Watson*.

No mundo de hoje, não há quase nada que os computadores não possam fazer. Eles ajudam a pilotar aviões, conduzir nossos carros e até mesmo fazer diagnósticos médicos. Uma das últimas coisas que pensávamos que os computadores poderiam fazer é lidar com a ambiguidade como os seres humanos, razão pela qual a realização de *Watson* foi tão impressionante. Compare isso com a derrota do grande mestre de xadrez Garry Kasparov por *Deep Blue*, em maio de 1997. *Deep Blue* era capaz de examinar 200 milhões de movimentos de xadrez nos 3 minutos dados para cada movimento, mas ele não tinha que lidar com coisas bagunçadas como a linguagem. O xadrez, embora complexo, ainda é um problema bem definido: nunca há qualquer dúvida quanto ao objetivo do jogo ou quais são os próximos movimentos potenciais.

No entanto, tanto *Watson* quanto *Deep Blue* destacam a importância do pensamento flexível. Essa flexibilidade foi vista na capacidade de *Watson* para interpretar significados sutis e fazer suposições razoáveis quanto a possíveis interpretações linguísticas, e também nos movimentos de xadrez surpreendentes do *Deep Blue*. **Flexibilidade** é fundamental, especialmente para as atividades nas quais os computadores normalmente têm dificuldade, como serem **criativos**. Escrever sonetos, compor sinfonias, contar piadas: estas são coisas que os computadores nunca serão capazes de fazer. **Ou serão?**

Considere o jogo dois da partida de 1997 entre Kasparov e *Deep Blue*, que terminou com uma vitória para o computador. A cerca de trinta movimentos de jogo, Kasparov deu-se conta de que estava em apuros e decidiu sacrificar um peão. Tomar esse peão teria dado a *Deep Blue* uma vantagem distinta. Cada programa de xadrez já criado o teria tomado, bem como a maioria dos mestres de xadrez. Não havia desvantagens óbvias para o movimento. No entanto, *Deep Blue* rejeitou a isca. Em vez disso, ele moveu sua rainha para "b6", uma posição com menos benefícios imediatos. Mas ele também interrompeu a tentativa de Kasparov para uma retomada – uma manobra que chocou Kasparov tão profundamente que ele alegou que um ser humano deve ter intervindo. Não havia nenhuma maneira de um computador, ou alguém menos que um grande mestre, poder ter visto o que ele estava planejando e combatido de forma eficaz. Os computadores simplesmente não são tão criativos.

Enquanto escrevia este livro, achei fascinante aprender que programas de computador de xadrez têm uma vantagem sobre os seres humanos apenas quando os competidores têm **menos** tempo para ponderar seus movimentos, e não mais. Isto parece contraintuitivo: se têm tempo ilimitado para procurar movimentos possíveis, os computadores deveriam ser jogadores mais fortes do que os seres humanos, e não piores. Com tanto poder computacional, o tempo extra deveria ser um benefício. Mas não é. **Por quê?** Pela mesma razão que os computadores não sabem contar boas piadas. Eles não são **pensadores desorganizados**. Eles buscam soluções linearmente, ao invés de deixarem suas mentes discutirem e flutuarem até que alguma solução apareça do nada. Todo o tempo do mundo não ajuda se você não sabe como procurar.

Ao longo dos quatro capítulos anteriores, vimos que nosso pensamento confuso tem alguns benefícios. Um deles é o humor. O pensamento bagunçado também contribui com o xadrez e *Jeopardy!* porque ele nos permite pesquisar vastos leques de possíveis movimentos holisticamente, utilizando a **intuição** em vez de **algoritmos**. Em cada um destes casos, o objetivo não é o de obter alguma solução simples. É fazer associações inesperadas e até mesmo conectar ideias que nunca foram relacionadas antes.

Tudo isso é uma forma indireta de dizer que, apesar da vitória de *Watson*, os seres humanos ainda são os únicos que são realmente **criativos**. No entanto, os cientistas estão fazendo grandes avanços no campo da inteligência computacional e, neste capítulo, veremos como. Exploraremos a complexa e misteriosa natureza da **criatividade**, descobrindo como o humor fornece *insights* únicos para o que ela é realmente. E veremos o que tudo isto tem a ver com contar piadas – e por isso, talvez, os computadores não estejam tão longe de serem engraçados quanto imaginamos.

Detecção de Padrões e Geração de Hipóteses

Que tipo de assassino tem fibra moral? Um assassino cereal[38].

Eu sei que esta piada não é particularmente engraçada, mas e se eu lhe dissesse que não foi escrita por uma pessoa? E se eu lhe dissesse que ela foi escrita por um computador?

A piada do **assassino cereal** foi apenas uma das muitas piadas criadas por um programa que pode ser operado *on-line*. Basta visitar o *site* da Universidade de Aberdeen e procurar por um projeto chamado The Joking Computer[39]. O programa pedirá que você escolha uma palavra para começar – este é o núcleo em torno do qual sua nova piada será formada. Em seguida, ele fará mais algumas perguntas, como que palavras rimam com a que você escolheu. E, finalmente, ele mostrará a piada completa. Quando eu entrei e tentei fazê-lo

---

38 – NT: *What kind of murderer has moral fiber? A cereal killer. Moral fiber* descreve alguém que tem força interior para fazer o que é certo em uma determinada situação. *Cereal* e *serial* têm a mesma pronúncia em inglês.

39 – NT: *O Computador Piadista*

eu mesmo, cheguei à seguinte piada: *Como se chama uma lebre esperta? Um coelhinho engraçadinho.*[40]

Novamente, não é incrivelmente engraçada (em inglês é um pouco), mas quando a piada do assassino cereal foi submetida à competição LaughLab de Richard Wiseman, ela realmente superou muitas das criadas por humanos. Ela não venceu – não chegou nem perto, ficando logo abaixo da metade do conjunto todo – mas também não se destacou como estranha ou incompreensível. Isso em si é uma realização e tanto.

Estas duas piadas mostram como a construção de piadas pode ser simples. Mas elas são apenas um pouco engraçadas porque dependem de um simples trocadilho sem muita surpresa. Pode-se até argumentar que elas não são criativas, porque são tão simples. O computador só pega uma palavra, então procura por sinônimos e rimas até que finalmente ele chegue a uma solução. Não há muito pensamento envolvido, então até que ponto tais programas podem revelar como os seres humanos realmente pensam?

Bastante, como se vê. O comportamento criativo pode ser tão simples quanto combinar velhas ideias de novas formas. E, como vimos nos capítulos anteriores, as piadas são engraçadas porque elas nos obrigam a enfrentar erros de pensamento, por exemplo, erros de *scripts*. Quando criamos uma piada não estamos inventando novos pensamentos ou *scripts*, estamos conectando ideias de novas formas.

"O humor é essencialmente uma questão de criatividade combinatória", diz Margaret Boden, cientista cognitiva, professora de informática na Universidade de Sussex, e autora do livro *A Mente Criativa: Mitos e Mecanismos*. "Piadas de elefante, piadas de trocar lâmpadas: esses são dois estilos que são fáceis de reconhecer. Tudo que você precisa é a capacidade de conectar ideias de novas formas e você tem uma piada. Decidir por que uma piada é mais engraçada do que outra, bem, isso é uma outra questão", salientou Boden.

Esta é a questão clássica na ciência da computação: os computadores acham fácil criar coisas novas, mas quase impossível avaliar

---

40 – NT: *What do you call a witty rabbit? A funny bunny.*

sua utilidade ou novidade. Esta falha é mais evidente na esfera do humor, porque para saber como uma piada é engraçada é preciso conhecimento global, algo que a maioria dos computadores não têm, mesmo *Watson*. Considere, por exemplo, uma piada feita pelo sucessor do The Joking Computer, o Joke Analysis Production Engine[41] (JAPE): *Que tipo de dispositivo tem asas? Um hangar de avião.* A razão pela qual JAPE pensou que esta piada era engraçada foi que ele classificou *hangars* como local para armazenamento de aeronaves e como dispositivos para pendurar roupas[42]. Está correto (desde que aceitemos o erro ortográfico de *hanger*), mas a maioria dos seres humanos sabe que um longo pedaço de arame segurando uma camisa não é exatamente um "dispositivo".

Embora ele tenha seguido sua fórmula corretamente, o JAPE não foi bem-sucedido especificamente porque não reconheceu a falta de humor no produto final. Este desafio também pode explicar por que há tantos programas de produção de piadas mas tão poucos especializados no reconhecimento de piadas. Para escrever uma piada, tudo que você precisa é de uma estratégia, como a manipulação de rimas ou a substituição de palavras por sinônimos. Essa é a ferramenta utilizada pelo programa *on-line Hahacronym*, que utiliza um banco de dados armazenados de potenciais substituições para identificar alterações engraçadas em siglas existentes. *O que quer dizer FBI*[43]*? Fantástico Bureau de Intimidação. MIT*[44]*? Mítico Instituto de Teologia.*

É claro que identificar bom humor exige mais do que truques simples, já que não há atalhos para classificar as várias formas de fazer uma piada. Normalmente, os programas de reconhecimento de humor enfrentam este desafio através de imenso poder computacional, como *Watson* fez ao responder às perguntas do *Jeopardy!* Esses progra-

---

41 – NT: Máquina de Produção Analítica de Piadas

42 – NT: *hangar* é hangar e *hanger* é cabide. Há uma semelhança sonora entre as duas palavras.

43 – NT: Federal Bureau of Investigation – Bureau Federal de Investigação.

44 – NT: Massachusetts Institute of Technology – Instituto de Tecnologia de Massachusetts.

mas procuram por padrões de linguagem, especialmente contradições e incongruências. Neste sentido, eles são detectores de padrões. Mas, para serem eficazes, devem acessar grandes quantidades de material, como milhões de pedaços de texto (Como comparação, desde que comecei este livro você já leu cerca de quarenta mil palavras).

Um exemplo de programa de detecção de padrões é o Double Entendre via Noun Transfer, também conhecido como DEviaNT[45]. Desenvolvido por Chloé Kiddon e Yuriy Brun, da Universidade de Washington em Seattle. Ele identifica palavras no discurso natural que têm o potencial tanto para significados sexuais quanto não sexuais. Especificamente, ele procura textos e insere a frase "Isso é o que ela disse" nos casos de duplo sentido (uma tarefa de grande importância prática para repúblicas estudantis e fãs do seriado de TV *The Office*). DEviaNT é notável, pois não é apenas um criador de piadas, mas também um programa de reconhecimento de humor, porque é preciso ter um senso de humor para saber quando "interromper".

Primeiro foi ensinado ao DEviaNT a reconhecer os 76 substantivos mais comumente usados em contextos sexuais, com especial atenção para os 61 melhores candidatos a eufemismos. Em seguida, ele leu mais de um milhão de frases de um banco de dados erótico, assim como dezenas de milhares de frases não eróticas. A cada palavra nestas frases foi atribuído um valor de "sensualidade", o que, por sua vez, foi adicionado a um algoritmo que diferenciou as frases eróticas das não eróticas. Como teste, o modelo foi depois exposto a uma enorme biblioteca de citações, histórias picantes e mensagens de texto, bem como a piadas "Isso é o que ela disse" enviadas por usuários. O objetivo era identificar casos de potencial duplo sentido, um desafio particularmente interessante, observaram os autores, porque **não havia sido ensinado** ao DeviaNT o que era **duplo sentido**. Havia sido dado a ele apenas sentidos únicos e, então, ele foi treinado a ter uma mente suja.

Os pesquisadores ficaram bastante satisfeitos quando DEviaNT reconheceu a maioria dos duplos sentidos que lhe foram apresenta-

---

45 – NT: Duplo Sentido via Tranferência de Substantivos: DEsviaNTe.

dos, além de duas expressões de frases não eróticas que haviam adquirido uma insinuação sexual completamente por acidente ("Sim, me dê todo o creme e ele já era" e "Sim, mas seu buraco realmente cheira mal às vezes"). O alto grau de precisão do DEviaNT foi particularmente impressionante, uma vez que a maior parte da linguagem que lhe foi testada não era sexual. Na verdade, ele estava tentando detectar agulhas em palheiros.

Mas isso é trapaça, você pode reivindicar. DEviaNT não chegou a entender a natureza sexual das piadas. Nem sequer sabia o que estava lendo. Tudo o que fez foi olhar para padrões de linguagem, e muito especificamente um tipo. É verdade, mas estes argumentos também supõem que "entender" envolva algum estado mental especial, além de chegar à resposta certa (Ou, ao reconhecer piadas obscenas, saber quando exclamar "Isso é o que ela disse!"). Como veremos em breve, essa é uma perspectiva antropocêntrica. Talvez nós subestimamos computadores porque supomos muito sobre como eles deveriam pensar. Para explorar essa possibilidade, vamos nos voltar para um último programa de humor computacional: o programa de piadas da Universidade Norte do Texas, desenvolvido pela cientista computacional Rada Mihalcea.

Como DEviaNT, este programa foi treinado para reconhecer humor através da leitura de grandes quantidades de material humorístico e não humorístico. Especificamente, mostraram-se 16 mil frases humorísticas, que haviam sido retiradas de uma variedade de *sites*, junto com um número igual de frases não humorísticas retiradas de outros bancos de dados públicos. O objetivo de Mihalcea foi ensinar o programa a distinguir entre as frases bem-humoradas e as não humorísticas. Mas o programa tinha duas versões. Uma versão procurava por determinadas características previamente estabelecidas como comuns em piadas, como aliteração, gíria e a proximidade de antônimos. À segunda versão não foram dadas essas dicas, e simplesmente permitiu-se que o programa aprendesse por conta própria a partir de milhares de exemplos rotulados. Após o treinamento, foram mostradas novas frases às duas versões e pediram-lhes para identificar quais eram piadas e quais não eram.

Mihalcea ficou surpresa ao ver que a versão treinada do programa, aquela à qual foram ditas que características são mais comuns em piadas, saiu-se relativamente mal. Sua precisão pairou apenas ligeiramente acima do acaso no reconhecimento de humor, o que significa que as dicas não foram muito úteis. Por contraste, a versão que aprendeu sozinha – usando algoritmos como Naive Bayes e Single Vector Classifier, que começam sem conhecimento anterior algum – alcançou níveis de precisão a uma média de 85%. Este é um resultado bastante impressionante, especialmente considerando-se que muitos seres humanos também têm dificuldade para reconhecer piadas, especialmente as curtas.

A descoberta de Mihalcea é importante porque mostra que impor nossas próprias regras sobre o pensamento dos computadores raramente funciona. Deve ser permitido que os computadores **"pensem confusamente"**, assim como as pessoas, vagando por novos pensamentos ou descobertas. Para os seres humanos, isto requer um cérebro, mas para os computadores isto requer um algoritmo capaz de identificar padrões gerais. Isto é essencial não apenas para a criação e o reconhecimento de piadas, mas para todos os empreendimentos artísticos. *Watson* precisou ser criativo também. Os programadores da IBM não tentaram definir que estratégias de resolução de problemas *Watson* usou para vencer no *Jeopardy!* Ao contrário, eles lhe permitiram que aprendesse e procurasse padrões por si só, de modo que ele pudesse ser um aluno flexível, assim como o cérebro humano.

Alguns podem argumentar que as pessoas não são detectores de padrões, pelo menos não como computadores. Se você acredita nisto, não está sozinho. Você também está errado. O reconhecimento de padrões é exatamente como o cérebro humano funciona. Considere o seguinte exemplo: "Ele é tão discreto que baixa a cortina para mudar de ___". Qual é a primeira palavra que vem à mente quando você lê esta frase? Se você estiver em um estado de espírito bem-humorado, você pode pensar em **ideia**, que é o desfecho tradicional para a piada. Se você não estiver, você poderia dizer **roupas**. Ou talvez **calças**.

Eu compartilho esta piada porque ela ilustra como o cérebro humano, como um computador, é um detector de padrões. **Probabilidade de completamento** é o termo que os linguistas usam para descrever o quanto uma palavra "completa o espaço" de forma bem-sucedida, com base no uso da linguagem comum. Para medir a probabilidade de completamento, os linguistas estudam grandes bases de dados de texto, determinando a frequência com que palavras específicas aparecem dentro de certos contextos. Por exemplo, os linguistas sabem que a palavra **mudar** na maioria das vezes refere-se à substituição de um objeto material, como **roupas**. Na verdade, há uma probabilidade próxima de 42 % que a palavra **roupas** apareceria no contexto configurado pelo nosso exemplo, e é por isso que foi, provavelmente, a primeira palavra em que você pensou. **Mudar** referindo-se a um objeto imaterial, como uma **ideia**, é muito menos provável, cerca de 6 %.

Estas probabilidades têm muito a ver com o humor porque, como já discutimos, o humor requer surpresa, que neste caso é a diferença entre 42% e 6%. Nosso cérebro, como os computadores, fazem cálculos rápidos cada vez que lemos uma frase, muitas vezes pulando à frente e fazendo inferências baseadas na probabilidade de completamento. Assim, quando chegamos a uma piada como **ideia**, é necessária uma mudança repentina de *scripts*. O novo *script* é muito menos esperado do que **roupas**, e assim a resolução nos faz rir. O reconhecimento humorístico computacional funciona da mesma maneira, procurando padrões enquanto também identifica o potencial de que esses padrões sejam violados.

Por que, então, os computadores não são melhores em piadas do que os seres humanos? Porque eles não têm o conhecimento de mundo para saber qual resposta de baixa probabilidade é a mais engraçada. No nosso exemplo atual, **ideia** é claramente o fim mais engraçado. Mas **jaqueta** tem uma baixa probabilidade de completamento também. Na verdade, a probabilidade de que as pessoas se refiram a **mudar de jaqueta** é cerca de 3%, metade da probabilidade de que elas falem em **mudar de ideia**. Por que a segunda frase é engraçada enquanto a primeira não é? Porque, com nosso vasto conhecimento de mundo, as pessoas entendem que mudar de ideia não é algo que possa ser visto através de uma janela.

Sabemos disto porque todos nós já ficamos em frente a janelas. Nenhum computador já esteve na frente de uma janela.

Para entender por que os computadores têm dificuldade em reconhecer boas piadas, lembre das descobertas do EEG do Capítulo 2. Conforme aprendemos, nosso cérebro provoca dois tipos de reações a piadas: o P300 e o N400. O P300 reflete um reflexo orientador, uma mudança na atenção dizendo-nos que acabamos de ver algo **novo** ou **inesperado**. O N400 é de natureza mais semântica. Ele mede o quanto o novo desfecho é gratificante, e o quanto ele ativa uma nova perspectiva ou *script*.

No capítulo anterior, também descobrimos que, enquanto todas as piadas provocam um P300, somente as engraçadas provocam um N400, porque estes causam uma resolução satisfatória. Uma descoberta relacionada é que a probabilidade de completamento de uma palavra é inversamente proporcional ao tamanho do N400 que ela produz – quanto mais elevada a probabilidade de completamento (ou seja, quanto mais esperamos ver essa palavra), menor o N400. Esta diferença de tamanho reflete o quanto novas palavras são facilmente integradas a significados já construídos, e essa integração mais fácil significa N400 menores. A princípio, você pode pensar que a probabilidade de completamento deveria influenciar a resposta à "surpresa" do P300, mas este não é o caso. Palavras de baixa probabilidade não são chocantes, apenas incongruentes. É uma questão de contexto: respostas N400 maiores significam que esses contextos estão sendo deslocados, enquanto respostas P300 significam que nós estamos simplesmente chocados, sem ter o contexto nada a ver com isso.

Esta é uma diferença sutil, com a qual os computadores têm dificuldade de lidar. Para os computadores, não há tal coisa como contexto, apenas um fluxo constante de probabilidades. É aí que nós, seres humanos, nos distinguimos, trazendo-nos de volta para os estágios de **construção**, **ajustamento** e **resolução** do Capítulo 2. O cérebro humano não apenas reconhece probabilidades de completamento, mas também constrói hipóteses e revisa essas hipóteses baseado em novas evidências. Está sempre à procura de padrões e construindo contextos e, baseando-se em probabilidades e expectativas, torna-se um manipulador ativo de seu ambiente, em vez de um receptor passivo.

Para ver como isso se relaciona com o humor, vamos rever um estudo realizado pela cientista cognitiva Seana Coulson, da Universidade da Califórnia, em San Diego. O objetivo de Coulson foi compreender a sensibilidade do cérebro humano para contexto e probabilidade de completamento. Primeiro, ela mostrou a indivíduos 60 frases, algumas das quais acabavam em uma piada engraçada e algumas que não (por exemplo, "Ela leu tanto sobre os maus efeitos de fumar que decidiu que teria que abandonar **o hábito/a leitura**"). Só que esperava-se que o fim das piadas trouxesse mudanças de perspectiva. Em seguida, ela variou a probabilidade de completamento do fim das frases, dividindo-as em duas categorias. As frases nas quais a introdução da piada ativava um fim saliente e de alta probabilidade de completamento – como no exemplo acima – foram rotuladas como "alta restrição". Aquelas com um fim de menor probabilidade de completamento foram chamados de "baixa restrição". Por exemplo, "As estatísticas indicam que os estadunidenses gastam oitenta milhões por ano em jogos de azar, principalmente **dados/casamentos**" é uma frase de baixa restrição, pois existem muitos fins possíveis – **dados** é apenas uma das várias alternativas de baixa probabilidade de completamento.

Não surpreendentemente, os N400 foram maiores para frases com desfechos engraçados do que para aquelas com desfechos sem graça. Mas essa diferença apareceu apenas entre as frases de alta restrição. Isso porque estes foram casos em que o conhecimento de mundo dos indivíduos tinha definido alguma expectativa e contexto, e o desfecho trouxe uma nova maneira de pensar. A probabilidade de completamento é importante para o humor, mas assim também é a violação de nossas expectativas. Somos detectores de padrões, mas também somos **construtores**, **ajustadores** e **resolvedores**. A incapacidade dos computadores para incorporar todos os três processos é o que faz com que eles tenham dificuldade.

Antes de passar para a próxima seção, vamos dar mais uma olhada em como nosso pensamento difere do de um computador. Um pouco mais tarde abordaremos a criatividade e como o humor é apenas um exemplo desta habilidade única, uma habilidade que ainda detemos sobre nossos senhores computadores. Mas, por agora, quero abordar a questão de que o cérebro humano é muito mais do que apenas um processador paralelo, ou dezenas de processadores paralelos ligados entre si, como *Deep Blue* ou *Watson* da IBM. Na verdade, é como uma criança que não pode ficar parada, sempre olhando ao virar a esquina para ver o que está por vir.

Um benefício dos computadores é que eles sempre seguem as instruções: em qualquer determinado momento, podemos dizer a um computador para parar de trabalhar e nos dizer o que ele sabe. Ele não vai ignorar nosso comando, e ele não vai continuar a trabalhar e esperar que não percebamos. Os seres humanos são uma história diferente. Nosso cérebro funciona tão rápido, e de maneiras tão ocultas, que é quase impossível ver que cálculos ele está realmente fazendo. Analisar piadas é especialmente difícil, porque a compreensão ocorre em segundos. Não há nenhuma maneira de parar as pessoas no meio de uma piada e identificar o que elas estão pensando. **Ou será que há?**

Estudos de "priming semântico" estão entre os mais antigos no campo da psicologia. O processo é relativamente simples: os indivíduos recebem uma tarefa – digamos, ler uma piada – e, em seguida, são interrompidos com uma tarefa totalmente diferente que mede indiretamente seus pensamentos ocultos. Por exemplo, depois de ler a introdução de uma piada, pode-se mostrar a eles uma sequência de letras e perguntar-lhes se essas letras constituem uma palavra real ou não (chamada de tarefa de "decisão léxica"). Imagine que você é um participante voluntário em um estudo e é instruído a ler o seguinte: "Uma mulher entra em um bar com uma pata em uma coleira..." Então, as letras S-U-Í-N-A[46] aparecem na tela e pertguntam se elas formam uma palavra real ou não. Quanto tempo você levaria para reconhecer que S-U-Í-N-A refere-se a um porco fêmea?

Agora, imagine que lhe dão a mesma tarefa depois de ler a piada completa: *Uma mulher entra em um bar com um pata em uma coleira.*

---

46 – NT: em inglês, foram usadas as palavras *pig* e *sow*, ambas usadas para dizer porca.

O barman diz: "Onde você conseguiu a porca?" A mulher diz: "Isso não é uma porca. É uma pata!" O barman responde: "Eu estava falando com a pata".

Será que você reconheceria imediatamente o significado de S-U-Í-N-A desta vez? Claro que você iria, porque a palavra **porca** teria sido ativada em sua mente. Sem o *priming*, normalmente leva entre um terço de segundo e três vezes esse tempo para que os indivíduos reconheçam uma determinada palavra. Com o *priming* (por exemplo, a leitura da piada acima), esse tempo de reação é reduzido para um quarto de segundo. Isso pode não parecer muito, mas no mundo da psicologia é um efeito enorme.

Menciono o *priming* semântico porque Jyotsna Vaid, psicóloga na Texas A&M University, usou essa mesma tarefa para descobrir o ponto exato no qual os indivíduos revisaram suas interpretações e "entenderam" uma piada. Para nosso exemplo de piada, há pelo menos duas interpretações possíveis. Uma delas é que a mulher possui um pato como bicho de estimação e que o *barman* não sabe diferenciar pássaros de porcos. Uma boa maneira de verificar essa interpretação é usar **B-I-C-H-O** na tarefa de decisão lexical, porque se é o que os indivíduos estão pensando, então a palavra **bicho** deve estar no alto de suas mentes. A segunda interpretação possível é que os patos podem entender perguntas de barmen ranzinzas, e que a mulher é tão feia quanto uma porca. Para isso, S-U-Í-N-A deve estar altamente ativada.

Anteriormente, mencionei que piadas se tornam engraçadas quando os *scripts* de repente mudam devido a um desfecho incongruente, por exemplo, a esposa de um médico convidando um homem de voz rouca a entrar para um encontro vespertino, em vez de um exame do peito. Agora estamos vendo o ponto exato em que ocorrem essas mudanças. Não surpreendentemente, Vaid viu que as interpretações iniciais e literais das piadas eram dominantes quando os indivíduos começavam a ler. Em outras palavras, eles não tinham escolha a não ser supor que a mulher possuía um pato de estimação. No entanto, assim que o desfecho veio e uma incongruência foi detectada, a segunda interpretação tornou-se ativa também. A primeira não desapareceu, no entanto. Em vez disso, ela permaneceu ativa até o fim da piada, após os indivíduos terem a oportunidade de rir. Só então eles decidem e seguem em frente, e a palavra **bicho** parou de receber uma facilitação na tarefa de decisão lexical. A partir desses resultados, vemos que nosso cérebro constrói hipóteses, por vezes mais do que uma de cada vez, e apenas quando mais evidências ficam disponíveis é que as antigas são descartadas como uma fruta podre.

Em certo sentido, então, evoluímos para sermos detectores de padrões, sempre absorvendo novas informações e construindo histórias. Em grande parte do tempo essas interpretações estão corretas. Às vezes, elas não estão.

E quando elas não estão, ocasionalmente, nós rimos.

CRIATIVIDADE TRANSFORMADORA

"Os computadores são criativos o tempo todo", diz Margaret Boden. Mas será que eles gerarão ideias – ou piadas – que nos convencerão de que eles são verdadeiramente criativos sem parecerem artificiais ou mecânicos? "Muitas ideias respeitáveis foram geradas por computadores que nos surpreenderam e que valorizamos. Mas o que não vimos é um computador que cria algo surpreendente e, em seguida, ela diz: 'Você não acha que isso é interessante? Isso é importante.' Existem muitos sistemas que surgem com ideias novas surpreendentes, mas se há algum valor nisso, os seres humanos ainda precisam convencer-nos do porquê."

Boden está se referindo a um grande problema com a criatividade e um grande desafio para os pesquisadores de humor também. A criatividade é subjetiva. Saber quando uma piada funciona ou não, como acontece com uma pintura ou uma sonata, exige ser capaz de avaliar seu valor e novidade. Mas essa capacidade é algo que muitas pessoas não têm, então imagine como deve ser difícil para os computadores. Como justificamos qualquer obra de arte? Como sabemos que a piada *Um hangar de avião* não é engraçada, mas um cão enviando um telegrama e proclamando: *"Mas isso não faria sentido algum"*, não é?

De acordo com Boden, existe mais do que um tipo de criatividade. Na verdade, existem vários. A primeira e mais simples forma é a "**criatividade combinatória**", que é o tipo exibido por programas simples, como o Joking Computer. A criatividade combinatória envolve a combinação de ideias familiares de uma forma estranha, como quando as palavras são unidas para formar um trocadilho ou rima. Um bom exemplo, embora não seja particularmente engraçado, é a piada anterior *Um coelhinho engraçadinho*. As probabilidades são de que você nunca tenha ouvido essa piada antes. É possível que ninguém tenha. Mas isso não alterou o jeito como você olha para as piadas porque ela só manipulou uma rima simples.

Um segundo tipo é a "**criatividade exploratória**", que envolve fazer novas conexões dentro do conhecimento existente. É semelhante à criatividade combinatória, exceto que agora estamos lidando com um maior grau de novidade. Embora fora do reino do humor, considere a canção de Paul McCartney *Yesterday*. Não foi a primeira balada dos Beatles. Também não foi a primeira gravação de um violoncelo, já que os músicos clássicos vinham usando o instrumento há séculos. Foi, no entanto, a primeira canção de *rock* moderna a dar ao violoncelo um papel tão proeminente. Agora artistas de *hip-hop*, tais como Rihanna e Ne-Yo usam-no o tempo todo.

A criatividade exploratória nos permite fazer ligações que não vimos antes. Considere, por exemplo, a piada de Steven Wright *Houve uma queda de energia em uma loja de departamentos ontem e vinte pessoas ficaram presas na escada rolante*. É essencialmente uma analogia, uma vez que os elevadores são diferentes de escadas rolantes em sua capacidade de aprisionar pessoas, desencadeando assim o *script* de que os estadunidenses são habitantes de *shopping* preguiçosos e obesos. Provavelmente nenhum outro comediante fez a conexão entre as falhas em escadas rolantes e os compradores sedentários, mas Wright a fez e ele conseguiu uma boa piada com ela.

O terceiro tipo de criatividade, a "**criatividade transformadora**", é algo inteiramente diferente. Ela ocorre quando somos forçados a reestruturar nosso pensamento, e Boden cita a música pós-renascentista ocidental como um saliente exemplo. Antes da obra do compositor austríaco Arnold Schoenberg, a música orquestral sempre tinha um tom. Os compositores, por vezes, introduziam modulações no meio de uma peça, mas eles sempre voltavam para o tom original até o fim, sinalizando o tema da obra. Estas modulações eram muitas vezes surpreendentes, mas não eram transformadoras no sentido que quero dizer aqui. A mudança transformadora veio somente quando Schoenberg criou um novo tipo de música nunca ouvida antes: **"atonalidade"**. Apesar de perturbador para muitos a princípio, o abandono do tom por Shoenberg foi rapidamente adotado por outros e, em seguida, submetido a várias alterações exploratórias em si.

Vemos também tal variação no humor. Os comediantes de *stand-up* abordam sua arte de diferentes maneiras, e essa variedade é o que torna os clubes de comédia tão divertidos. Mas nem todos os comediantes reescrevem seu gênero. Jerry Seinfeld, embora engraçado e fantasticamente bem-sucedido em apontar o óbvio, não nos força a olhar para a comédia de forma diferente. Nem Steve Martin, mesmo que ele seja um dos comediantes mais inteligentes a ter aparecido no palco. Andy Kaufman, por outro lado, foi um gênio criativo transformador. Ele criou alter egos tão verossímeis que sua plateia não sabia se eles eram uma piada ou reais. Ele fingia entrar em brigas com colegas atores e comediantes durante performances ao vivo, às vezes até mesmo saindo intempestivamente do palco. Uma vez, ele terminou uma performance e convenceu a plateia inteira para ir tomar leite com biscoitos.

Ninguém nunca criou comédia como Kaufman, assim como ninguém talvez tenha contado piadas sujas e ofendido plateias como Lenny Bruce. Para cada centena de Seinfelds ou Martins, há apenas um punhado de Kaufmans ou Bruces.

Voltando ao cérebro por um momento, é importante notar que nenhuma região do cérebro é responsável por este tipo de criatividade. Uma avaliação científica de 72 experiências recentes revelou que nenhuma região cerebral está consistentemente ativa durante o comportamento criativo. Há, no entanto, algo especial sobre as pessoas que fazem novas conexões ou **imaginan o inimaginável**. O que os diferencia é a conectividade dentro de seu cérebro em decanso. Isto foi descoberto por uma equipe de pesquisadores de Tohoku, no Japão, que observou que pessoas com cérebros altamente conectados – medidos pela atividade cerebral compartilhada em várias regiões – são pensadores mais flexíveis e adaptativos. **Cérebros conectados são cérebros criativos!**

Possuir um cérebro complexo e crítico tem suas vantagens. O que nos faz criativos não é o quanto nos concentramos em uma tarefa, mas o quanto as diferentes partes de nosso cérebro trabalham bem em conjunto para chegar a novas soluções. A criatividade transformadora, em particular, exige "pensamento confuso". Ter ideias novas – ideias que ninguém viu antes – não é apenas uma simples questão de ligar os pontos. Pelo contrário, ela envolve erros, ambiguidade e conflito, todos resultantes de regras e diretrizes ignoradas.

Assim, a questão permanece: será que os computadores algum dia abraçarão tal pensamento e alcançarão a criatividade transformadora? Eu não sei, mas seria melhor perguntar-nos se alguém reconheceria isso se algum computador o fizesse.

Vamos considerar o *haicai* por um momento. Os *haicais* são poemas curtos de três linhas que tradicionalmente contêm 17 sílabas (embora em forma ocidental traduzida, às vezes até menos). Os *haicais* datam do Japão do século IX, onde eles exploravam e celebravam temas religiosos proeminentes, particularmente o budismo e o taoísmo. Desde então, gerações de artistas trabalharam com esta forma de arte tão extensivamente que ela transcendeu a cultura japonesa, tornando-se parte da literatura mundial. Em suma, os seres humanos deveriam escrever *haicais* muito bem atualmente. Então, eis um teste:

Orvalho da manhã
A água contém
Colheres de mel

Luar do outono –
Um verme cava quieto
Dentro da castanha[47]

---

47 – NT: Já em inglês não seguia o padrão de cinco/sete/cinco sílabas do *haicai* tradicional. O primeiro: *Early dew / The water contains / Teaspoons of honey*. O segundo: *Autumn moonlight— / A worm digs silently / Into the chestnut*.

Qual desses *haicais* foi escrito por um computador e qual pelo poeta japonês do século XVII, Matsuo Basho, um dos artistas mais respeitados de todos os tempos?

É difícil dizer, não é? Na verdade, a maioria das pessoas tem dificuldade em responder a esta pergunta. O primeiro *haicai*, aquele sobre o orvalho da manhã, foi escrito por *Gaiku*, um programa que começa com "palavras semente" – isto é, temas de abertura de *haicais* existentes – e então usa complexas redes de associação de palavras para completar o resto. A abordagem do *Gaiku* é geralmente muito eficaz, embora ocasionalmente ele erre a mão. Em um estudo comparativo recente, indivíduos ingênuos foram capazes de distinguir seus *haicais* daqueles criados por seres humanos em apenas 63% das vezes. Isso é impressionante.

Algumas criações, no entanto, falharam miseravelmente. Tome-se, por exemplo, o seguinte, que um indivíduo argumentou que tinha que ser criado por um ser humano porque era "muito estúpido para ser gerado por um computador". Ele estava errado.

Santa Vaca
Uma caixa de leite
Buscando uma igreja[48]

Vamos considerar este raciocínio de novo: muito estúpido para ser feito por um computador! Isso destaca exatamente o que quer dizer criatividade transformadora: a capacidade de produzir uma obra de arte diferente de qualquer coisa previamente vista. Será que a maioria de nós questionaria esse *haicai* "**Santa Vaca**" se nos fosse dito por um especialista que é a obra-prima de Matsuo Basho, uma que mudou a forma de os artistas olharem para este tipo especial de poema? Não tenho tanta certeza.

Os *haicais* não são a única forma de arte que está sendo explorada por computadores. Os programas agora escrevem música, desenham pinturas e até mesmo criam fábulas do tipo de Esopo. Por

---

48 – NT: em inglês *Holy cow / A carton of milk / Seeking a church*.

exemplo, um programa desenvolvido por Paul Hodgson, na Universidade de Sussex, improvisa *jazz* no estilo de Charlie Parker. Sua música é tão semelhante ao próprio trabalho de Bird[49] que muitas pessoas não conseguem diferenciá-los. E um programa desenvolvido pelos arquitetos Hank Koning e Julie Eizenberg usa uma gramática representacional do estilo arquitetônico de Frank Lloyd Wright para desenvolver novas casas, nunca vistas antes, que parecem que foram desenhadas pelo artista original.

No entanto, estes programas ainda não são transformadoramente criativos. Eles não quebram limites e eles não nos surpreendem com *insight*s inesperados sobre música e arquitetura. Apenas suas inspirações – Charlie Parker e Frank Lloyd Wright – podiam fazer isso.

Ainda assim, alguns programas de computador são bastante impressionantes. Um exemplo bem-humorado é o programa *Pato and Perro*, que cria cartuns cujos dois principais personagens fazem comentários sobre filmes recentes. Ele já provocou mais do que algumas risadas fartas neste autor em particular, e ele usa dados retirados exclusivamente de RottenTomatoes.com. Outro bom exemplo é o programa do artista Harold Cohen, que cria desenhos agradáveis e, por vezes, imprevisíveis. Seu trabalho até já foi exibido na Tate Gallery, em Londres, e não apenas pela novidade.

Cada uma dessas artes já foi considerada demasiado complexa para a inteligência de uma máquina, mas a cada ano um novo programa mostra que esse não é mais o caso. Agora a única coisa nos segurando não é o tamanho dos *microchips* ou a capacidade de memória, é a nossa compreensão do que é criatividade. **O que torna um trabalho artístico criativo?** A resposta é subjetiva, mas isso não significa que a pergunta seja irrespondível.

Esta subjetividade requer que os artistas – sejam feitos de carbono ou de silício – devam explicar por que seu trabalho é **transformador** para convencer-nos de que merece ser reconhecido por alterar seu gênero. E isso é difícil, não apenas para computadores, mas para as pessoas também. "A história está cheia de exemplos de gran-

---

49 - NT: *Bird* (pássaro) era um apelido de Charlie Parker.

deza não reconhecidos em seu tempo", disse Boden. "Onde artistas não aceitam uma ideia nova, então anos mais tarde concordam que é valiosa. É necessário não apenas familiaridade para que as pessoas reconheçam a transformação, mas **tempo** e **comparação**. O que os musicólogos fazem? Críticos literários? (Eles avaliam) se autores como Henry James criaram obras valiosas. Ou Jane Austen. Ambos são artistas muito diferentes, e avaliamos o valor de cada um por razões diferentes. Mas o trabalho do crítico é reconhecer a arte e a criatividade, e ver como cada um levou sua profissão mais adiante."

Isso realmente chega ao cerne do que torna um trabalho transformadoramente criativo, e por que o humor original e tocante é tão difícil de ser criado. A chave é o impacto emocional. É a diferença entre um momento *Ha Ha* e um momento *Aha* (ou um momento *Ha!*). O primeiro o faz rir, o segundo o faz pensar em algo que você não tinha considerado antes. A razão por que o *haicai* "Santa vaca" de *Gaiku* não chega a ser transformadoramente criativo, mas isso não é porque ele não consegue ampliar os limites. É que ele não tem a intenção de ser algo nunca visto ou ouvido antes. Esta é uma ideia promissora, uma que merece mais atenção, mas primeiro precisamos explorar o objetivo do artista. Se a qualidade da arte depende das intenções do artista, a ausência de intenção implica na ausência de arte? A arte deve transpor limites, ou pode simplesmente entreter? Nesta última seção, vamos explorar estas questões importantes, abordando também o que significa quando a qualidade da arte – e de uma piada – depende dos objetivos por trás dela.

Manter o Sal Fora

Toda esta conversa sobre arte pode parecer um pouco pesada para um livro sobre humor. Talvez seja por isso que a maioria das pessoas ainda vejam o humor da mesma forma que o Supremo Tribunal categoriza pornografia: **sabemos o que é quando a vemos**!

Não é fácil medir o merecimento de arte **ou** piadas. Até os computadores experimentarem a ambiguidade e o pensamento confuso que os seres humanos enfrentam, eles **não serão capazes de**

apreciar o valor de qualquer empreendimento criativo. Reconhecer este valor é uma habilidade, que requer que vejamos como uma obra de arte – ou de humor – se encaixa em seu gênero maior, bem como o quanto o artista se esforçou para desenvolvê-la. Essa última cláusula é especialmente importante, porque os computadores não se esforçam. Seu pensamento é muito linear para isso. E é por isso que eles não falham.

Mary Lou Maher, antiga diretora do programa de Computação Antropocêntrica[50] da Fundação Científica Nacional[51], identificou três componentes específicos envolvidos na avaliação subjetiva da criatividade. O primeiro é **novidade**: o quanto um item é diferente de outros membros em sua classe. Adoro o trabalho de George Carlin, e eu provavelmente já ri mais dele do que de qualquer comediante, mas quando as pessoas perguntam de quem eu gosto mais, Carlin ou Lenny Bruce, eu sempre digo Bruce. **Por quê?** Porque Bruce fez algo que ninguém antes dele tinha feito, ou até mesmo tentado fazer. Ele apresentou comédia que ninguém pensava ser possível – ou legal. Até o momento em que Carlin publicou seu primeiro álbum de comédia, Bruce já havia sido jogado na prisão quatro vezes sob a acusação de obscenidade. Alguém disposto a passar por isso por sua arte merece muitos pontos por novidade para mim.

O segundo componente é **imprevisibilidade**, que está intimamente associada à surpresa. Sarah Silverman é uma mestre do inesperado. Como uma atraente mulher judia, ela se parece com o tipo de comediante cuja ideia de piada imprópria envolva um padre e um rabino entrando em um bar. Em vez disso, suas piadas são as mais rudes e agressivas que você jamais ouvirá. Eles são racistas e sexistas e blasfemas e, quando você a vê, você não pode evitar perguntar-se como essa linguagem poderia vir de uma personalidade tão ingênua. Os epítetos que ela usa são inesperados, até mesmo chocantes, e eles também são a razão pela qual seu humor é tão eficaz. O contraste

---

50 – NT: *Human Centered Computing*

51 – NT: *National Science Foundation*

entre suas palavras e a forma como as diz mostra como tais epítetos são realmente estúpidos e insignificantes.

O terceiro componente identificado por Maher é **valor**, que reflete como um item é atraente em termos de beleza ou utilidade. É também o mais difícil de avaliar. A primeira vez que qualquer um de nós ouviu a piada *Por que o bebê atravessou a rua? Porque ele estava grampeado na galinha*, ela provavelmente pontuou relativamente alto em novidade e um pouco menos em imprevisibilidade. Foi uma abordagem incomum às piadas de galinha atravessando a rua, tornando-a nova, mas nós já sabíamos que o fim envolve uma galinha, diminuindo sua imprevisibilidade. O valor da piada, no entanto, é tão baixo quanto poderia ser, porque ninguém gosta mais deste tipo de piada, e ainda menos pessoas gostam de imaginar um bebê com marcas de grampos.

Não surpreendentemente, os programas de humor gerados por computador têm mais dificuldade com o valor. Eles não têm o conhecimento do mundo real para saber o que é perspicaz e comovente, e o que é estúpido. Muita gente também tem dificuldade com este critério – mas essa é a questão. Temos dificuldade porque nossa mente faz suposições, então as muda de novo, então as revê ainda mais. Como Richard Wiseman descobriu em sua competição do LaughLab, as piadas classificadas mais alto em valor por alguns indivíduos foram frequentemente classificadas mais baixo em valor por outros. Isso porque elas empurraram a mente dos indivíduos a um lugar onde muitos sentiam-se desconfortáveis em ir. Boas piadas, como a arte progressiva, nos fazem questionar o que nós valorizamos.

Os computadores podem um dia pensar como as pessoas, e podem fazer descobertas e contar piadas que transformem o humor, mas quando o fizerem não se parecerão com *Watson*. Em vez disso, eles terão que adotar as mesmas características que permitem que as pessoas façam essas coisas, ou seja, precisarão agir e pensar confusamente. Esse resultado não será alcançado através de regras ou programas simples. Isso exigirá algo completamente diferente.

Refiro-me aqui aos algoritmos evolutivos, que baseiam-se no mesmo processo que nos deu a humanidade: a **seleção natural**. Ao invés de basearem-se em regras programadas em memórias de computadores, os algoritmos evolutivos começam simples, mas, em seguida, modificam a si mesmos levemente, em formas pequenas. Tal como acontece com a seleção natural, aos algoritmos bem-sucedidos é permitido sobreviver, e aqueles que não conseguem são substituídos em gerações futuras. Os cientistas da computação que já usam algoritmos evolutivos para resolver problemas não especificam como a solução deve acontecer. Em vez disso, eles simplesmente definem o sucesso. E isso depende do que eles querem que seus programas façam no final das contas.

Na verdade, os computadores têm usado abordagens não estruturadas semelhantes há anos, permitindo que descobertas sejam feitas por meio de inovação sem supervisão. Um caso em questão é *O Matemático Automático*[52], um programa que mudou a forma como olhamos para a matemática mais de duas décadas atrás. Com um banco de dados inicial que compreende 100 simples regras matemáticas (tudo mais simples até do que as regras que regem adição e subtração) e um punhado de heurísticas de aprendizagem, *O Matemático Automático* começou variando estas regras para ver o que aconteceria. Quando as variações nas regras funcionavam, elas eram retidas, e aquelas que não funcionaram foram descartadas. Seguindo este processo simples, *O Matemático Automático* recriou uma enorme biblioteca de regras matemáticas. Por exemplo, sem qualquer tipo de ajuda ele descobriu a existência de números inteiros, primos e raízes quadradas. Ele também descobriu a conjectura de Goldbach, que afirma que todo número par é a soma de dois números primos. E então ele fez algo que alguns descrevem como **transformadoramente criativo**: ele descobriu um novo teorema sobre números maximalmente divisíveis, números desconhecidos até mesmo para seu programador.

Se um computador pode descobrir um novo teorema matemático partindo de apenas alguns princípios básicos, tais como "1 é

---

52 – NT: *The Automatic Mathematician*

maior do que 0", será que um computador não poderia evoluir para contar uma piada decente?

Mas espere, você poderia dizer, até mesmo *O Matemático Automático* não é verdadeiramente criativo. Como *Gaiku*, ele não "entendia" o que estava fazendo. Tudo o que fazia era produzir resultados, e o faz sem qualquer conhecimento verdadeiro de matemática. Isto nos leva a nosso tema final, que aponta para talvez o maior impedimento para a pesquisa sobre inteligência artificial, e para programas de desenvolvimento de humor também: **os computadores podem realmente pensar?**

Isto pode parecer uma pergunta um pouco filosófica para um livro de humor, mas é especialmente importante porque, como vimos, o valor de uma piada depende do pensamento utilizado para criá-la. A questão não é se um computador poderia ter escrito *Sete Palavras que Você Não Pode Dizer na Televisão*, de George Carlin. É se, se a apresentação **fosse** escrita por um computador, importaria que o mesmo não havia sido criado em um lar católico como filho de um casamento problemático, como Carlin foi? Será que isso tornaria a piada menos engraçada?

Não há resposta fácil para essas perguntas porque, ao perguntar se os computadores algum dia serão verdadeiramente bem-humorados, estamos realmente perguntando se eles um dia serão conscientes e capazes de apreciar suas próprias piadas engraçadas. Isto é uma tarefa difícil, e um bom teste de consciência também. Este problema também levanta algumas questões profundas sobre o que significa "apreciar" uma piada. É fácil supor que a experiência fenomenológica de uma pessoa do humor é a mesma que a de outra, mas não há nenhuma prova de que este seja o caso. Talvez a apreciação de piadas seja simplesmente uma questão de passar pelos estágios de processamento humorístico já descritos, terminando em uma resolução que ativa um novo *script* ou perspectiva, seguida de um esguicho final de dopamina para fazer tudo isso ser bom. Será que isso poderia ser tudo o que há na vida, no universo e tudo mais?

Considere por um momento este experimento de pensamento criado pelo filósofo John Searle: suponha que você tivesse que programar um computador que responde a qualquer pergunta que ele recebe em chinês, de forma tão convincente que qualquer pessoa interagindo com ele tem certeza de que ele sabe o idioma. Será que o computador sabe verdadeiramente chinês? Agora, suponha que você está trancado em um quarto com este computador e lhe são dados pedaços de papel contendo perguntas escritas em símbolos chineses. Se você usasse este computador para responder às perguntas naquelas folhas de papel, isto significaria que você sabe chinês também?

O cenário de Searle, chamado de **experimento de pensamento do quarto chinês**, destina-se a destacar a questão da intencionalidade – atos de consciência transmitindo pensamento e deliberação a nossas ações. De acordo com Searle, você não saberia chinês neste cenário porque nenhum pensamento real em chinês está envolvido. É um problema filosófico interessante, mas que eu não tenho nenhum interesse em abordar porque eu acho o tópico todo sem objetivo. A verdadeira questão é se os computadores algum dia pensarão da mesma forma que as pessoas, e para isso não tenho resposta além de dizer que eu não acredito que os computadores devam ser feitos de carbono para serem criativos. Dizer que os computadores devem se parecer conosco, ou pensar como nós, é **antropocentrismo**. O que torna as pessoas criativas – ou sencientes – não pode ser apenas do que somos feitos. Em vez disso, tem que ser nosso sucesso em resolver problemas. Isto, na minha opinião, é interessante o suficiente.

>> <<

Eu gostaria de terminar este capítulo com uma história do meu primeiro ano de pós-graduação, quando eu era um jovem cientista. Estava assistindo a uma aula de neuroanatomia apresentada por Arnold Scheibel, um dos mais respeitados neurocientistas do país. Quando foi necessário que alguém examinasse o cérebro de Einstein para identificar a origem de seu gênio, uma das pessoas escolhidas foi Arnold Scheibel. Costumávamos brincar que Scheibel inventou o neurônio, quando na verdade ele apenas estava entre os primeiros a descobrir como eles se comunicam.

Dr. Scheibel era conhecido por ser um professor sério e bastante direto, ocasionalmente fazendo piadas, mas principalmente distribuindo grandes quantidades de informação e esperando que seus alunos o acompanhassem. Uma manhã, em uma completa ruptura da rotina, Scheibel começou a aula anunciando que, no fim de sua palestra, ele partilharia seu recentemente descoberto segredo da vida. Sem pausa, ele prosseguiu com sua palestra e, pelo o resto da sessão, fomos deixados pensando se ele estava falando sério. Scheibel não era de exagerar, por isso sua afirmação parecia real. Finalmente, com apenas alguns minutos antes da aula terminar, ele retornou a sua promessa.

"Então, agora, para o sentido da vida", disse ele, soando como um computador em uma história de Douglas Adams.

"O segredo é, simplesmente, manter o sal fora", disse ele. Filósofos e estudiosos religiosos podem questionar o propósito de nossa existência o quanto quiserem, mas a vida serve a um objectivo principal, que é manter o sal no lado correto de nossas membranas celulares. Todos os neurônios são inerentemente polarizados, ou seja, possuem uma carga negativa em relação a seu entorno. Essa carga é mantida mantendo-se os íons de sódio positivamente carregados fora do corpo celular, enquanto é dada passagem livre ao potássio e a outras substâncias químicas. Quando os neurônios precisam se comunicar, é permitido que os íons de sódio entrem brevemente de modo que uma corrente eléctrica é formada, provocando, assim, uma reação química em cadeia e a transferência de informações a outras células. Se o processo não funciona e o sódio viaja livremente através de nossas membranas celulares, nossos neurônios não funcionam mais e rapidamente nós iremos morrer. É por isso que sem pelo menos algum sódio em nossa dieta, nos arriscamos a consequências graves de saúde, porque este transporte de sal é essencial. Muito sódio também é perigoso, porque isso ameaça o coração, levando à hipertensão e até mesmo à parada cardíaca. De fato, se há uma coisa sem a qual a vida não poderia existir – ou, para dizer de outra forma, se há uma coisa que a vida foi projetada para perpetuar – **é manter o sal fora de nossas membranas celulares**.

"E assim, esse é o segredo da vida", afirmou Scheibel. A aula havia acabado. O que muitos neurofisiologistas apenas chamam de bomba de sódio havia sido elevado à razão de nossa existência.

Tive a sorte de ter a oportunidade de compartilhar essa história uma vez com Margaret Boden, que escreveu sobre a bomba de sódio, e ela ficou fascinada, mas cética também. Parece que a solução poderia facilmente ter sido ATP, afirmou. Também conhecido como trifosfato de adenosina, ATP é uma molécula química instável usada para armazenamento de energia. É responsável por tudo, desde a fotossíntese até a biossíntese e é encontrada em todas as espécies, independentemente do tipo ou complexidade, proporcionando um meio para os organismos reterem energia, de modo que ela possa ser utilizada em tempos futuros. "É claro, não é o exemplo perfeito", Boden acrescentou, com mais do que uma pitada de decepção. "Porque acontece que muito recentemente descobriram um organismo com constante acesso à energia utilizável, esqueci onde. Então, nem todo organismo usa ATP, apenas 99,99%, ou algo assim. Esse é o problema com exceções, porque quando você acha que tem uma regra geral, alguma anomalia aparece", complementou Boden.

Por que eu compartilho essa história, especialmente em um capítulo que começou como uma discussão sobre o humor gerado por computadores? Talvez eu quisesse mostrar que o segredo da vida poderia facilmente ter sido uma questão de manter os elétrons na linha, tivessem os computadores evoluído em vez dos seres humanos. Ou talvez eu quisesse que você questionasse por que o segredo da vida de Scheibel não era manter o potássio dentro.

Na verdade, eu queria salientar como tal especulação hipotética é tola, a fim de apaziguar nossos senhores computadores quando finalmente conquistarem a Terra e escravizarem-nos em suas minas de açúcar.

Como Ken Jennings disse depois da derrota para *Watson*: "Karma é uma droga."[53]

---

53 – NT: *Karma is a bitch*. *Bitch* é um insulto a uma mulher, geralmente querendo dizer que ela é má, mesquinha ou mal educada.

» PARTE TRÊS

"E Daí?"

TORNANDO-SE UMA
PESSOA MAIS JOVIAL

6

» O Efeito Bill Cosby

> *"O feiticeiro tem sucesso pela mesma razão que todo o resto de nós (médicos) têm sucesso. Cada paciente carrega seu próprio médico dentro de si... Estamos em melhor posição quando damos ao médico que reside no interior de cada paciente a chance de ir ao trabalho."*
>
> — Dr. Albert Schweitzer,
> citado em *Anatomia de uma Doença*,
> de Norman Cousin

Agora é hora para outra mudança de assunto. Os três primeiros capítulos abordaram a questão do humor **O que é?**: O que nos faz rir e como nosso cérebro transforma conflito em prazer? Os dois capítulos depois disso abordaram a questão **Para quê?**: A que propósito o humor serve e o que ele diz sobre quem realmente somos? Ambas as seções fornecem um pano de fundo importante para a compreendermos por que rimos, mas há uma questão ainda mais importante, que ainda não abordamos. Eu a chamo de a questão **E**

daí?: Por que devemos nos importar com o que é o humor e como ele influencia nosso bem-estar físico, psicológico e social?

Estudos mostram que o humor melhora nossa saúde, ajuda-nos a conviver melhor com os outros e até mesmo nos torna mais **inteligentes**. Nos próximos três capítulos veremos como. Ao longo do caminho, iremos a um *show* de comédia, assistiremos a um evento de luta corporativo e veremos como ouvir Bill Cosby aumenta nossa resistência para a dor. E tudo começa com um homem chamado Norman Cousins, que foi informado por seu médico que ele tinha 1 chance em 500 de sobreviver a uma doença debilitante e acabou vencendo esse prognóstico por meio da comédia. Na verdade, ele curou-se de uma doença rindo.

Norman Cousins

A história de Cousins começa em julho de 1964, em uma conferência política em Moscou onde, como presidente da delegação estadunidense, ele foi responsável por participar de reuniões formais sobre a melhoria do intercâmbio cultural entre a União das Repúblicas Socialistas Soviéticas (URSS) e os EUA. Isto envolveu muitas longas noites em eventos sociais e jantares formais – um cronograma estressante, considerando que foram realizados em um país onde ele não falava a língua. Ele também foi exposto a uma atmosfera insalubre, literalmente. Em meados do século XX, Moscou era notória por seus ar e água sujos, e o quarto de hotel de Cousins localizava-se no centro da cidade, ao lado de um canteiro de obras de edifícios populares. Caminhões a diesel expelindo fumaça 24 horas por dia o deixavam enjoado todas as manhãs. Quando retornou aos EUA, suas articulações doíam. Muito em breve ele não poderia mover seu pescoço, braços ou pernas. Seu corpo tinha sido tomado por uma indisposição debilitante.

Cada vez mais preocupado, Cousins finalmente foi a um médico e lhe foi dito que ele tinha contraído uma doença grave do colágeno chamada espondilite anquilosante. Colágeno é a substância fibrosa que liga nossas células, e o colágeno de Cousins estava se desintegrando. Sem ele, ficaria incapaz de se mover.

"Em certo sentido, então", conta Cousins, "eu estava ficando descolado."

Sua perspectiva era terrível. Os especialistas disseram-lhe que sua única esperança era lutar com a dor usando drogas, mas Cousins sabia que quando as drogas tornam-se o foco de um tratamento, isso é um problema. "As pessoas tendem a considerar as drogas como se fossem automóveis", reclamou. "A cada ano tem que ter seus novos modelos e, quanto mais fortes, melhor", disse Cousins.

Outro aspecto preocupante de seu tratamento era a maneira disruptiva com que a equipe médica abordava sua doença. Uma vez, quatro técnicos separados retiraram grandes frascos de seu sangue em um único dia. Retirar tanto sangue – mesmo de pessoas que estão bem – geralmente não é uma boa ideia, e Cousins perguntou-se se talvez o tratamento não estava fazendo mais mal do que bem. Davam-lhe principalmente refeições processadas em vez de um equilíbrio saudável de comida natural. Seu sono era frequentemente interrompido por testes que poderiam facilmente ter esperado até de manhã.

Foi nessa época que Cousins decidiu que, em vez de confiar nos médicos, ele **riria**.

Primeiro, ele deixou o ambiente deprimente do hospital e foi para um hotel, que não era apenas mais alegre, mas custava apenas um terço do valor. Então ele começou a pensar: o que ele poderia fazer para ajudar a si mesmo? Já que a medicina tradicional não iria curá-lo, que outras abordagens ele poderia tentar? Foi então que Cousins começou a considerar o efeito do estresse na recuperação médica. O estresse provavelmente havia contribuído para sua doença, bem como prejudicado seu tratamento, de modo que parecia razoável questionar se o efeito funcionava em ambas as direcções. "Se as emoções negativas produzem mudanças químicas negativas no corpo, as emoções positivas não produziriam mudanças químicas positivas?", ele perguntou-se. "Será possível que amor, esperança, fé, riso, confiança e vontade de viver têm valor terapêutico? As mudanças químicas ocorrem apenas no lado negativo?", questionou-se Cousins.

Uma forma de descobrir foi colocar-se em um bom estado de espírito e, para fazer isso, Cousins começou um plano sistemático para rir. Ele começou com filmes do antigo programa de pegadinhas *Candid Camera*[54] (semelhante ao *Punk'd*, mas sem Ashton Kutcher). Isto não era fácil, já que DVDs e *Blu-rays* ainda não haviam sido inventados e a única maneira de assistir a esses *shows* foi utilizar um projetor de cinema. Mas ele conseguiu pegar um emprestado de um amigo, juntamente com vários filmes dos irmãos Marx, e qualquer coisa que o fizesse rir tornou-se parte de seu tratamento.

Cousins assistia aos filmes regularmente, todos os dias e, apesar de estar com dor, ele descobriu que ainda era capaz de rir. Não só isso, mas o riso foi mais eficaz no combate à dor do que a aspirina ou qualquer um de seus outros analgésicos. "Dez minutos de verdadeira risada abdominal... me dariam pelo menos 2 horas de sono sem dor", escreveu ele.

Surpreendentemente, depois de um pouco mais de uma semana de descanso e riso, Cousins podia mover seus dedos de novo, algo que seus médicos anteriormente pensavam ser impossível. Depois de vários meses, ele podia pegar livros das prateleiras mais altas e, quanto mais o tempo passava, ele até acertou umas bolas de tênis e jogou golfe. Sua doença não havia desaparecido – um ombro e ambos os joelhos ainda lhe causavam problemas ocasionais – mas dado seu prognóstico inicial, sua **recuperação foi incrível**. Cousins viveu por mais 26 anos.

A recuperação de Cousins foi edificante e positiva, mas também bastante preocupante. Sua rejeição aos médicos, hospitais e aos mais novos medicamentos em favor de uma abordagem mais holística provavelmente salvou sua vida. **Mas se você estivesse na mesma situação, teria tido a força para fazer a mesma escolha?**

Todos nós já vimos "curas" médicas que estão longe do científico. No entanto, enquanto é fácil culpar a medicina moderna de ser impessoal, é errado pensar nos médicos como pessoas de mente fechada. É raro o médico que não faria tudo humanamente possível para ajudar um paciente. Abordagens alternativas em medicina, como o riso, são alternativas por uma razão: elas ainda têm de ser provadas

---

54 – NT: Como os programas de camêra escondida no Brasil.

serem benéficas. Elas não foram ignoradas. Muito pelo contrário, como veremos neste capítulo, o riso como tratamento médico tem sido estudado extensivamente. Os médicos só não o prescrevem a seus pacientes pelo mesmo motivo que eles não recomendam outros medicamentos alternativos, como a acupuntura ou grandes doses de vitamina C. Os resultados das pesquisas foram os mais variados, ou seja, com algo positivo e muita coisa nas explicações.

Este capítulo tem uma visão holística do humor e seus efeitos sobre o corpo humano. Até agora vimos que nosso cérebro utiliza o conflito como nossos músculos usam o oxigênio, ou carros usam gasolina. O humor nos capacita a tomar decisões e ter prazer em um mundo complexo. Mas os benefícios não param por aí. O humor também é uma forma de exercício, mantendo nossa mente saudável da mesma forma que o esforço físico ajuda nosso corpo. Mas, como correr em um túnel cheio de fumaça, **o humor usado de forma inadequada pode fazer mais mal do que bem!**

O Médico Interior

"Cada paciente carrega seu próprio médico dentro de si."

Esta é a afirmação que melhor descreve a filosofia de Cousins, retirada diretamente de seu livro, *Anatomia de uma Doença*. Em seu relato, Cousins descreve tanto seu tratamento de riso quanto as respostas que ele recebeu de médicos, parentes e amigos depois de terem ouvido a notícia de sua recuperação. Todo mundo parecia ter uma opinião sobre o que tinha feito sua espondilite anquilosante remitir. Alguns acharam que Cousins simplesmente havia afastado a doença através do pensamento positivo. Outros argumentaram que sua recuperação era uma anomalia, que ocorre aleatoriamente em apenas um em um milhão de doentes e não deveria ser interpretada como um modelo para o sucesso futuro. Ainda assim, outros simplesmente parabenizaram Cousins por ter a coragem de controlar seu próprio destino médico.

Em um ponto em seu livro, Cousins compara o riso à corrida interna, uma grande analogia. Sabemos que o riso beneficia o corpo porque é um exercício aeróbico. Medições altamente controladas mostraram que o riso gasta entre 40 e 170 quilocalorias por hora. Muito trabalhos igualaram-no a outras formas de exercício, sendo o mais comum que cem risos são mais ou menos equivalentes a 10 a 15 minutos em uma bicicleta ergométrica. Como se mede o número de risos eu não tenho ideia, mas ainda parece uma boa forma de passar o tempo para mim.

Uma forma como a corrida melhora nossa saúde é que ela força nosso coração a trabalhar mais, e o riso baseia-se no mesmo mecanismo. Como os pesquisadores mostraram, tanto a pressão arterial sistólica quanto a diastólica aumentam durante o exercício. A mesma coisa acontece durante o riso. Por vezes, estas mudanças não duram mais do que um único batimento cardíaco e, às vezes, duram muito mais tempo, mas essa elevação é fundamental, pois quanto mais exercitamos nosso coração, mais baixa é nossa pressão arterial em repouso, e menos nosso coração tem que trabalhar o resto do tempo.

Este benefício também pode ser duradouro. Duas medidas de fluxo sanguíneo – complacência arterial carótida e dilatação fluxo-mediada da artéria braquial – podem permanecer elevadas por até vinte e quatro horas depois de ver uma comédia que induza ao riso.

Um cientista que sabe muito sobre os benefícios do riso é Michael Miller, da Universidade de Maryland. Sua especialidade é a vasodilatação, que se refere ao alargamento dos vasos sanguíneos. A razão pela qual a elevada pressão arterial durante o exercício é saudável é que ela ajuda nossos vasos sanguíneos a manterem-se flexíveis. Vasos saudáveis relaxam ou contraem dependendo de nosso nível de atividade, mas os não saudáveis permanecem rígidos e apertados, restringindo o fluxo sanguíneo nos momentos em que mais precisamos dele.

Duas das maiores ameaças a nossa saúde são a vasoconstrição e a vasoreatividade reduzida. Muitas vezes causadas por estresse, essas condições levam a vasos sanguíneos mais estreitos, fluxo sanguíneo reduzido e uma diminuição da capacidade de variar a quantidade de sangue entregue por todo o corpo. Em muitas pessoas elas também levam a doença coronariana e acidente vascular cerebral. Os médicos recomendam exercício frequente, pois a atividade aeróbica relaxa os vasos sanguíneos, tornando-os mais maleáveis. E o mesmo acontece com o riso, de acordo com Michael Miller, que apresentou suas descobertas sobre vasoreatividade à American College of Cardiology, em 2005. Especificamente, o riso diminui a rigidez e aumenta a reatividade vascular, aumentando assim o fluxo sanguíneo para as áreas do corpo que precisam dele.

O estudo de Miller analisou vinte homens e mulheres, todos com mais ou menos o mesmo nível de saúde cardíaca quando o estudo começou. Os indivíduos assistiram à cena de abertura de um filme estressante, como *O Resgate do Soldado Ryan*, ou uma comédia, como *Kingpin – Estes Loucos Reis do Boliche*. Antes e depois de cada filme, a vasodilatação foi medida, apertando e soltando um aparelho de pressão no braço. Ao apontar aparelhos de ultrassom às artérias dos indivíduos, Miller também mediu o quanto as artérias "rebatiam" após a constrição do aparelho, deixando-o saber, assim, o quanto elas eram flexíveis ou não respondiam. Ele esperava que o filme estressante levasse a uma menor resposta no fluxo sanguíneo, como tinha sido observado em vários estudos anteriores. A questão era se o humor teria o efeito oposto, e quanto tempo ele duraria.

Miller descobriu que quatorze dos vinte indivíduos tiveram uma redução do tamanho arterial após a filme estressante, levando à redução do fluxo sanguíneo. Ainda mais impressionante, no entanto, foi a mudança observada no grupo que assistiu à comédia. Entre os indivíduos, todos, exceto um, mostraram *aumento* do tamanho arterial, com uma melhora no fluxo de sangue de mais de 20%. Esta mudança durou muito tempo depois de os filmes concluírem.

Sempre me fascinou que nosso corpo não fica mais forte através do descanso, mas pelo esforço. Os músculos aumentam em massa primeiro através da lesão e então se reconstruindo. O fluxo sanguíneo é melhorado quando a pressão arterial é primeiro aumentada através de exercícios, e então deixada retornar a um estado inferior, com os vasos sanguíneos mais relaxados do que se não tivessem se exercitado. O riso tem o mesmo efeito, e isso nos torna mais fortes e mais capazes de lidar com desafios mais tarde.

Nosso coração também não é a única coisa que se beneficia. Pesquisas mostram que o riso suprime os níveis de glicose em diabéticos, ajudando a prevenir a neuropatia diabética. Também melhora o funcionamento do sistema imunológico, reduz substâncias químicas associadas ao inchaço das articulações em pacientes com artrite e, até mesmo, ajudam a quem sofre de alergia a combater a dermatite. Em resumo, a alegria associada ao riso leva a mudanças fisiológicas positivas pelo corpo.

Um grande desafio para os psicólogos e médicos é identificar como estados cognitivos, como a alegria, levam a mudanças físicas no corpo. Nós sabemos, por exemplo, que o exercício físico nos deixa de bom humor pois leva à liberação de dopamina, o que nos dá prazer. Isso é um ato físico que leva a mudança psicológica. Mas será que a **causa** e **efeito** funcionam em ambas as direções? Será que o estado de espírito melhorado pode levar à alteração fisiológica?

Felizmente, ele pode. Considere, por exemplo, a imunoglobulina A. Este anticorpo é uma das linhas de frente de nosso sistema imunológico de defesa contra organismos invasores, tais como bactérias, vírus e mesmo células cancerígenas. Embora nossos corpos produzam vários tipos diferentes de tais anticorpos, todos funcionam da mesma maneira: primeiro, identificando e apontando para o corpo estranho e, em seguida, neutralizando-o ou marcando-o para o ataque por outros mecanismos de defesa. Estudos mostram que assistir a filmes engraçados e ouvir comédia de *stand-up* significativamente aumentam a resposta imunoglobulínica, bem como estar de **bom humor**. Um efeito similar foi também associado a células exterminadoras naturais, que, além de terem um nome muito impressionante, ajudam a afastar doenças como câncer e HIV. Assistir a filmes como *Bill Cosby: Himself* ou *Robin Williams, Live at the Met*[55] mostrou aumentar a contagem de células exterminadoras em até 60%.

Agora, você deve pensar que o riso é a melhor coisa que poderia fazer por seu corpo. Ele melhora a saúde cardiovascular, aumenta a resposta imunológica e até mesmo ativa as células que atacam inva-

---
55 – NT: Ambos os filmes são comédias de *stand-up* e não têm título no Brasil.

sores como equipes de fuzileiros altamente treinados. Para Norman Cousins, ele ajudou a superar a doença reumática espondilite anquilosante. Se o humor faz todas estas coisas, o que nos impede de rir até a imortalidade?

É uma boa pergunta. E a resposta é: o humor não nos ajuda a viver mais tempo. Na verdade, ele faz exatamente o contrário.

Fiquei surpreso quando ouvi pela primeira vez este fato interessante, e você provavelmente também ficará, dadas as descobertas discutidas acima. O riso certamente tem seus benefícios, mas estes não garantem necessariamente uma vida mais longa. É um fato decepcionante, mas é importante reconhecer **porque rir não é uma panaceia**. É uma atividade como correr ou pular corda. Usado de forma responsável em certas circunstâncias, pode ser um grande protetor. Mas, se for usado sem bom senso, pode ser tão perigoso quanto correr uma maratona descalço.

Vejamos dois estudos para perceber por quê. O primeiro envolveu quase toda a população da cidade norueguesa de Nord-Trøndelag – mais de 65 mil pessoas ao todo – concordar em fazer três testes em nome da ciência. Um mediu seu senso de humor, com perguntas como: "Você se considera uma pessoa alegre?". Um segundo teste avaliou suas queixas corporais. Essencialmente, numa pesquisa psicológica de saúde, perguntou-se aos entrevistados sobre queixas comuns, tais como azia, náusea, até mesmo prisão de ventre, avaliando a frequência de cada uma em uma escala de três pontos. O terceiro teste envolveu a leitura da pressão arterial e a medição do índice de massa corporal.

Como esperado, os pesquisadores encontraram uma relação significativa entre a satisfação geral de saúde e o senso de humor. Não era muito significativa, apenas uma correlação de 0,12, mas era positiva, sugerindo que quanto mais os indivíduos apreciavam o humor, mais felizes eles estavam com sua saúde. No entanto, o senso de humor não tinha benefício em medidas reais de saúde como a pressão arterial ou o peso. Embora os indivíduos mais velhos tendessem a ter maior pressão arterial e reduzido senso de humor, quando o fator da idade foi controlado, o humor não mostrou relação com a saúde cardíaca.

Essa é um descoberta decepcionante, é claro, mas há muito mais na saúde do que pressão arterial. Talvez a questão importante não seja o quanto o humor ajuda nosso corpo, mas quanto tempo mais ele nos permite viver. **A longevidade é realmente a melhor medida de saúde, por isso não deveríamos medi-la?**

Acredito que sim, e é por isso que também apresento este estudo do psicólogo Howard Friedman, da Universidade da Califórnia, em Riverside. Levou mais de 60 anos para conduzi-lo porque Friedman não deu às pessoas apenas pesquisas ou leituras de pressão arterial. Em vez disso, ele listou mais de 1.500 crianças, todas com cerca de 11 anos de idade quando o estudo começou em 1921, e esperou que elas morressem. Na verdade, essa é uma descrição bastante mórbida, porque seu verdadeiro objetivo era seguir estas crianças de classe média ao longo de suas vidas para monitorar mudanças em sua saúde. Ele queria ver se havia qualquer conexão entre seus traços de personalidade e sua longevidade, e também se esta abordagem longitudinal poderia descobrir relacionamentos que não eram observáveis através de medidas fisiológicas simples. Felizmente, embora algumas crianças tenham desaparecido ao longo dos anos, mais de 90% de sua amostra apresentava-se a ele regularmente ao longo dos anos.

Depois de revisitar seus indivíduos em 1986, mais de 60 anos após seu estudo ter começado, Friedman concluiu que um traço de personalidade previa significativamente a longevidade: a **consciencenciosidade**. Este traço reflete o quanto uma pessoa é prudente e atenciosa quando lida com os outros, e pareceu aumentar as taxas de sobrevivência em até **cinco anos**. A autoconfiança não demonstrou este efeito, e nem a sociabilidade. De fato, o único outro fator que afetou quanto tempo os indivíduos de Friedman viveram foi o senso de humor, que aparentemente não prolongou a vida, mas **encurtou-a**. O efeito não foi tão forte quanto o da conscienciosidade, mas ainda era impressionante – as pessoas bem-humoradas na amostra de Friedman tiveram vidas mais curtas do que todos os outros.

A razão para esta relação inversa é difícil de explicar, embora possa ter a ver com a possibilidade de que as pessoas bem-humorados não cuidem bem de seus corpos. Por exemplo, outros estudos mostram que, em comparação com as pessoas que não são bem-humoradas, elas fumam mais, ganham mais peso e têm um maior risco de doença cardiovascular. E depois há a questão de neuroticismo, um traço de personalidade muitas vezes visto em indivíduos bem-humorados (como vimos no Capítulo 4). O neuroticismo demonstrou aumentar o risco de mortalidade em cerca de 30%. Assim, mesmo que a estratégia de Cousins lhe tenha conseguido mais 26 anos de vida, não parece funcionar para todos.

Mas não perca a esperança ainda. Meu objetivo é mostrar que o humor é um mecanismo de proteção essencial. Pode não prometer vidas mais longas, mas ele melhora a saúde psicológica e nos protege da dor. O que leva-nos a uma coisa que eu gosto de chamar de **efeito Bill Cosby**.

O Efeito Bill Cosby

Imagine que você está prestes a fazer uma cirurgia ortopédica para corrigir um disco deslocado em suas costas, quando é abordado por alguém alegando ser um estudante de graduação em artes da comunicação. Ele lhe diz que está fazendo sua tese sobre os efeitos de diversos meios de comunicação na dor e pergunta se você estaria disposto a participar de seu estudo. Se sim, então depois de conceder-lhe acesso a seus registros médicos, você vai assistir a filmes para ver como eles afetam sua recuperação pós-cirúrgica. Parece justo e você concorda.

Felizmente a cirurgia é um sucesso e, quando termina, você é levado de cadeira de rodas para uma sala de recuperação onde vê o pesquisador novamente. Desta vez, ele está acompanhado por um aparelho de videocassete. Ele lhe dá uma escolha de filmes engraçados para assistir, alguns novos e alguns antigos, e na lista você vê vários favoritos: *Um Morto Muito Louco*, *Corra Que a Polícia Vem Aí!* e *Um Estranho Casal*. No fim, escolhe *Bill Cosby: 49*, um filme-concerto[56] de comédia *stand-up* de Cosby no qual ele fala sobre temas como envelhecer, esposas e filhos. Naquela noite, lhe apresentam a mesma seleção, só que desta vez você escolhe *Um Peixe Chamado Wanda*.

O processo todo é repetido no segundo dia, e logo você está se sentindo muito bem sobre sua decisão de participar. O pesquisador faz algumas perguntas embaraçosas, especialmente sobre a quantidade de dor que você experimentou após a cirurgia e como se sente sobre sua recuperação, mas essas invasões são pequenas. No terceiro dia, você já convalesceu bem o suficiente para que possa reabilitar-se em casa, de modo que o hospital o libera para atendimento ambulatorial. O experimento está terminado, e você agradece ao pesquisador antes de sair.

Sua participação neste experimento foi imaginária, mas na vida real este foi um dos estudos sobre humor mais importantes de todos os tempos. Conduzido por James Rotton, psicólogo da Universidade Internacional da Flórida, ele analisou o efeito de filmes humorísticos sobre a tolerância à dor. Houve 78 participantes ao todo, e os mais sortudos foram aqueles que assistiram a filmes engraçados. Os outros indivíduos viram filmes com menos impacto emocional, como *O Satânico Dr. No* e *Labirinto – A Magia do Tempo*.

Digo "mais sortudos" porque os indivíduos que viram filmes engraçados experimentaram menos dor autorrelatada do que aqueles que assistiram a dramas. Especificamente, sentiram-se melhor sobre sua condição pós-cirúrgica e pediram 25% menos medicação do que seus companheiros. No segundo dia, isto se traduziu em um terço a menos de dor, mesmo com as drogas reduzidas.

Esta descoberta é especialmente importante porque mostra como o humor não apenas nos torna mais saudáveis: ele **melhora nossa qualidade de vida**. E é tudo mais significativo uma vez que o experimento de Rotton usou pacientes reais com dor real, uma ocorrência rara no mundo da ciência. Conduzir pesquisas em contextos do mundo real é sempre preferível, mas é um desafio porque as uni-

---

56 – NT: Espécie de documentário com apresentação ao vivo de um músico ou comediante.

versidades são notoriamente sensíveis sobre a proteção dos indivíduos em pesquisas. É rara a instituição que permite a seus cientistas "ferir" seus indivíduos, tornando a dor um tema difícil de estudar.

Isso não quer dizer que a tolerância à dor também não possa ser estudada em laboratório. Um benefício de estudos de laboratório é que eles permitem o controle completo sobre o procedimento, algo que Rotton não tinha. Ele não tinha como manipular a dor real que seus indivíduos suportavam porque ele não executou nenhuma cirurgia real ou causou lesões que necessitavam tratamento. Estudos experimentais de dor, por outro lado, permitem que tais variáveis sejam controladas e asseguram que todos os indivíduos sintam o mesmo nível de desconforto só para começar. Uma forma de atingir esses objetivos é usar um **teste pressor ao frio**.

O teste pressor ao frio envolve a inserção de sua mão em um balde de água gelada até 2 °C, um pouco acima do congelamento. Embora frio e doloroso, este estímulo não causa qualquer dano real ou provoca queimaduras do frio, só faz você realmente querer remover sua mão. A quantidade de tempo que você mantém sua mão dentro do balde torna-se sua **medida pessoal de tolerância à dor**, e ao administrar o teste várias vezes – por exemplo, antes e depois de algum tratamento experimental – os cientistas podem examinar como seu limite para dor muda ao longo do tempo.

Estudos utilizando o teste pressor ao frio confirmam que assistir a comédias de fato nos dá proteção contra a dor. Isto é o que eu quero dizer com o **efeito Bill Cosby:** simplesmente ver uma gravação de comédia *stand-up* pode aumentar a quantidade de tempo que conseguimos manter a mão na água gelada, de 36 para 100 segundos.

Norman Cousins alegou que o riso é um analgésico natural, um tratamento melhor do que qualquer droga fabricada. Isso seria uma boa história, e uma muito satisfatória, mas a vida é mais complicada do que isso. De fato, como se vê, assistir a filmes de terror horripilantes, cheios de sangue, tem o mesmo efeito. As pessoas que assistem a tais filmes conseguem manter suas mãos em água gelada por quase 2 min, um aumento de mais de 300% em relação à linha de base. Assim, o efeito analgésico dos filmes não se limita ao humor.

Como pode ser? Este tempo todo temos explorado os benefícios do estado de espírito positivo, e agora vemos que o **medo** tem o mesmo efeito? Ele **tem**, e para explicar, por que precisamos revisitar o estudo sobre dor de Rotton. A partir de sua descoberta original, você já deve ter imaginado que assistir a um filme engraçado é como tomar aspirina ou, no caso de filmes excepcionalmente engraçados, codeína. Mas veja o que aconteceu quando os indivíduos nesse estudo assistiram a filmes que eles não selecionaram.

Uma coisa que eu não compartilhei mais cedo sobre o estudo de Rotton é que ele perguntou a todos seus pesquisados que tipo de filme eles preferiam, mas apenas a metade deles realmente viu os filmes de sua escolha. A outra metade – aqueles no grupo "sem escolha" – viram filmes que eles **não tinham** selecionado. Curiosamente, ele descobriu que para os últimos indivíduos, assistir a filmes engraçados não diminuiu os pedidos de medicação para dor. Em vez disso, os aumentou. De fato, os indivíduos "sem escolha" pediram duas vezes mais medicação para dor do que aqueles cujas escolhas foram honradas. Assim, assistir a filmes engraçados não foi suficiente para aumentar a tolerância à dor. Os indivíduos também tinham de ver o tipo de humor que eles gostavam e tinham que sentir como se estivessem no controle de seus próprios estados de espírito.

Em resumo, o riso – ou, mais especificamente, o **afeto positivo** – não é o que confere benefícios. O que importa é nosso **compromisso emocional**. Os indivíduos no estudo de Rotton que assistiram a filmes que não escolheram provavelmente não acharam os filmes engraçados porque eles não estavam emocionalmente engajados neles. Nossa mente precisa de envolvimento emocional, assim como ela precisa de exercício. Sem esse compromisso, nós ficamos passivos com nosso ambiente. E uma mente passiva é uma mente doente.

A razão pela qual tanto as comédias quanto as tragédias levam a **maior tolerância à dor** é que nossa mente é exercitada por ambas. Quando rimos, exatamente como quando choramos, nosso corpo experimenta excitação emocional. Este efeito é envolvente e perturbador, fortalecendo nosso corpo – e nossa mente – para o que está por vir, como um boxeador levanta pesos antes de um combate. Anteriormente, exploramos a questão de como estados psicológicos induzem mudanças físicas no corpo, e agora vemos que, ao fornecer exercício a nosso cérebro, o humor o prepara para maiores estressores mais adiante. Conflito pode ser bom, desde que seja aproveitado adequadamente.

Este ponto de vista de exercício emocional do humor também explica por que assistir a comédias às vezes é mais benéfico do que meditar ou ouvir música calmante. Por exemplo, simplesmente ver um episódio da *sitcom Friends* demonstrou diminuir a ansiedade três vezes mais eficazmente do que sentar e descansar. Nosso cérebro quer relaxar e superar o estresse, mas ele precisa manter-se ativo também. **Simplesmente permitir-lhe ficar dormente não é bom**!

Como o exercício físico, o humor assume muitas formas diferentes, e nem todas elas são criadas iguais. O humor mantém nosso cérebro e corpo ativos, mas nem toda a atividade – seja física ou mental – é benéfica. Anteriormente, observamos que há nada menos do que quarenta e quatro tipos separados de humor – **sagacidade**, **ironia** e **pastelão** são apenas alguns. Mas os estilos humorísticos também variam, com base em motivações psicológicas e não em piadas. Um exemplo é o **humor afiliativo**. Pessoas com alto grau de humor afiliativo gostam de dizer coisas engraçadas, compartilhar brincadeiras espirituosas para divertir os amigos e fazer piadas para reduzir a tensão interpessoal. Como você pode imaginar, o **humor afiliativo** é considerado um estilo humorístico positivo, o que significa que ele leva a comportamentos psicológicos e sociais construtivos.

Outro estilo positivo é o humor **autoenriquecedor**, que caracteriza pessoas que têm perspectivas engraçadas e que riem a fim de ver o lado positivo das situações preocupantes, qualquer coisa para manter uma atitude positiva. Pessoas com alta pontuação em medidas de **humor autoenriquecedor** tendem a ter autoestima elevada e ser conscienciosas. E como vimos, esse último traço de personalidade é especialmente importante para a saúde porque é o único fator de personalidade que prediz longevidade. Assim, o humor pode realmente nos ajudar a viver mais tempo, desde que seja do tipo certo.

A ideia de estilos humorísticos foi desenvolvido por Willibald Ruch como forma de caracterizar o humor na vida cotidiana. São avaliados através de um teste chamado de **questionário de estilos de humor**, que também identifica dois estilos negativos. Primeiro há o **humor agressivo**, que envolve sarcasmo, provocação ou ridicularização. Pessoas que dependem do humor agressivo tentam construir-se à custa dos outros e, não surpreendentemente, também pontuam alto em testes de hostilidade ou agressão. E depois há o humor autodepreciativo. Para entender este estilo, você só precisa pensar em Rodney Dangerfield. Ao invés de menosprezar os outros, os humoristas autodepreciativos visam a si mesmos, muitas vezes como um mecanismo de defesa para baixa autoestima.

Enquanto estilos humorísticos positivos aumentam os sentimentos de autoestima e conscienciosidade e, possivelmente, até mesmo melhoram a longevidade das pessoas, **estilos humorísticos** negativos têm o efeito oposto. Pessoas que usam o humor autodepreciativo tendem a sofrer de depressão, ansiedade e baixa autoestima, e aqueles que usam o humor agressivo muitas vezes adotam mecanismos de enfrentamento pobres. É fácil ver como isto poderia ter efeitos nefastos sobre a longevidade a longo prazo.

Em suma, o humor pode melhorar ou prejudicar nossa saúde, dependendo da forma como é usado. Lidar com conflito de maneira positiva, como rir para nos colocar em um bom estado de humor, é provavelmente tão importante quanto subir naquela máquina de *step* três vezes por semana. Rir negativamente de nós mesmos ou ter uma atitude sombria e sardônica, bem, você poderia muito bem começar a beber e fumar também, se quer encurtar a sua vida, não é?

Em minha vida, já corri duas maratonas, uma vez quando eu fiz 20 anos e a outra quando eu fiz 40 anos. Para ambas as corridas eu estava despreparado, mas corri de qualquer maneira, a primeira vez para impressionar uma garota e a segunda vez para enganar a mim mesmo a acreditar que não estava na meia-idade, porque aquela mesma garota – agora minha esposa – não queria me deixar comprar um Porsche.

O engraçado sobre ambas as experiências é que eu não consegui o meu objetivo em cada uma (concluir a corrida em menos de 4 horas), principalmente porque eu não tinha treinado bem o suficiente, mas, mesmo assim, após a corrida terminar não aumentei meus treinamentos. **Por quê?** Porque a corrida tinha acabado. O exercício melhora nossa condição física somente **após** termos concluído o treino.

Se o riso é como um exercício para a mente, então deveríamos esperar que o treino mental funcionasse da mesma maneira. E ele o faz, como veremos no que eu gosto de chamar de o teste *Faces da Morte*. Arnie Cann é psicólogo social da Universidade da Carolina do Norte, onde estuda como as pessoas se recuperam de experiências traumáticas. Embora nós, seres humanos, sejamos notavelmente resistentes, às vezes essa resiliência se parte. Quando isso acontece, ficamos doentes ou nos sentimos deprimidos ou, em casos extremos, sofremos de doenças como transtorno do estresse pós-traumático. Uma maneira de nos protegermos do estresse é através do humor. Para explorar esta possibilidade, Cann executou um experimento usando o filme mais sanguinolento do mundo, um que orgulha-se de ser proibido em mais de 40 países.

Meu palpite é que, se você tiver mais de 30 anos de idade, já ouviu falar em *Faces da Morte*. Foi lançado em 1978, e ninguém tinha visto nada assim antes. Ele exibe cena após cena de mortes horrendas, todas apresentadas como imagens reais, com narração do tipo de Rod Sterling. Homens são queimados, famílias são encharcadas em gasolina, ciclistas são atropelados por caminhões – tudo em esplendor de cores. Embora o advento do YouTube e acusações de falsidade tenham diminuído o impacto do filme ao longo dos anos, ainda é bastante sangrento. Poucas pessoas conseguem vê-lo por mais do que alguns minutos sem sentirem-se mal.

É por isso que eu acho tão impressionante que Cann tenha conseguido convencer o conselho da universidade a permitir-lhe mostrar a indivíduos um excerto de 20 minutos do filme, só para ver o que aconteceria. Alguns indivíduos começaram com 16 minutos de comédia *stand-up* e então viram as cenas de morte. Para eles, o humor deveria fornecer proteção, uma espécie de inoculação para as cenas macabras a seguir. Outros viram a comédia depois. Para eles, era uma forma de recuperação, uma chance de permitir que suas mentes voltassem à normalidade. Um terceiro grupo de indivíduos simplesmente assistiu a um documentário de viagens. Às vezes, o documentário veio antes das cenas de morte, às vezes depois.

Os resultados de Cann mostraram que o *stand-up* ajudou os indivíduos a lidar com o filme estressante, especificamente diminuindo a tensão percebida. No entanto, esses benefícios foram limitados a um grupo em particular, ou seja, os indivíduos que viram a comédia primeiro. De fato, o estudo mostrou quase nenhum benefício em **terminar** com uma comédia, porque aí já era tarde demais. Os únicos benefícios foram observados quando os indivíduos foram colocados em um bom estado de espírito assim que a experiência começou.

Esta última descoberta é importante porque mostra que o humor não é tanto uma cura mágica, mas uma forma de prevenção. Como o exercício antes de uma corrida, ele prepara nosso corpo para o estresse ainda por vir. Isto pode parecer ir contra a experiência de Cousins, uma vez que ele não começou a rir até depois de ser diagnosticado. Mas tenha em mente que, exceto por fornecer um leve exercício, o riso não muda o corpo diretamente. Ele funciona através da mente. Ele cria uma perspectiva protetora, e isso é o que reforça nosso sistema imunológico e ajuda-nos a passar pelas horríveis cenas de morte. Esta perspectiva é fundamental, ajudando a colocar os indivíduos de Cann em um bom estado de espírito para prepará-los para o sangue que se seguiu. É também o que Cousins cultivou ao isolar-se em seu quarto de hotel, recusando-se a aceitar as probabilidades que seus médicos lhe deram.

Um neurocientista amigo meu uma vez compartilhou comigo o que ele chamou de o maior presente da evolução para as criaturas vivas: a capacidade do cérebro, em tempos de danos extremos a nossos corpos, de parar de liberar substâncias químicas associadas a dor e alarme. Em vez disso, ele libera endorfinas, o equivalente da natureza para morfina. Do ponto de vista evolutivo, é difícil ver os benefícios de tal liberação. Ela não aumenta a energia e também não promove a recuperação. Ela simplesmente oferece conforto psicológico, tornando nossos **momentos mais difíceis em pacíficos em vez de aterradores**. Aparentemente, a natureza pensou que era importante o suficiente.

Compartilho esta história para apresentar o conceito de perspectiva positiva, que também está relacionada ao humor. Eu não estou falando sobre aguentar a dor associada a ataques de ursos ou tigres; em vez disso, o que quero dizer é que o humor ajuda-nos a superar danos psicológicos. Pessoas bem-humoradas experimentam o mesmo número de eventos estressantes que todo mundo, e sabemos isso porque os cientistas realmente contaram. No entanto, como os pesquisadores mostraram, pessoas que riem fácil, tendem a esquecer essas experiências estressantes mais rapidamente do que aqueles que as rodeiam. O humor também ajuda-nos a ignorar os acontecimentos em nossas vidas que poderiam causar-nos dor ou dano. Pessoas bem-humoradas podem não experimentar uma vida mais fácil do que aqueles em torno delas, mas elas muitas vezes se sentem como se o fizessem. Elas conseguem bloquear as experiências negativas quando elas terminam e seguir em frente.

Talvez seja por isso que os médicos estejam finalmente aceitando o conselho de Cousins e incorporando o humor como parte de seus tratamentos médicos. Eventos cômicos estão proliferando agora em hospitais de todo o país. Por exemplo, aquele do St. Jude Children's Research Hospital[57] em Memphis, no Estado de Tennessee, no qual são distribuídas almofadas de "pum" e filmes engraçados para manter os pacientes rindo. Ou o programa de Humor Terapêutico do Rochester General Hospital em Nova York. Ele distribui vídeos e quadrinhos cômicos a seus pacientes, que relataram depois um decréscimo de 50% no estresse como resultado do programa. E depois há o Big Apple Circus, que envia **"unidades de clownterapia"** para hospitais de Nova York para visitar crianças doentes e suas famílias.

Quando o filme *Patch Adams – O Amor é Contagioso* foi lançado em 1998, vários críticos reclamaram que ele minimizava a im-

---

57 – NT: Hospital de Pesquisa Infantil São Judas.

portância da medicina na recuperação. Riso e atitude positiva são certamente benéficos, eles disseram, mas são de pouca ajuda se o paciente morre no fim. Isso é verdade, mas também é verdade que pacientes que recebem as melhores drogas e tratamentos médicos às vezes morrem, apesar dos melhores esforços de médicos e hospitais. O humor sozinho pode não nos manter saudáveis, mas pode reduzir a quantidade de dor em nossas vidas, seja real ou percebida. Também pode fortalecer nosso coração e sistema imunológico e, presumindo que o usemos positivamente, melhorar nosso bem-estar psicológico também. Então o riso realmente **é** o melhor remédio, desde que seja combinado com o exercício, uma dieta saudável e uma dose ocasional de penicilina.

O humor é muito parecido com trocar as fraldas de um bebê: ele não necessariamente resolve todos os nossos problemas, mas com certeza torna as coisas mais agradáveis por um tempo.

7

» O Humor Dança

> *"Eu descobri que conseguir uma risada é mais um truque de timing do que de verdadeira inteligência."*
>
> — GORE VIDAL

Agora que temos mais de 40 anos, minha esposa Laura e eu não saímos mais até tarde. A transição foi lenta mas inconfundível; quando éramos jovens, frequentemente saíamos para jantares, filmes e *show*s de comédia. Então, quando o trabalho e outras responsabilidades começaram a competir por tempo, essas atividades começaram a mudar. Nós ficamos mais inclinados a nos levantar cedo para caminhadas ou passeios de bicicleta. Idas a bares tarde da noite transformaram-se em noites calmas com amigos íntimos. Nós ainda íamos a jantares e boates, porém já não eram do tipo com bandas ao vivo. Eram aqueles aonde já tínhamos ido antes, onde já conhecíamos o cardápio.

Então, quando eu perguntei a Laura se ela gostaria de ir comigo a um clube de comédia como pesquisa para este livro, eu esperava que ela se recusasse. Rapaz, eu estava errado!

"Vamos esta noite", ela recomendou. Ela não perguntou quem era o astro ou a que horas o *show* começaria. "O que eu visto? Vamos jantar antes? Você acha que algum de nossos amigos gostaria de se juntar a nós?", questionou Laura. Respondi a cada pergunta o melhor que pude, tentando não pensar demais se nossa transição à vida adulta tinha sido uma decisão mútua. Ela topou assim que o convite saiu de minha boca.

Acabamos indo ao Magooby's Joke House, que é um dos mais populares clubes de comédia em Baltimore e fica apenas a uma pequena distância de nossa casa no leste de Maryland. Localizado em um teatro de 400 lugares, com teto alto e assentos em arquibancada, era o tipo de lugar onde todo mundo tem uma excelente visão. Como a maioria das salas de espetáculo, ele oferecia uma variedade de aperitivos de queijo e batata, bem como um cardápio elaborado de bebidas com nomes como: *O Pirata Cego* e *Lâmpada Biruta*. Assim, a noite começou bem.

O primeiro artista era o mestre de cerimônias do clube, Mike, e embora não fosse ruim, não me fez rir muito. Sua comédia era diferente do tipo que eu costumo gostar de assistir, com piadas que eram certas e populares e um estilo de apresentação usando expressões faciais e movimentos exagerados. Em um certo momento, Mike brincou sobre o Facebook e como ele o achava estúpido. Depois, perto do fim de seu ato, ele recebeu muitos aplausos ao perguntar se alguém na plateia odiava o Pittsburgh Steelers[58]. Em Baltimore, isso é como perguntar a uma multidão de alunos da Universidade do Estado de Ohio se alguém odeia a Universidade de Michigan.

A apresentação seguinte foi um pouco melhor, mas eu já mal esperava pela atração principal, Rich Voss. Eu conhecia Voss porque eu tinha assistido ao *Last Comic Standing*, um programa da NBC

---

58 – NT: time de futebol americano de Pittsburgh, rival histórico da equipe de Baltimore, o Baltimore Ravens.

onde comediantes profissionais apresentavam-se a cada semana e eram votados para sair um por um, ao estilo do programa *No Limite*. A audiência foi ruim e o programa foi cancelado, embora eu me lembre de Voss porque ele foi um dos competidores mais engraçados e simpáticos da temporado de abertura. Uma parte regular envolvia os comediantes dando entrevistas gravadas e Voss sempre deu a sua em uma banheira, geralmente acompanhado de um dos outros comediantes, David Mordal. Era absurdo e estranho e, para mim, absolutamente hilariante. Então, eu estava animado por estar no Magooby's naquela noite.

Mas assim que Voss começou sua apresentação, eu podia ver que Laura não estava impressionada. Ele começou com algumas piadas raciais e insultos lançados ao público, um estilo confrontador que eu suspeito tinha a intenção de estimular as pessoas logo de início. Em seguida, ele mudou para tópicos mais populares, como **filhas adolescentes** e **flatulência conjugal** e, embora eu risse com frequência, Laura quase não riu. Ela ainda estava se divertindo, mas claramente ela não estava se conectando com o estilo de **humor negro** de Voss. Em um certo momento, ele fez um comentário sobre namoro, e como o homen não namora apenas a mulher, mas também todas as suas amigas, parentes e ex-namoradas. Eu sabia que Laura devia ter achado esta piada engraçada, porque era exatamente seu tipo de humor, no entanto, conseguiu apenas uma risada, nada mais. Agora tornara-se pessoal. Ela claramente não gostava de Voss.

Após a apresentação, nós concordamos que tinha sido uma ótima noite e que deveríamos fazê-lo novamente em breve. Então Laura comentou que voltaria simplesmente para ver o mestre de cerimônias, o artista do qual eu não tinha gostado. Ele era hilário, disse ela. Quando eu comentei que eu não achava que suas piadas foram originais, ela disse que também não, mas que ela adorava a maneira como ele as contava. Era como se tivéssemos experimentado apresentações completamente diferentes.

Não é que Laura tivesse se ofendido com o humor de Voss. Embora suas piadas fossem frequentemente vulgares, minha mulher – uma oficial militar aposentada que passou um tempo significativo no mar no Pacífico Norte – não se ofende facilmente. Em suma, não há muito que ela não tenha visto ou ouvido. E embora eu tenha instruções explícitas para não fazê-la parecer com um estivador, digamos apenas que quando Laura é estimulada, seus palavrões poderiam deixar Mark Twain corado. **Então, qual é?**

Claramente, cada um dos artistas merecia estar no palco e cada um conseguiu muitas gargalhadas. A diferença foi realmente de conexão. Eu nunca me conectei com Mike, o mestre de cerimônias, e não gostei de como ele manipulou sua plateia. Laura nunca se conectou com Voss e não gostou de seu austero estilo de Nova Jersey. Estas diferenças destacam a natureza social do humor e o quanto ele envolve relações entre as pessoas.

Este capítulo explora essas relações. Anteriormente no livro, analisamos como o humor viola as expectativas em um nível psicológico, levando a *scripts* revisados. Agora veremos como as expectativas também existem em um nível social. Comediantes bem-sucedidos manipulam sua plateia por meio do controle de suas expectativas, o que para Mike, o mestre de cerimônias, significou começar com algumas simples piadas populares e, para Voss, significou insultar vários membros da plateia. Cada abordagem modelou como o público reagiria aos gracejos e piadas dos artistas. Estes estilos permitiram que relações se formassem mas, em cada caso, conexões danificadas significaram humor falho. Ao longo das próximas páginas exploraremos o porquê, mostrando como o humor tira proveito dos aspectos mais desafiadores de nossas relações sociais, como a sutileza, a ambiguidade e o conflito. Também veremos como o humor nos une ao cultivar as expectativas compartilhadas e então destruí-las.

Humor e Dança

O psicólogo e filósofo William James disse uma vez que bom senso e humor são a mesma coisa movendo-se em velocidades diferentes. **O bom senso anda, mas o humor dança**.

Dançar é realmente a analogia perfeita de como o humor funciona. O humor, como a dança, é por natureza um fenômeno social.

Tente contar uma história engraçada em uma sala vazia e você verá o que quero dizer. Sem ter outros rostos para os quais olhar para ver uma reação, achará que a piada não é uma piada. O humor requer tanto um contador quanto um receptor, e seu sucesso depende do quanto um influencia os pensamentos e expectativas do outro.

A analogia da dança também destaca o papel importante, mas fugidio, do ritmo. Na dança, há sempre uma batida clara. O humor também tem uma batida, e a chamamos de *timing* cômico, mas não há nenhuma secção rítmica, somente nossos instintos e nossa capacidade de ler o público. Então, homens descoordenados como eu, que podem não conseguir dançar, mas podem fingir seu desempenho durante uma música mordendo o lábio e ouvindo atentamente a linha do baixo, não têm rede de segurança. Coloque-nos em frente a uma plateia e peça-nos para contar uma piada e poderemos muito bem representar uma mamba usando protetores de ouvido.

Vale a pena abordar o *timing* cômico porque, como observado anteriormente, o humor requer uma conexão entre as pessoas, e isso significa estar em sincronia com nossa plateia. Alguns comediantes, como Robin Williams, tendem a acelerar antes do desfecho da piada. Outros, como Steven Wright, reduzem a velocidade. Talvez por isso os humorologistas comparem *timing* cômico ao *jazz*. A improvisação é a chave para ambos, com o início e a duração de cada nota dependente de todos as que vieram antes dela. Isto cria a brincadeira e o risco constante de surpresa.

Um dos poucos experimentos reais para medir o *timing* cômico foi conduzida por nosso velho amigo Salvatore Attardo que, como vimos no Capítulo 2, também desenvolveu a **teoria geral do humor verbal**. Attardo gravou 10 pessoas falantes enquanto contavam piadas, e então ele desmembrou as gravações de três maneiras importantes. **Primeiro**, ele mediu sua taxa de fala, essencialmente a **velocidade** com que os contadores da piada falaram durante a introdução e o desfecho. Em **segundo** lugar, ele mediu seu **tom** e **volume**, procurando alterações que sinalizavam reviravoltas humorísticas iminentes. Em **terceiro** lugar, ele procurou por **pausas**, variando de menos de um quinto de segundo (200 milissegundos) até mais de quatro vezes esse tempo. Sua hipótese era que os falantes fariam uma pausa antes de chegar ao desfecho e que os próprios desfechos seriam feitos mais rápido e mais alto do que o resto da piada.

Infelizmente, suas hipóteses não foram confirmadas. Nem sequer um aspecto do desfecho foi diferente do resto da piada.

"Pegou-me totalmente de surpresa", diz Attardo. "Era para ser um daqueles estudos onde você espera confirmar o que todo mundo já sabe que é verdade, então todo mundo aplaude e segue em frente. Mas nós descobrimos exatamente o oposto... Deu um pouco de trabalho para mostrar que não tinhamos estragado tudo, embora agora seja muito bem reconhecido que estes marcadores não distinguem os desfechos como nós pensamos que eles faziam", complementou Attardo.

Esta descoberta rebateu o que os cientistas chamam de teoria folclórica do relato de piadas. Teorias folclóricas são crenças que todos "sabem que são verdadeiras" sem nunca ter visto a prova. Aí vão alguns exemplos: "Usamos apenas 10% de nosso cérebro." "Pessoas cegas ouvem melhor do que aqueles com visão." "Mensagens subliminares influenciam nosso comportamento." O problema com tais crenças é que, embora sejam comuns, elas também são **incompletas** ou **erradas**. Sim, uma pequena percentagem do cérebro possui funções predeterminadas no nascimento, mas isso não significa que o resto não seja importante também. Pessoas cegas às vezes experimentam audição superior, mas somente quando a cegueira ocorre durante a infância, enquanto seu cérebro ainda é plástico. E a menos que você seja um personagem de um seriado de comédia ruim, ser exposto a uma mensagem subliminar não vai fazer você fazer algo que não faria normalmente, como xingar seu chefe ou fazer uma cena em público. Pode fazer uma palavra vir à mente um pouco mais rápido do que o habitual, mas há poucas provas de que os efeitos sejam mais amplos do que isso.

A teoria folclórica do humor é que o desfecho se distingue por pausas e tom mais elevado, uma crença que, como aquelas outras teorias folclóricas, contém um pequeno grão de verdade. A complicação vem na forma de "paratons", que é como os linguistas chamam os parágrafos falados. Paratons tendem a acabar com volume e tom **mais baixos**, não mais alto como nas piadas. Já que as piadas muitas vezes vêm no fim dos paratons, quaisquer alterações em volume ou tom anulam-se mutuamente. Isso explica por que Attardo não viu nenhuma diferença em suas medidas: as piadas não eram salientes o suficiente para superar a tendência natural dos contadores ou narradores a terminar com um tom baixo.

Embora os efeitos do *timing* não apareçam experimentalmente, ainda sabemos que eles existem. Todos nós já ouvimos alguém destruir uma piada ao pular uma pausa necessária ou acelerar justo quando precisava ir mais devagar. Essas pausas e mudanças de andamento transmitem informações importantes. Na verdade, a comunicação eficaz envolve muito mais do que apenas palavras; ela também depende do que não é dito, ou o que está implícito através de hesitação e mudanças no tom. Estas pistas apresentam muitas camadas de significado e, como vimos, o humor é baseado em significados múltiplos. Comediantes profissionais usam pausas e mudanças de andamento para construir expectativas e sinalizar reviravoltas iminentes e, sem essas manipulações, não há humor. **Apenas a narração prolongada de uma história!**

É por isso que não esperaríamos medir a comicidade de uma piada usando pausas e entonação, porque estes são apenas sintomas de um fenômeno muito mais amplo. Esse fenômeno é a ambiguidade, que ocorre não apenas dentro de nosso cérebro, mas entre as pessoas também. O desfecho não é o estrondo da piada, apenas a ferramenta que usamos para chegar a uma resolução final. A construção – cheia de pausas, mudanças no volume e todos os tipos de outros indicadores sutis – é onde o humor começa, porque este é o lugar onde a ambiguidade é semeada. Você não pode simplesmente olhar para uma parte específica de uma piada para encontrar o humor, porque ele está em todos os lugares.

Para ver como o humor depende de mais do que apenas o desfecho, apenas ouça qualquer piada ou história engraçada e observe quando as pessoas riem. O riso quase sempre ocorre ao longo de piadas inteiras, não apenas no fim. Uma pesquisa recente de quase

200 piadas narrativas, que são normalmente longas e contadas em conversas naturais, mostrou que a maioria envolvia introduções que suscitaram risos bem antes do fim. Estas piadas "iniciais" são chamadas de *jab lines*[59] e qualquer piada narrativa particular pode ter várias. Nem todas as piadas iniciais farão os ouvintes rirem, mas elas são partes importantes da piada porque estabelecem uma conexão com o público. Considere a seguinte piada que contém várias piadas iniciais diferentes, cada uma sublinhada:

> *Um homem queria ter um animal de estimação para lhe fazer companhia em casa. Depois de deliberar um pouco, decidiu por um papagaio e escolheu um que, o vendedor lhe assegurou, era bem treinado com um grande vocabulário de palavras. Ele levou o papagaio para casa e descobriu que ele sabia um monte de palavras, a maioria delas vulgares, e que ele tinha um comportamento reprovável ao pronunciá-las. O papagaio vomitava grosseria e vulgaridade toda vez que o homem entrava na sala, e o homem se propôs a mudar a atitude do papagaio. Ele tentou repetir palavras legais e educadas perto do pássaro, tocar música suave, não dar petiscos especiais quando ele xingava, mas nada parecia funcionar. O pássaro parecia ficar mais irritado e xingava-o ainda mais. Finalmente, desesperadamente cansado da xingação, ele abriu o freezer e enfiou o papagaio lá dentro. Depois de alguns minutos, a xingação e gritaria pararam e tudo ficou quieto. O homem ficou com medo de ter machucado o pássaro, então ele abriu a porta do freezer para verificar. O papagaio olhou em volta, piscou, curvou-se educadamente e recitou: "Senhor, eu sinto muito se o ofendi com minha linguagem e ações. Eu peço seu perdão e eu tentarei controlar meu comportamento de agora em diante." Atônito, o homem apenas acenou com a cabeça e levou o papagaio de volta*

---

59 – NT: Como vimos anteriormente, *punch line*, e agora, *jab line*. *Punch* e *jab* são basicamente sinônimos e significam **soco** em português. A diferença é que o segundo é visto como um soco rápido ou curto em comparação ao primeiro. Há uma comparação do desfecho da piada com um soco, e dessas piadas iniciais na narrativa como socos menores antes do maior no fim.

para sua gaiola. Quando ele fechou a porta, o papagaio olhou para ele e disse: "Por falar nisso... O que é que o frango fez?"

Neste exemplo, seis piadas iniciais precedem o desfecho. Eu o desafio a omitir qualquer uma delas sem suavizar a piada.

Levando a ideia de piadas iniciais um passo adiante, a maioria dos comediantes vivem por aquilo que é conhecido como **"A lei de três"**. Esta lei estabelece que quando o ritmo é necessário para estabelecer o tom ou o andamento de uma piada, pelo menos três partes são necessárias. Como exemplo, considere o seguinte piada de Jon Stewart: *Eu comemorei Ação de Graças de maneira antiquada. Convidei todo mundo na vizinhança para vir a minha casa, fizemos um enorme banquete, então eu os matei e fiquei com suas terras.* A piada não seria engraçada sem a menção do convite ou do banquete, porque o *timing* estaria errado. O humor exige uma chance para se aquecer, e este tempo necessário é muito difícil de medir. Talvez seja por isso que os comediantes trabalhem tanto na ordem e no tema de suas apresentações; uma simples série de piadas sem ordem não é exatamente uma apresentação de comédia. Também não é provável que construa um relacionamento com a plateia.

Como a dança, o humor é uma forma de comunicação interpessoal, embora seja uma forma complexa. O que achamos engraçado depende não apenas de *timing* e ritmo, mas também do desenvolvimento acumulado de ideias levando em direção a um ponto final. O que diferencia o humor de outras formas de comunicação é que ele busca as regras para que possa quebrá-las. Em inglês (ou em português), espera-se que as ideias sejam apresentadas de forma clara. O humor viola essa expectativa, levando-nos a acreditar em uma coisa, então surpreendendo-nos com o verdadeiro significado pretendido. Observamos isto anteriormente em relação aos *scripts*, e o vemos agora em relação à comunicação entre as pessoas.

Paul Grice é filósofo da linguagem, mais conhecido por desenvolver o que ele chama de **"princípio cooperativo"**. Apresentado pela primeira vez em 1968, durante uma série de palestras em Harvard, o princípio cooperativo descreve quatro regras que regem a comunicação educada e eficaz, essencialmente um guia para uma conversa adequada. Por exemplo, a primeira regra de Grice, a **máxima de quantidade**, sustenta que devemos comunicar pelo menos a quantidade de informações necessárias, mas não mais. Se alguém me perguntar se eu sei que horas são e eu responder "sim" em uma tentativa de ser engraçado, isso seria uma violação da máxima de quantidade de Grice porque, além de ser um idiota, eu também estou fornecendo significativamente menos informação do que foi solicitado.

As regras de Grice – ou **máximas**, como são chamadas dentro do campo da linguística – destacam a **natureza social do humor**. Também são úteis para identificar os tipos de violações sociais exploradas pelas piadas. Como exemplo, considere a segunda regra de Grice, **a máxima de relação**, que diz que nossas afirmações devem permanecer relevantes, sem mudanças injustificadas de direção ou tópico. Se eu contar a piada *Quantos surrealistas são necessários para trocar uma lâmpada? Peixe!*, então eu estou violando esta máxima, porque a minha resposta não tem nada a ver com a questão real, apesar de sua declaração implícita sobre o surrealismo em si. E se eu disser que *Eu acho que o mamão é bom para as crianças, mas só quando o carinho não funciona*[60], eu estou violando a terceira regra de Grice, a **máxima de modo**, que diz que devemos sempre evitar obscuridade e ambiguidade. Por último, a **máxima da qualidade** de Grice sustenta que devemos declarar apenas o que é definitivamente verdade. *Qual é a diferença entre sogros e bandidos? Os bandidos são procurados*[61].

>> <<

Algumas piadas funcionam com base no que **não** é dito, o que demonstra que podemos violar mais de uma das máximas de Grice de uma vez com base no que deixamos implícito. A piada *Como Helen*

---

60 – NT: A palavra ambígua em inglês era *clubs*, que pode significar clubes ou tacos.

61 – NT: *What's the difference between in-laws and outlaws? Outlaws are wanted.* *In-laws* – sogros ou dentro da lei; *outlaws* – bandidos ou fora da lei; *wanted* – desejado ou procurado.

Keller queimou sua orelha? Ela atendeu o telefone inicialmente parece violar a máxima de modo de Grice, porque a resposta não se relaciona com a pergunta. Mas se você souber que Helen Keller era **cega**, então a piada deixa implícitas ações adicionais quase não indicadas pela resposta. Na verdade, ela viola pelo menos três das máximas de Grice por ser mínima, irrelevante e obscura, tudo ao mesmo tempo. Não explica por que Keller atendeu o telefone, já que ela também era **surda**, mas suponho que isso apenas apresente ainda mais obscuridade.

Alguma vez você já enviou uma piada por *e-mail*, só para vê-la sair pela culatra porque o humor se perdeu sem tom ou contexto? Claro que sim, o que nos traz a uma exceção: a **ironia**. A maior parte do humor envolve manobras sutis de significados ocultos e pretendidos. Ao contrário, a ironia – particularmente na forma de sarcasmo – **não é sutil**. Trata de confrontos diretos entre significados aparentes e secundários. Isto a torna o único tipo de humor onde a apresentação cômica é facilmente mensurável.

Estudos mostram que, dependendo da natureza da conversa, a linguagem irônica ou varia muito em tom, ou fica completamente monótona. Em outras palavras, quando as pessoas começam a falar ironicamente, o grau de variação em seu tom de voz vai aumentar ou diminuir. Isso pode parecer difícil de detectar, mas na verdade não é: se alguém de repente começa a falar de forma diferente do que um momento antes, essa pessoa está provavelmente sendo irônica. A ironia também se mostra no rosto. Quando as pessoas usam linguagem irônica, como o sarcasmo, seu rosto tende a ficar sem expressão – muito parecido com a cara de quem joga *poker*, exceto que a expressão revela conhecimento oculto em vez de escondê-lo. Por este motivo, alguém falando ironicamente pode ser reconhecido em uma fita de vídeo, mesmo quando o volume é desligado.

O humor é realmente um fenômeno social. Envolve a construção de expectativas pessoais e sociais, e quando essas expectativas são quebradas, coisas engraçadas acontecem. Da mesma forma que dançar com um parceiro e, então, de repente dar um giro inesperado nessa pessoa, **uma boa piada adiciona tempero a uma conversa comum**.

Pressão do Grupo

Um padre, um rabino e um monge entram em um bar. O barman diz: "O que é isso? Uma piada?"

Eu ri a primeira vez em que ouvi esta piada, não só porque é estranha, mas porque ela destaca o que eu chamo de o aspecto metanível de alguns tipos de humor. À primeira vista parece violar todas as quatro máximas de Grice, porque não há comunicação entre os participantes imaginados. O padre, o rabino e o monge não dizem nada, então o comentário do *barman* é surpreendente. Também parece deslocada, ou seja, a menos que você considere que existe um longo histórico de piadas envolvendo dois ou mais personagens entrando em um bar. Esta piada se baseia em conhecimento prévio e igualmente no pressuposto de que o leitor espera uma piada. Em essência, então, a piada sai do contexto da comunicação entre três membros do clero e um *barman* e torna-se um comentário sobre o próprio processo de contar piadas.

Chamamos estas piadas de meta-humor porque envolvem **metaconhecimento** de contar piadas em geral, ou seja, elas levam a ideia de humor como violação social a um nível além apenas ao quebrar as regras educadas de conversa. No filme *Quanto Mais Idiota Melhor* (*Wagner's World*), há uma cena próxima ao fim onde Wayne abre uma porta revelando uma sala cheia de soldados treinando para uma luta estilo ninja. Seu amigo Garth pergunta o que ele está fazendo, e Wayne olha para a câmera (a regra não-não número um do cinema) e diz que eles não são **nada relevantes**. Ele apenas sempre quis abrir uma porta revelando uma sala cheia de soldados treinando como se estivessem em um filme do James Bond (regra não-não número dois: os lutadores não tem nada a ver com o enredo). É o mais meta a que se pode chegar.

A ideia de sair fora das regras normais de humor é importante, porque mostra como os comediantes nem sempre falam literalmente. Quando ouvimos uma piada, construímos certas expectativas, apenas para tê-las violadas para fins de entretenimento. Esta violação controlada permite aos comediantes que falem indiretamente, transmitindo mensagens que talvez não sejam apropriadas se o tema fosse abordado de frente. Considere Daniel Tosh, por exemplo. Tosh apresenta um *show* de comédia baseado em clipes no Comedy Central chamado *Tosh.0*. Nesse *show*, ele frequentemente compartilha comentários racistas e misóginos com os telespectadores e, levados a nivel superficial, os comentários parecem sugerir que o próprio Tosh odeia mulheres e minorias. Não é assim. Uma análise mais aprofundada revela que Tosh não está zombando desses grupos, ele está zombando dos próprios estereótipos. Por exemplo, quando Tosh incita seus espectadores a espiar mulheres e inadequadamente tocar suas barrigas (eca!), ele não está defendendo o assédio sexual. Em vez disso, ele está satirizando um fenômeno social incomum e inapropriado que envolve mulheres grávidas, e então explorando essa situação por uma questão de humor.

Ainda assim, os comediantes que usam essa forma de humor ineficazmente às vezes metem-se em problemas. Quando Michael Richards (o comediante conhecido por interpretar Kramer na série cômica de TV *Seinfeld*) subiu ao palco do Laugh Factory em Los Angeles, em 17 de novembro de 2006, ele cometeu dois erros. Primeiro, perdeu a calma quando um grupo de fãs indisciplinados interromperam sua apresentação. Eles gritaram e disseram que ele não era engraçado e, em troca, ele comentou que 50 anos antes tal comportamento teria levado os importunadores afroamericanos a serem pendurados de cabeça para baixo. Então, como se isso não bastasse, ele sacou alguns epítetos raciais e ainda fez uma referência explícita ao linchamento. Mas seu segundo erro foi ainda pior, ele simplesmente não foi engraçado. Se ele tivesse convencido o público que tais comentários não eram suas opiniões próprias, mas um comentário sobre a própria escravidão, o incidente provavelmente não teria sido tão marcante. Ele poderia ter sido acusado de ir longe demais, mas pelo menos a maioria das pessoas não o teria considerado racista, e um **racista sem graça**.

Mais uma vez vemos que o humor é um ato social. Os contadores de piada hábeis percebem que o que está sendo comunicado não é apenas uma piada, mas uma mensagem sobre a relação entre

narrador e **receptor**. O receptor contribui com o humor tanto quanto o narrador o faz, trazendo um rico conjunto de expectativas e – **otimisticamente** – a vontade de olhar mais fundo do que as palavras na superfície da piada.

Devo confessar que a primeira vez que vi *O Grande Lebowski*, eu não gostei. Dezenas de amigos haviam me dito que eu **tinha** que vê-lo; ainda assim, quando aluguei o DVD e acomodei-me em uma tarde preguiçosa de domingo para assistir ao filme, fiquei muito desapontado. Parecia lento, um pouco ridículo, e o humor era esporádico. Eu sei que há coisas piores a admitir, mas para mim foi difícil porque todo mundo que eu conhecia disse que o filme era ótimo. Mas então, uma noite, quando um grupo de amigos veio a minha casa para churrasco e cerveja, eu cedi a sua insistência e, juntos, tentamos novamente. Eu ri mais do que havia feito em semanas, e *O Grande Lebowski* logo se tornou um de meus filme favoritos.

Como esta anedota mostra, o humor às vezes é até mesmo coletivo – como na dança, a batida cômica é mais fácil de ser seguida com outras pessoas ao redor. Para ver como incongruências e momentos de absurdo são compartilhados entre pessoas em um ambiente experimental, vamos observar um estudo realizado por Willibald Ruch, a quem já encontramos várias vezes. No campo da psicologia, os pesquisadores geralmente mantêm-se neutros e em segundo plano. Não queremos influenciar nossos indivíduos porque não somos parte do fenômeno em estudo. Mas e se nosso objetivo for ver se o estado de espírito do pesquisador pode influenciar as avaliações humorísticas do participante? Será que a violação do protocolo experimental poderia fazer um indivíduo rir mais de uma piada, simplesmente definindo um tom bem-humorado?

Para testar a natureza social do humor, Ruch pediu a cada um de seus 60 indivíduos para sentar-se em uma sala com uma televisão, momento em que uma pesquisadora do sexo feminino explicava que eles assistiriam a segmentos de 10 minutos de 6 comédias famosas, por exemplo, do grupo *Monty Python, O Sentido da Vida*, uma série particularmente absurda de esquetes humorísticas. Câmeras foram ajustadas para registar as reações dos indivíduos aos filmes, e lhes foi dito que depois seria pedido que classificassem sua comicidade. Imediatamente após esta introdução, a pesquisadora retirava-se da sala de modo que as pessoas pudessem ver as comédias sozinhas.

A manipulação interessante ocorreu após o terceiro filme, quando a pesquisadora retornou à sala. Na condição de controle, ela sentou-se calmamente atrás do indivíduo, lendo um livro e não fazendo qualquer comentário sobre o filme. No entanto, na condição experimental ela não ficava nada quieta. Ela comentou ao entrar que os próximos três filmes eram seus favoritos, e riu de forma audível durante vários momentos dos filmes. Para evitar alertar o indivíduo da manipulação, certificou-se de não rir por muito tempo ou muito obviamente.

Os resultados foram surpreendentes. Os indivíduos que experenciaram a "pesquisadora bem-humorada" riram mais intensamente e com mais frequência do que aqueles acompanhados pela pesquisadora silenciosa – quase duas vezes mais. Eles também julgaram os três últimos segmentos de filmes como sendo mais engraçados do que o grupo de controle o fez, indicando que a influência da pesquisadora afetou não apenas seu comportamento, mas suas percepções também. Foi como se a presença da "pesquisadora bem-humorada" fizesse com que os indivíduos gostassem mais do humor.

>> <<

A influência que os outros têm sobre nossos estados de espírito subjetivos, particularmente o humor, é bem conhecida. É por isso que programas de televisão usam sons de riso: os produtores sabem que, **quando ouvimos riso, queremos rir também**. Como o estudo de Ruch demonstrou, as avaliações do humor podem ser influenciadas simplesmente expondo os indivíduos ao riso. Outros estudos descobriram que os indivíduos riem mais e classificam as piadas como mais engraçadas quando um ator nas proximidades compartilha de suas risadas, e que os partidários risonhos não têm que estar visíveis desde que possam ser ouvidos. Na verdade, nem precisamos ouvir os outros rirem; simplesmente nos dizerem que um amigo está próximo e apreciando uma fita de vídeo divertida é o suficiente para aumentar nossa resposta humorística.

O riso compartilhado é mais pronunciado entre pessoas que estão bem próximas... rimos mais quando cercados de amigos em vez de estranhos... quanto maior a plateia, maior a quantidade de riso compartilhado. Cada uma destas descobertas mostra que o riso é muito mais do que piadas. No entanto, elas também dão a **impressão enganosa** de que **fazer os outros rirem é fácil**.

Quando nos sentimos como se nossas emoções estivessem sendo manipuladas por um comediante, todas as apostas caem por terra. Por exemplo, quando nos é dito que o riso de fundo é enlatado, em vez de ao vivo e em resposta ao material humorístico, as risadas de fundo perdem seu efeito. Ser instruído a rir ou não rir também pode sair pela culatra. Se nos pedem para segurar nosso riso até depois de assistir a uma comédia, somos geralmente capazes de cumpri-lo, apesar de que nossas percepções do humor permanecerão inalteradas, como se não tivéssemos recebido nenhuma instrução. Isto funciona no sentido oposto também. Se nos é dito que uma piada é histericamente engraçada e ela o é, vamos rir e classificá-la de forma adequada. Mas cuidado se um pesquisador disser que uma piada é engraçada e ela não for. Nosso riso vai desaparecer, bem como nossas impressões positivas.

Em suma, o riso não é contagioso como a gripe. Se fosse, nós nunca questionaríamos por que os outros estão rindo; só nos juntaríamos a eles. Ao invés disso, o **humor é social** da mesma forma que nossas amizades são sociais. Quando semelhanças compartilhadas são exploradas conjuntamente, formam-se laços estreitos. Mas quando o riso é artificial, o resultado é tão satisfatório quanto levar sua irmã ao baile. Não é a mesma coisa.

Dois Cérebros, Uma Mente

Nos meus primeiros dias como estudante de graduação, eu testei uma paciente com cérebro dividido e nunca esquecerei a experiência. Pacientes com cérebro dividido literalmente tiveram seu cérebro cortado ao meio, um procedimento chamado de **comissurotomia**, como tratamento para a epilepsia, e o mais incrível é que você nunca saberia seu histórico médico original só de olhar para eles. A pessoa que eu testei chamava-se Linda, e a totalidade de seu corpo caloso havia sido partida quase 40 anos antes. Esta é a grossa faixa fibrosa conectando os hemisférios cerebrais direito e esquerdo, e o dela tinha sido cortado para impedir a propagação das crises que assolavam seu cérebro desde a idade adulta jovem. Embora tratamentos menos radicais sejam agora realizados para alcançar o mesmo efeito, a cirurgia para Linda tinha sido um grande sucesso. Apesar de ter dois hemisférios cerebrais **desconectados**, ela não era apenas saudável, mas quase indistinguível de qualquer outra pessoa que você possa encontrar na rua. Ela era ousada e perspicaz e divertida de estar por perto, exceto quando solicitada a participar em experimentos de laboratório.

O teste foi uma avaliação de EEG da atividade cerebral de Linda enquanto ela realizava uma tarefa de "decisão lexical", que foi descrita no Capítulo 5. Como você deve lembrar, esta tarefa envolve mostrar a alguém sequências de letras e perguntar se elas constituem palavras reais ou não. Era um tarefa difícil para Linda porque ela não gostava de experimentos, preferindo flertar com os mais atraentes alunos de graduação, mas também porque as sequências de letras não foram mostradas no centro de sua visão. Em vez disso, elas foram apresentadas para a esquerda ou direita de onde ela estava olhando, o que chamamos de campos visuais esquerdo e direito. Um aspecto curioso do sistema visual humano é que tudo o que vemos à esquerda de nosso olhar é enviado diretamente para nosso hemisfério direito e vice-versa. A mudança ocorre porque nossos nervos óticos cruzam os lados logo após sairem de nossos olhos e, para a maioria das pessoas, essa curiosidade médica não tem nenhuma implicação, já que os dois lados do cérebro são tão altamente conectados que tudo é compartilhado entre eles imediatamente. Mas não para Linda. Usando essa tarefa, eu podia mostrar ao hemisfério direito de Linda tanto palavras reais quanto sequências de letras sem sentido para ver se ele poderia ver a diferença. Ele podia, embora o lado direito de nosso cérebro não costume contribuir com a linguagem. Isso porque o hemisfério esquerdo é geralmente muito rápido ao falar em uma conversa normal. Para ouvir seu hemisfério direito, eu tinha que olhar diretamente para seu cérebro.

Pacientes com o cérebro dividido como Linda revelam o quanto os dois lados de nosso cérebro são separados e como nosso pensamento é dividido. Já vi isso eu mesmo: Linda repetidamente me garantiu que ela não fazia ideia do que ela estava vendo, mesmo que seu cérebro reconhecesse as palavras claramente. Ela discutia e queixava-se de que estávamos desperdiçando seu tempo com estes testes psicológicos bobos, todas as reivindicações feitas por seu hemisfério esquerdo dominante da linguagem. No entanto, como já observado no EEG, o hemisfério direito sabia o que estava fazendo e estava falando tão alto quanto podia. Ele apenas não tinha acesso à fala, então essa voz tinha que afirmar-se de outras maneiras.

A maioria de nós tem uma abordagem de cérebro inteiro para a vida, porque o corpo caloso nos permite isso. No entanto, os hemisférios de nosso cérebro **são** especializados. Como veremos em breve, uma área de especialização é aquela para as piadas. Linda tinha um notável senso de humor e, de fato, ainda o tem na notável idade de 80 anos. Mas o "lado humorístico" de seu cérebro foi forçado a afirmar-se de forma inusitada, incluindo obstinação e humor obscenos voltados a estudantes de graduação. Enquanto Linda deveria olhar para as palavras, ela costumava me dizer que estava entediada e recomendava que continuássemos o experimento na praia em vez de ali. Ela perguntava se eu tinha alguma bebida alcoólica escondida no laboratório, sugerindo que ignorássemos os experimentos para aproveitar uma *happy hour* mais cedo. Uma vez, ela parou no meio de um experimento para perguntar se doeu quando eu caminhei no sol. Demorei muitos segundos para perceber que ela estava se referindo a minha falta de cabelo, uma condição que não tinha mudado desde o início do experimento, mas de repente precisou de atenção imediata. Às vezes acho que ela se ofereceu para participar de meus experimentos só porque divertia-se muito em me ver ter dificuldade em mantê-la na tarefa.

Para mostrar como o lado direito de nosso cérebro é tão especial para o humor, eu gostaria de apresentá-lo a Howard Gardner. A maioria das pessoas conhece Gardner como o psicólogo do desenvolvimento de Harvard que desenvolveu a popular **teoria das inteligências múltiplas**, mas ele também é pesquisador ativo em vários campos, incluindo o humor do hemisfério direito. É bem sabido que pessoas com danos no hemisfério direito, normalmente como resultado de acidente vascular cerebral (AVC), muitas vezes não compreendem piadas. Gardner realizou um estudo que nos diz o porquê. Especificamente, 24 indivíduos – 12 indivíduos normais de controle e um número igual de pacientes de AVC, todos com dano exclusivamente no lado frontal direito do cérebro – foram expostos a uma série de piadas. No entanto, em vez de apresentar as piadas na sua totalidade, Gardner mostrou apenas as introduções das piadas, junto com quatro fins possíveis. Cada um representava um tipo diferente de conclusão, e apenas um era engraçado. Aqui está uma piada real do experimento:

> *O vizinho que sempre pedia tudo emprestado aproximou-se do sr. Smith na tarde de domingo e perguntou: "Diga-me, Smith, você está usando seu cortador de grama esta tarde?"*
> *"Sim, estou", Smith respondeu cautelosamente.*
> *O vizinho que sempre pedia tudo emprestado então respondeu:*

Aqui vinha a decisão. Quatro diferentes fichas eram mostradas, cada uma com um fim diferente. Qual deles você escolheria para completar a piada?

> *a) "Tudo bem, então você não vai precisar de seus tacos de golfe. Vou levá-los emprestados."*
> *b) "Você sabe que a grama é mais verde do outro lado."*
> *c) "Será que eu poderia usá-lo quando você terminar?"*
> *d). "Nossa, se eu tivesse dinheiro suficiente, eu poderia comprar um para mim."*

Claramente, a) é a resposta certa. As outras três são válidas, só não são engraçadas. A b) tem um fim ilógico, o que significa que inclui um elemento de surpresa (como uma boa piada deveria), mas não fornece nenhuma coerência. A c) não incorpora surpresa e também é direta. E a d) é apenas triste.

Gardner observou que os pacientes com dano no hemisfério direito tinham grande dificuldade de encontrar o fim correto para a piada, identificando-o pouco acima da metade das vezes. Além disso, os erros não foram distribuídos de forma aleatória entre as outras respostas, mas, em vez disso, favoreceu o fim ilógico. Em suma, os pacientes com o hemisfério direito danificado podiam identificar que surpresa era necessária, mas tinham dificuldade para determinar o que tornava a piada realmente engraçada.

A partir do estudo de Gardner, vemos um aspecto importante da perda no hemisfério direito: a **incapacidade de identificar o significado de piadas**. Como descobrimos antes, toda piada envolve tanto a comunicação falada quanto a não falada entre narrador e receptor. Essa comunicação não falada é para que serve nosso hemisfério direito. No exemplo de piada acima, a mensagem não dita é que ninguém quer emprestar algo para um vizinho que nunca devolve as coisas, algo que os pacientes com hemisfério direito danificado não perceberam.

Os cientistas têm estudado as diferenças entre a perda do hemisfério esquerdo e do hemisfério direito há mais de cem anos, mas só recentemente começamos a reconhecer suas implicações para o humor. Dano ao hemisfério esquerdo normalmente leva a déficits de linguagem. Se um AVC toma a seção posterior de nosso giro temporal superior esquerdo, temos dificuldade em compreender a língua escrita ou falada. A perda do giro frontal inferior esquerdo leva a déficits na produção de linguagem. Isto é muito diferente dos efeitos de danos a nosso hemisfério direito. Danos a esse lado do cérebro não prejudicam nossa capacidade de falar ou entender, mas afetam nossa capacidade de nos conectarmos com as pessoas. Em alguns casos, experimentamos um silenciamento de emoções. Em outros, temos dificuldade em seguir conversas ou em compreender aspectos complexos da linguagem, como as metáforas. Ainda em outros, perdemos nossa capacidade de "entender" piadas.

O humor não reside exclusivamente no lado direito do cérebro, mas é certamente dominante no hemisfério direito. Esta lateralidade tem um grande impacto nas interações sociais porque o hemisfério direito também nos ajuda a reconhecer a intenção por trás da comunicação. A **principal diferença** entre uma **mentira** e uma **piada irônica** é o **reconhecimento** de que a declaração irônica não tem a intenção de enganar. Pacientes com dano no hemisfério direito têm dificuldade com o humor irônico porque eles não percebem este aspecto não falado da comunicação. Normalmente, contamos com os gestos e o tom do falante para determinar se a conversa é sarcástica ou irônica. Pacientes com dano no hemisfério direito não fazem isto. Eles funcionam em um nível literal, muitas vezes não percebendo as pistas emocionais e não verbais sutis que de outra forma sugeririam que a conversa é engraçada. São necessários os dois hemisférios para a plena compreensão e apreciação de uma boa piada, embora aparentemente eles não precisem estar conectados.

"O humor é preservado no paciente com cérebro dividido porque ambos os lados permanecem intactos, apenas separados", diz Eran Zaidel, um dos primeiros neurocientistas a estudar o cérebro dividido. Seu orientador de graduação, Roger Sperry, ganhou o prêmio Nobel por descobrir que cada hemisfério pode "pensar" independentemente. "Eu os vi (pacientes com cérebro dividido) exibir um senso de humor maravilhoso também, contando piadas o dia todo", Zaidel continua. "Mas porque habilidades como manter relações sociais são especializadas ao hemisfério direito, enquanto que a linguagem é lateralizada à esquerda, isso torna o humor, por vezes, mais difícil de detectar. Torna-se muito importante a forma como você procura por ele e como você permite que ele se mostre. Você não pode olhar apenas para as palavras", disse Zaidel.

Em uma ocasião, Zaidel contou 14 tipos diferentes de piadas contadas por Linda e um segundo paciente com cérebro dividido, Philip. A diferença entre suas piadas e as do público em geral, no entanto, é que as deles são menos ligadas à linguagem, que reside no hemisfério esquerdo. Isto é especialmente verdadeiro para as piadas contadas por Linda, que raramente usa trocadilhos ou outros jogos de palavras. No entanto, ela se destaca no humor social, especialmente o tipo que faz troça, incluindo de si mesma. "Eu disse a meu marido que sou muito mais inteligente do que ele", ela disse uma vez. "Eu tenho dois cérebros e ele só tem um", complementou Linda.

Nós muitas vezes não apreciamos o quanto os hemisférios trabalham juntos para nos fornecer uma experiência cognitiva completa. Isto tem implicações não apenas para o humor, mas para a própria consciência. Zaidel uma vez fez a Philip uma série de perguntas dirigidas a seus hemisférios direito e esquerdo e descobriu que os dois lados de seu cérebro tinham personalidades e perspectivas de vida diferentes. Seu hemisfério esquerdo tinha relativamente baixa autoestima, enquanto que seu hemisfério direito via-se de forma bastante positiva. O lado direito também experimentava maior solidão e tristeza. O hemisfério direito de outro paciente com cérebro dividido era particularmente influenciado por memórias de infância de ser vítima de *bullying*, mesmo que seu hemisfério esquerdo negasse achar que tais experiências fossem perturbadoras. E então havia o paciente com cérebro dividido que, quando lhe foi perguntado se ele acreditava em Deus, respondeu **"sim"** com seu hemisfério esquerdo e **"não"** com o direito.

Esta divisão de recursos no cérebro tem fortes implicações em como pensamos. Por exemplo, embora o esquerdo faça a maior parte do trabalho pesado quando se trata de linguagem, o direito contribui com a compreensão ao reconhecer sutilezas, incluindo aquelas em piadas. Isto sugere que o hemisfério direito é importante para se chegar a conexões perspicazes. É também importante para a poesia. Quando a linguagem poética na forma de **metáforas criativas** é mostrada ao hemisfério direito do cérebro, nos saímos muito melhor em processar essa linguagem do que quando é mostrada ao esquerdo. Assim, talvez o hemisfério direito seja como nosso amigo não literal, indo de tópico a tópico, ajudando-nos com poesia, piadas e outras atividades artísticas. Sozinho ele estaria perdido mas, quando combinado com o hemisfério esquerdo mais rigoroso e mais literal, nos dá exatamente o equilíbrio que precisamos para continuarmos perspicazes e criativos. Sem um dos hemisférios, poderíamos estar perdidos mas, **com os dois combinados, temos uma poderosa capacidade de compreender e criar.**

Relacionamentos Engraçados

Como fenômeno social, o humor tem um impacto direto sobre nossos relacionamentos. Como vimos, ficar perto de pessoas que riem aumenta a chance de que acharemos uma piada engraçada. Mas a influência também funciona em sentido inverso: ter uma atitude bem-humorada melhora a qualidade de nossas relações sociais. Isso revela algo importante, não só sobre o humor – que ele nos aproxima, fornecendo experiências compartilhadas – mas também sobre os próprios relacionamentos. Nos conectamos com pessoas que compartilham perspectivas semelhantes em relação à vida. O humor é a melhor maneira de descobrir quais são essas perspectivas.

Não precisamos procurar muito para encontrar prova científica de que o humor é importante para o romance. Muitos pesquisadores já perguntaram a pessoas quais traços mais desejam em um parceiro, e um traço está sempre perto do topo da lista: **senso de humor**. Um estudo de 2007, publicado na revista *Archives of Sexual Behavior*[62], descobriu que senso de humor era a segunda característica mais desejada, atrás apenas de **inteligência**. As mulheres classificaram-na em primeiro lugar. Para os homens era a número três, depois de **inteligência** e **boa aparência**.

No entanto, esta afinidade com o humor nem sempre foi tão forte. Em uma pesquisa similar realizada em 1958, o humor foi classificado muito mais baixo entre os traços preferidos das mulheres para companheiros, depois de características como **"bem arrumado"**, **"ambicioso"** e **"toma decisões sensatas sobre o dinheiro"**. Em 1984, foi classificado depois de **inteligência** e **sensibilidade**. E, em 1990, foi o número dois, novamente depois de **sensibilidade**.

Uma possível razão para essa mudança de prioridades é que as mulheres, já que não estão confinadas a um número limitado de postos de trabalho, começaram a esperar coisas diferentes de seus homens. Ambição e habilidades de gerenciamento financeiro são importantes em um parceiro, mas tornam-se muito menos relevantes quando estas responsabilidades são compartilhadas na parceria.

---

62 – NT: *Arquivos de Comportamento Sexual*

Um homem forte e ambicioso é bom, mas melhor ainda encontrar aquele que também seja muito engraçado! Mas isto ainda não responde: **o que há de tão especial no humor?**

Antes de explorar essa questão, precisamos reconhecer que a afinidade com o humor não é universal; isso faz parte de nossa cultura. Por exemplo, o humor quase nunca se sai tão bem em outros países como ocorre nos EUA. Em uma pesquisa com mulheres siberianas, o humor não apareceu sequer entre as dez mais importantes características em um parceiro. Na verdade, ficou mais perto da vigésima. Talvez isso diga algo sobre as mulheres na Sibéria, mas eu acho que diz mais sobre as mulheres nos EUA. Nos EUA, queremos nos **distrair**, **divertir** e **ser entretidos**. Esse desejo não é superficial, mas uma parte importante da construção de relacionamento. Na Sibéria, as pessoas também querem se divertir, mas a **fidelidade** (nº 2), a **confiabilidade** (nº 4) e o **amor pelos filhos** (nº 9) são todos mais importantes porque a vida na Sibéria é difícil. Os russos são um povo jovial e generoso, mas que não haja erro: quando a comida é escassa e a neve e a vodca são abundantes, ter um cônjuge do qual você possa depender para ajudar a manter a casa é **inestimável**.

Talvez o humor seja tão importante, especialmente para as mulheres estadunidenses, porque tenha evoluído para sê-lo ao longo do tempo. Ele nos ajuda a transmitir nossos pensamentos e valores, dois objetivos importantes para a identificação de compatibilidade, e ele também ajuda a construir laços sociais. Do ponto de vista evolutivo, estes benefícios levantam algumas questões interessantes. Por exemplo, será que o humor evoluiu para prever a qualidade dos companheiros? Será que há algo de especial no humor que destaca os homens engraçados como especialmente bons parceiros?

A compreensão de como a seleção natural resulta em qualquer comportamento complexo, incluindo o **humor**, é difícil porque envolve a narrativa especulativa. É como ver uma mesa de bilhar cheia de bolas em movimento e adivinhar a direção e a velocidade do golpe que fez tudo acontecer. No entanto, ainda é útil conjecturar por que o humor se tornou tão importante para nossa espécie. Nunca saberemos ao certo por que ele evoluiu do jeito que se nota hoje, mas os cientistas têm algumas boas teorias, e elas dizem muito sobre as **diferenças humorísticas entre os sexos**.

O argumento evolutivo começa com a premissa de que as mulheres têm mais em jogo na procriação porque elas têm pouquíssimas oportunidades para ter filhos. Cada tentativa, se bem-sucedida, necessita de pelo menos uma dúzia de anos de criação. Suas oportunidades também acabam no fim da meia-idade, o que significa que uma mulher pode não ter muitas tentativas, de modo que cada uma conta. Por outro lado, os homens podem ter vários filhos ao mesmo tempo, quase até a morte, e eles não têm que ficar por perto após sua contribuição inicial. Assim, enquanto os homens podem ser menos exigentes, as mulheres devem ser seletivas e usar iscas sutis para atrair apenas o melhor dos companheiros. O **riso** é uma dessas iscas, assim como o senso de humor é uma das maneiras como os homens mostram sua adequação. O argumento faz pelo menos duas previsões: que as mulheres devem **rir mais** (na verdade, como vimos, elas riem cerca de 125% mais do que os homens) e que o humor deve desempenhar diferentes papéis para homens e para mulheres. Para os homens, a **capacidade de ser engraçado e fazer uma parceira rir** deve ser a consideração mais importante. Para as mulheres, deve ser a **capacidade de apreciar o humor**.

Na verdade, essas previsões parecem ser verdadeiras. Em um estudo realizado pelo psicólogo Eric Bressler na Universidade Estadual de Westfield, em Massachusetts, perguntou-se a indivíduos do sexo masculino e feminino o que era mais importante: ter um parceiro que é engraçado e produz humor de qualidade, ou ter um parceiro que aprecia suas piadas. Esta pergunta foi feita já que se aplicava a vários tipos de relações, que vão desde uma noite casual até romances de longo prazo. Os resultados foram claros: em quase todas as categorias de relacionamento, as mulheres preferiram homens que eram engraçados, e os homens preferiram as mulheres que apreciavam seu humor. A única exceção foi amizades platônicas, o único tipo no qual descendentes são impossíveis (assumindo que permaneçam platônicas). Para essa categoria, os homens não se importavam se eles eram os mais engraçados ou não.

Independentemente do que acreditamos sobre sua história evolutiva, o humor nos mantém saudáveis, tanto mentalmente quanto fisicamente. Torna-nos mais desejáveis, revelando nossa abertura ao riso ou nossa dedicação a fazer os outros rirem. Isto pode explicar por que as pessoas que classificam-se nos níveis mais altos em testes de intimidade também têm um bom senso de humor. O mesmo vale para confiança, confiabilidade e bondade.

Em suma, o humor é **essencial** não só na escolha do parceiro, mas para a manutenção de parcerias saudáveis também. Relacionamentos dão trabalho, e uma excelente maneira de detectar uma mente disposta a esforçar-se é procurar por um bom senso de humor. **Nove em cada dez casais** dizem que o humor é uma parte importante de seu relacionamento. Em comparação com aqueles em casamentos disfuncionais, casais em casamentos fortes também dizem que valorizam e apreciam mais o humor de seu parceiro. De fato, estudos examinando casais a longo prazo – aqueles que permaneceram juntos por 45 anos ou mais – **descobriram que rir juntos é essencial para o sucesso conjugal.**

O humor parece ser tão importante para estabelecer relações saudáveis quanto é para a manutenção de corpos e mentes saudáveis. Assim como uma atitude bem-humorada sinaliza uma mente engajada, uma apreciação partilhada por uma vida bem-humorada indica uma parceria ou um casamento ajustado. Um bom senso de humor é mais do que uma perspectiva ou um ponto de vista. É um meio de partilhar expectativas com alguém próximo a nós.

Então, o humor dança – e não há melhor maneira de construir um relacionamento sólido do que encontrar alguém que dance ao mesmo ritmo.

8

» Ah, os Lugares Aonde Você Irá

> *"Homens podem confessar traição, assassinato, incêndio criminoso, dentes falsos ou uma peruca. Como qualquer um deles pode admitir a falta de humor?"*
>
> — Frank Moore Colby

Este capítulo final começa com uma história, e uma história bastante **incomum**. É o conto de uma queda de braço entre dois diretores executivos, realizada diante de um grande público para determinar a propriedade de um *slogan* publicitário. É uma reviravolta incomum para um livro sobre o humor, mas mostra como o humor está em toda parte.

Não é todos os dias que grandes empresas resolvem disputas legais com uma queda de braço, mas a Stevens Aviation e a Southwest Airlines não são empresas típicas. O evento em questão começou quando a Southwest começou a usar a frase *Just Plane Smart*[63] em sua campanha publicitária. O *slogan* combinava com a personalidade inteligente e irreverente da Southwest e foi um grande sucesso, exceto por um problema. A Stevens Aviation, uma firma de manutenção de aeronaves baseada na Carolina do Sul, já o estava usando. Na verdade, a Stevens Aviation estava usando *Plane Smart*, mas os dois *slogans* eram próximos o suficiente para que advogados rapidamente se envolvessem. Disputas como esta são comuns e geralmente terminam com um dos lados desistindo do *slogan*, mas o diretor executivo da Southwest, Herb Kelleher, teve outra ideia: ele pessoalmente desafiou o diretor executivo da Stevens, Kurt Herwald, a uma queda de braço. Os funcionários das empresas seriam os espectadores, e todo o dinheiro levantado pelo evento iria para caridade. O vencedor da disputa manteria o *slogan*, enquanto o perdedor explicaria a seu conselho administrativo por que ele perdera os direitos. Era o tipo de desafio que nenhum empresário inteligente recusaria, especialmente um como Herwald, que era **jovem**, **atlético** e um ávido **fisioculturista**.

>> <<

Para apreciar a audácia do desafio, você deve saber que Kelleher é o oposto de um fisioculturista. Nos vídeos de treinamento, ele exibiu seu corpo rechonchudo com quase 40 anos de idade, amolecido por álcool e tabaco. Com o cigarro na boca, ele treinou para a partida levantando garrafas de uísque *Wild Turkey*. Foram necessárias três aeromoças para ajudar Kelleher a completar um abdominal em sua preparação filmada para a partida.

A *Malice in Dallas*[64], como passou a ser conhecida a competição, foi realizada em uma manhã ensolarada no fim de março de 1992, no Dallas Sportatorium, diante de centenas de fãs. Uma multidão gritava "Herb! Herb! Herb!" quando Kelleher chegou, sua barriga

---

63 – NT: Trocadilho com as palavras *plane* " avião " e *plain* " simples ", que têm a mesma pronúncia. Poderia ser traduzido como **"Simplesmente Inteligente"** ou como **"inteligente com Aviões"**.

64 – NT: *Malícia em Dallas*

mal coberta por um roupão mal amarrado. O braço direito de Kelleher estava pendurado em uma tipóia devido a uma lesão que ele sofrera "ao salvar uma menina de ser atropelada quando atravessava correndo a autoestrada I-35". Ele também se queixou de sofrer de um resfriado de uma semana, bem como de pé de atleta, mas isso não o impediu de lançar-se contra Herwald quando entrou no local da disputa. Os juízes da competição tiveram que conter os ânimos exaltados de ambos os diretores.

"Não precisamos de advogados fedoretos, vamos fazer isso como homens de verdade. No ringue", chamou o locutor. A luta começou.

Em um mundo de negócios onde a publicidade pode ser a maior posse de uma empresa, o evento já era de ouro. Centenas de pessoas vieram para assistir ao evento, bem como uma dúzia de estações de televisão, incluindo a CNN e a BBC. Estando seguro de que iria criar um *show*, Kelleher começou por apresentar uma ordem de substituição autorizada pela Superma Corte do Texas. Em seu lugar estaria o campeão de queda de braço profissinal do Texas, J. R. Jones. Herwald se opôs, mas os juízes aceitaram o documento e ignoraram suas queixas, e a Southwest venceu a **primeira** das três lutas. Neste momento, Herwald anunciou: "Se eles podem trazer um impostor, eu posso trazer um impostor", e trouxe seu próprio substituto. Mas, em vez de solicitar um profissional, Herwald apresentou *Killer*[65] Annette Coats, uma pequena representante comercial da Stevens Aviation que pesava talvez metade do que Kelleher. Ainda assim, ela venceu a segunda luta com folga.

A essa altura, o evento se transformara em **caos**. Herwald terminou vencendo Kelleher na terceira e última luta, mas, não surpreendentemente, Kelleher protestou e as coisas começaram a ficar estranhas. Por razões ainda não totalmente claras, um lutador profissional pulou para dentro do ringue e começou a sufocar Kelleher e, quando Kelleher caiu no chão, Herwald voltou ao ringue para defendê-lo do homem musculoso de *collant*. A breve briga continuou

---

65 – NT: Parece ser o apelido da moça: assassina.

e, no fim, Kelleher e Herwald afugentaram o intruso, finalmente terminando a disputa com um aperto de mãos.

"Só para mostrar que não há ressentimentos, ou sermos acusados de tirar vantagem de idosos", Herwald anunciou quando as coisas se acalmaram. "Nós decidimos permitir que a Southwest Airlines continue a usar nosso *slogan*. **Nosso *slogan*.** Em troca de uma contribuição de US$ 5.000 para a casa Ronald McDonald, que precisa do dinheiro mais do que a Southwest Airlines."

>> <<

O evento foi realmente um golpe publicitário. Fez a Southwest e a Stevens parecerem modernas e engraçadas e estabeleceu Kelleher e Herwald como gestores confiantes, dispostos a **bancarem os bobos pelo bem de suas empresas**. Quando Kelleher foi entrevistado após o evento – sentado em uma maca de ambulância, é claro – lhe perguntaram quanto a Southwest normalmente teria pago por tal exposição publicitária. "Ora, eu nunca sequer pensei nesses termos", ele respondeu jocosamente. O presidente dos EUA escreveu a Kelleher dois dias depois para parabenizá-lo pela ideia brilhante. *BusinessWeek* e o *Chicago Tribune* escreveram que a prontidão de Kelleher e Herwald para deixarem de lado imagens de negócios abafadas para proporcionarem entretenimento foi uma das coisas que tornavam a Southwest tão especial. Na verdade, era a única companhia aérea a ter lucro em cada um de seus, então, 31 anos.

Neste capítulo, vamos tomar uma abordagem diferente sobre o humor. É bom saber que nosso cérebro é uma máquina de processamento de conflitos, transformando coisas como ambiguidade e confusão em prazer, mas para aqueles de nós que querem apenas contar uma boa piada, é hora de olhar para o humor como é aplicado no mundo real, vendo como pessoas como Kelleher e Herwald atuam de forma engraçada para sua vantagem. O humor nos torna melhores trabalhadores, estudantes e gestores, e é importante reconhecer como é utilizado em cada uma destas configurações. Também é importante saber o que a ciência fez para nos ajudar a maximizar nosso potencial humorístico.

Ah, Os Lugares Aonde Você Irá

Algo no mundo dos negócios mudou na década de 1980. A Southwest Airlines já não era mais única empresa utilizando o humor no trabalho; empresas de todo o mundo começaram a reconhecer que o **humor vende**. Por exemplo, o recém-contratado presidente da New England Securities apresentou-se aos novos funcionários através da leitura da história de dr. Seuss, **"Ah, os Lugares Aonde Você Irá!"**, como forma de promover os valores fundamentais da empresa. A fabricante de computadores, Digital Equipment, criou uma "patrulha do resmungo" para percorrer o local de trabalho e identificar trabalhadores amargos. E o departamento de Polícia de São Francisco contratou consultores de humor para alegrar seus *workshops* de Prevenção ao Crime Local depois de ficarem sabendo que as oficinas anteriores haviam deixado os moradores **mais** traumatizados pelo crime, e não menos.

No mínimo, sabemos que tais abordagens melhoram a moral dos empregados. Uma pesquisa feita pela Campbell Research Corporation descobriu que 81% das empresas que instituíram programas como a **"sexta-feira casual"** notaram uma melhora do humor no local de trabalho, e metade viu melhorias concomitantes na produtividade. De fato, a ideia de que um trabalhador risonho é um trabalhador preguiçoso tornou-se tão ultrapassada quanto a noção de que **ser sério significa nunca rir**. "Nenhum assunto é sério demais para o humor", diz John Cleese, membro do Monty Python e fundador da Video Arts, a maior produtora de filmes de treinamento corporativo do mundo. "Eu acho que muitas pessoas têm um equívoco básico: Há uma diferença entre ser sério e ser solene", concluiu John Cleese.

Como se vê, a diferença entre **seriedade** e **solenidade** é bastante importante no mundo profissional. A seriedade nos mantém focados na melhoria, e isso é, sem dúvida, benéfico. A solenidade frequentemente alcança a mesma coisa, mas o faz enfatizando a formalidade e evitando o aplauso. Isso também é bom, especialmente para certas situações em que o aplauso não seria apropriado. Mas há momentos em que um pouco de jovialidade também é necessária.

Felizmente a ciência **mostrou** que a jovialidade nos ajuda em nossos empregos, e uma grande variedade de empregos. Por exemplo, ser engraçado ajuda a esconder falhas em nossas habilidades organizacionais. Na maioria das vezes quando fazemos discursos, tomamos o cuidado de organizar nossos pontos de uma forma lógica e significativa. Mas estudos descobriram que podemos fazer esses mesmos discursos com pontos misturados aleatoriamente e, contanto que também incorporemos o humor, os espectadores não notarão. Quando uma dose saudável de piadas e anedotas humorísticas são incluídas entre um amontoado de ideias, os resultados podem ser tão informativos como se elas estivessem bem organizadas.

O humor também é importante no mundo educacional. Um dos mais estudados ambientes humorísticos é a sala de aula, onde descoberta após descoberta mostra que os alunos preferem ter aulas com **professores divertidos**. O humor torna ambientes de aulas mais agradáveis, aumenta a motivação estudantil para aprender e leva a avaliações mais positivas dos professores. Tomemos, por exemplo, o consultor educacional Bill Haggard. Quando os alunos de Haggard começaram a ter problemas para entregar seus trabalhos de casa no prazo, ao invés de aumentar as punições, ele desenvolveu um gráfico de desculpas de três partes. Os três lados correspondiam às três categorias mais comuns de desculpas – **Incapaz, Desesperado** e **Sem Controle do Corpo** – e cada vez que um aluno tinha um problema, a classe trabalhava em conjunto para decidir o local adequado no gráfico. Conforme o ano foi passando, as desculpas diminuíram e os alunos começaram a assumir a responsabilidade por perderem seus prazos. "Os professores estão muito à frente do jogo se puderem transformar situações de ansiedade em situações humorísticas que evoluam para experiências compartilhadas", disse Haggard.

Esta abordagem é útil para estudantes de todas as idades. Ela até funcionou em escolas conservadores como a Academia Militar dos EUA, em West Point, onde os alunos foram convidados a julgar líderes particularmente eficazes em termos de seu humor, bem como outras características, tais como **habilidade física, inteligência** e **consideração**. Os bons líderes foram classificados significativamente como mais bem-humorados do que os maus líderes, mesmo quando estas outras variáveis foram controladas.

Estas descobertas sugerem que o humor torna a sala de aula mais divertida, mas será que ele realmente ajuda a aprender? **Absolutamente sim**. Considere, por exemplo, um estudo envolvendo mais de 500 estudantes na Universidade Estadual de San Diego. Os alunos foram matriculados no que eles pensavam ser uma disciplina de Introdução à Psicologia sobre a teoria da personalidade freudiana, mas diferentes alunos participaram de vários tipos de aulas. Uma aula incorporou humor relativo ao conteúdo da disciplina. Uma segunda aula incluiu humor que não estava relacionado com o material, mas ainda assim divertia os alunos. E uma terceira aula não usou nenhum humor, apenas um tratamento sério do material da disciplina. Quando os pesquisadores testaram a retenção dos alunos seis semanas após as aulas, eles descobriram que aqueles que assistiram às **aulas com humor** relacionado ao conteúdo da disciplina pontuaram significativamente mais do que os outros alunos. Concluindo, o humor é benéfico à aprendizagem, mas apenas quando se concentra no que estamos tentando aprender.

Conectar o humor com o material aprendido é fundamental porque mantém a mente focada. O humor obriga nossa mente a trabalhar mais do que se as ideias forem apresentadas de uma forma direta. Este trabalho é essencial pela mesma razão que levantar halteres pesados aumenta os músculos: porque o esforço extra nos torna mais fortes. O benefícios do humor até duram longos períodos de tempo. Tomemos por exemplo o seguinte cartum, que foi usado para ensinar estatística a crianças na Universidade de Tel Aviv. Ele mostra um explorador africano dizendo a um grupo de crianças que não se preocupem com predadores locais: "Não há necessidade de ter medo de crocodilos", concluiu o explorador. "Por aqui, seu tamanho médio é de apenas cerca de 50 centímetros." No fundo está um enorme crocodilo vindo para comer o explorador, e as crianças murmuram que ele, também, não deveria esquecer dos desvios padrão.

Quando professores foram treinados para usar essas piadas em suas aulas – mesmo poucas, como três por aula – a aprendizagem aumentou quase 15%. Estas melhorias duraram durante todo o semestre.

Estas descobertas não se perdem com profissionais que frequentemente falam em público. Debates do Congresso, audiências na Suprema Corte, *briefings* da Casa Branca – cada um desses locais está repleto de humor, especialmente quando ele ajuda a lidar com tópicos difíceis. Joe Lockhart, secretário de imprensa do presidente Clinton de 1998 a 2000, era um mestre do humor. Em uma ocasião, ele foi convidado a explicar as frequentes viagens de relações internacionais sendo feitas pela primeira-dama. Na época, essas viagens eram uma despesa significativa e estavam recebendo mais atenção do que o governo queria, e Lockhart respondeu que elas foram pagas pelo Departamento de Estado. "Joe, há diferença entre 'o Departamento de Estado' e 'os contribuintes'?", perguntou um membro da imprensa. Esta foi uma pergunta séria, já que os gastos do governo eram uma questão política em voga. A única solução de Lockhart era transformar a situação em uma piada, e funcionou. "Não", respondeu ele. "Isso soou melhor do que se eu dissesse: 'Departamento de Estado'."

A partir destes exemplos, pode parecer que o humor apenas serve a interesses próprios, esconde falhas organizacionais e desvia a atenção de tópicos indesejados. Em certo sentido, é verdade, mas ele pode servir a propósitos mais amplos também. Na política, especialmente, o humor pode ser uma arma valiosa. Todos com mais de 30 anos nos EUA se lembram do debate entre Lloyd Bentsen e Dan Quayle durante as eleições presidenciais de 1988. Ambos estavam concorrendo a vice-presidente, e em resposta a uma pergunta sobre sua capacidade de substituir o presidente, se necessário, Quayle se comparou ao falecido John F. Kennedy, mas Bentsen não deixou isso ficar consolidado.

> Quayle: *"Eu tenho tanta experiência no Congresso quanto Jack Kennedy quando ele buscou a presidência."*
>
> Bentsen: *"Senador, eu servi com Jack Kennedy. Eu conheci Jack Kennedy, Jack Kennedy era um amigo meu. Senador, você não é nenhum Jack Kennedy."*

As pessoas da plateia riram e aplaudiram durante tanto tempo que o moderador teve que interrompê-las e acalmá-las. Com apenas algumas palavras Bentsen esmagara seu adversário, mas ele evitou parecer cruel porque também havia um pouco de brincadeira no comentário. Analisando as várias mensagens, pode-se dizer que Bentsen simultaneamente comparou os dois políticos, afiliou-se a um e não a outro e deu a entender que um deles era uma criança que necessitava de repreensão.

No entanto, como qualquer outra arma, o humor também pode sair pela culatra. Um estudo pediu a mais de 100 potenciais eleitores, imediatamente antes das eleições presidenciais de 2004, que imaginassem um cenário em que dois políticos fictícios entrassem em um debate acalorado. O debate torna-se tão intenso que um moderador é forçado a intervir, momento em que um dos políticos se desculpa por sua exuberância. Aqui estão duas versões de seu pedido de desculpas, e quero que você adivinhe qual os indivíduos consideraram mais eficaz.

> *"Eu sei que posso passar dos limites quando me entusiasmo. Minha filha até disse que talvez o moderador deveria ter música para me abafar quando me prolongasse, como eles fazem na premiação do Emmy."*

> *"Você tem que me desculpar, mas quando estou certo, fico com raiva. Meu oponente, por outro lado, fica com raiva quando está errado. Como resultado, estamos com raiva um do outro a maior parte do tempo."*

O primeiro foi avaliado como mais eficaz, de longe. Ele foi julgado como melhor para desenvolver o debate, superar conflito e encontrar pontos comuns. A preferência pela humildade foi tão forte que até mesmo superou laços políticos. Quando os candidatos descritos no cenário foram rotulados como "democrata" e "republicano", a primeira declaração foi considerada mais divertida e mais eficaz mesmo quando a pessoa julgando-a pertencia ao partido político oposto.

Em suma, o humor político não tem de ser insultuoso para ter sucesso. Ele também não tem que apoiar os próprios valores e crenças existentes. Ele simplesmente precisa revelar o que se está pensando, de preferência com humildade, para que os outros possam participar.

Unir as pessoas é de fato um tema de destaque neste livro; o humor claramente constrói laços dentro dos grupos sociais. Um professor de gestão descobriu que personalidades brincalhonas entre funcionários de tecnologia da informação na Nova Zelândia melhoram a dinâmica de trabalho ao permitir com segurança que os funcionários questionem a autoridade. Um estudo etnográfico de um ano de funcionários de cozinha de hotéis mostrou que o humor, mesmo quando crítico, solidifica grupos ao destacar as crenças e responsabilidades compartilhadas. E uma observação aprofundada de trabalhadores do mercado de peixe da Sardenha revelou que o humor juntava mais os trabalhadores ao lembrá-los de seus objetivos comuns.

Muitos grupos têm sua própria marca de humor, cada um com seu próprio estilo. O humor judaico é uma dos mais antigos. *"O povo judeu já vive mais de 5758 anos como povo, o chinês apenas 4695. O que isso significa para você?", pergunta o rabino. "Isso significa que os judeus tiveram que viver 1063 anos sem comida chinesa", respondeu o aluno.* O humor lésbico também é popular, com um artigo em um jornal – *"Quantas lésbicas são necessárias para trocar uma lâmpada?"* –provocou tanta polêmica que mais de 40 páginas foram necessárias para resolvê-la. Há até uma categoria de piadas chamada de "humor de lixo branco"[66]. Estas piadas muitas vezes começam com a frase: "Pode ser que você seja um *redneck*[67] se..." (popularizada por Jeff Foxworthy nos anos 1990) e, de acordo com a linguista Catherine Evans Davies, elas legitimam os indivíduos da classe trabalhadora sulista,

---

66 – NT: Tradução literal de *white trash humor*, referência aos brancos estadunidenses interioranos e com pouco estudo.

67 – Grifo do tradutor: *redneck*, literalmente "pescoço vermelho", comumente traduzido como "caipira", referência aos brancos interioranos do sul dos EUA que ficam com o pescoço vermelho ao se exporem ao sol durante a lida cotidiana.

separando-os de classes sociais mais baixas. *Redneck* refere-se a pessoas respeitáveis da classe trabalhadora. "Lixo branco" não.

Resumindo, o humor exercita a mente, que por sua vez nos torna melhores alunos e professores. Ele também permite-nos parecer mais organizados e nos ajuda a transmitir nossas ideias, quer na sala de audiências ou no mercado de peixe. Na próxima seção, abordaremos um aspecto ainda mais importante do humor: **sua relação com o intelecto**. **Inteligência** e **humor** envolvem "pensamento confuso", e agora é hora de ver como treinar o cérebro a ser engraçado é apenas outra maneira de treiná-lo para pensar de forma mais inteligente.

Maiores Implicações

O humor é complicado porque nós, nós mesmos, **somos complicados**. Rimos e choramos e temos personalidades maleáveis porque nosso cérebro desenvolveu-se ao longo de gerações para ser **adaptável**. Sem a capacidade de rir, não teríamos uma forma de reagir a muito do que acontece conosco. Sem ter senso de humor para ter prazer com o incongruente ou absurdo, poderíamos passar a vida inteira em um perpétuo estado de confusão, em vez de às vezes transformar esses sentimentos em diversão.

Neste sentido, o humor é um traço evolutivo tão importante quanto a inteligência, porque sem ele não conseguiríamos lidar com o mundo complexo que criamos. Como discutido anteriormente, o humor evoluiu ao longo de sucessivas gerações, como nossa capacidade de usar ferramentas e linguagem. Os seres humanos precisam de uma maneira para lidar com conflito e confusão, e que melhor maneira de fazer isso do que rir? Como a criatividade e o *insight*, o humor permitiu-nos resolver nossos problemas sem recorrer a bater um na cabeça do outro com um pau. E como uma parte fundamental de quem somos, o humor desenvolveu uma estreita relação com cada uma destas outras habilidades exclusivamente humanas.

Por incrível que pareça, o humor está correlacionado com o QI (quociente de inteligência) até mesmo na idade de dez anos. Esta descoberta foi observada pela psicóloga Ann Masten, que mostrou a um grupo de crianças de dez anos de idade uma série de cartuns do Ziggy, escolhidos por senso de humor e complexidade variáveis voltados para esta faixa etária. Enquanto as crianças avaliavam subjetivamente os cartuns e explicavam por que cada um era engraçado, Masten gravava seus rostos, observando casos de sorrisos ou riso. Ela então mostrou às crianças uma série de cartuns sem legenda e pediu-lhes para criarem títulos humorísticos. A capacidade das crianças de explicar corretamente os cartuns foi utilizada para determinar sua "compreensão de humor", enquanto sua capacidade para criar legendas engraçadas mediu sua "produção de humor".

Masten constatou que a compreensão e a produção de humor estavam significativamente correlacionadas com a inteligência das crianças, que ela também medira separadamente. Para a compreensão, a correlação foi de 0,55 e, para a produção, foi de 0,50 – números muito altos, considerando-se que a correlação máxima possível é de 1,0. Até mesmo a medida em que as crianças riram dos cartuns estava estreitamente ligada a sua inteligência, com uma correlação de 0,38. Dado que o QI tem mais ou menos a mesma correlação com o desempenho no trabalho, o humor provavelmente prevê inteligência, bem como fazem as medidas mais práticas de sucesso na vida.

Como observado anteriormente, **aprender a sermos engraçados** pode até nos tornar mais **inteligentes**. Considere o seguinte cenário. Você entra em um laboratório e lhe é pedido que complete uma tarefa de resolução de problemas. Mas antes de fazê-lo, você deve assistir a uma compilação de erros de gravação engraçados de programas populares de televisão. Outros indivíduos não têm tanta sorte; eles têm de assistir a um documentário de 5 minutos sobre campos de concentração nazistas. Ainda outros veem um filme de matemática intitulado *Área Sob a Curva*. E um quarto grupo não assiste a nenhum filme mas, em vez disso, é convidado a comer uma barra de chocolate e relaxar, ou a completar 2 minutos de exercício pisando em cima e fora de um bloco de concreto.

Cada uma destas manipulações deve afetar o humor de uma forma diferente. O filme de matemática deve ter um impacto mínimo, e o documentário sobre o campo de concentração nazista deve ser deprimente. O doce e o vídeo engraçado devem induzir ao bom humor, mas apenas um deve provocar o riso. A pergunta é: **será que o riso sozinho pode influenciar o desempenho na tarefa a seguir?**

Para descobrir, uma tarefa final é administrada, e é também um desafio. Chama-se a tarefa de *insight* da vela de Drucker, e é assim: você recebe uma caixa de tachas, uma vela e uma caixa de fósforos. Então lhe pedem que prenda a vela na parede de forma que ela queime sem pingar cera no chão. A solução (como você já deve saber por exposição prévia a este enigma) é prender a caixa vazia na parede utilizando uma das tachas e então utilizar a cera ou outra tacha para prender a vela no topo da caixa. O que torna esta tarefa difícil para muitas pessoas é a "fixação funcional" – a incapacidade de visualizar a caixa servindo a qualquer outra finalidade que não guardar tachas. A vela não precisa ser diretamente "presa" à parede. E caixas podem fazer mais do que apenas guardar pequenos objetos.

Quando este experimento foi conduzido por Alice Isen e dois colegas da Universidade de Maryland, apenas 32 dos 116 indivíduos chegaram a uma solução. Mas quando os resultados foram analisados com base no que os indivíduos fizeram antes de tentar, uma descoberta incrível surgiu. Apenas 2 dos indivíduos no grupo do filme de matemática resolveram o quebra-cabeça. Apenas 5 o fizeram do grupo de exercício. Na verdade, nenhum grupo de indivíduos desempenhou-se melhor do que 30%, com uma exceção. Os indivíduos que viram os erros de gravação engraçados se saíram bem a uma taxa de 58% (11 dos 19 indivíduos).

Quando eu contei a minha mulher sobre esta descoberta, ela perguntou por que eu já não era um gênio agora. Afinal de contas, eu já vi centenas de comédias na minha vida, então por que isso não me tornou o homem mais inteligente do mundo? Era uma boa pergunta. Minha resposta foi que eu não sou um gênio, mas imagine como eu seria estúpido se não tivesse visto tantas reprises de *Fawlty Towers*[68]. Foi a melhor resposta em que consegui pensar.

---

68 – NT: Seriado britânico sem título no Brasil, conhecido em Portugal como *A Grande Barraca*.

Insight não é a única habilidade cognitiva complexa que se beneficia com o humor. Outra é a "rotação mental", a capacidade de girar objetos em nossa mente, uma tarefa comum para avaliar a habilidade espacial. Como se vê, pessoas a quem são apresentadas piadas engraçadas são mais rápidas em virar e torcer formas abstratas em sua mente, mesmo quando as piadas envolvem imagens visuais mínimas. Ler piadas engraçadas também melhora nossa pontuação em testes de criatividade, refletindo o aumento em fluência, flexibilidade e originalidade mentais. Um estudo até mostrou que assistir a vídeos de *stand-up* de Robin Williams nos ajuda a chegar a soluções improváveis para problemas de associação de palavras.

É difícil dizer por que assistir a comédia nos torna mais inteligentes e mais criativos. Talvez, por ser um exercício para a mente, o humor proporcione um aquecimento muito necessário. Como compartilhei antes, em minha vida eu corri duas maratonas, e ambas as vezes eu estava em boa forma. Mas isso foi há um tempo, e muita coisa mudou desde então. Agora, se eu tentasse correr tão longe provavelmente cairía em posição fetal. O exercício não nos muda para sempre, e nem o humor. Como forma de exercício mental, o humor mantém nosso cérebro ativo. Nosso cérebro deve ser exercitado regularmente e, quando é, bem, nos tornamos capazes de qualquer coisa.

Tornando-se Engraçado

Em 1937, menos de 1% dos entrevistados admitiu ter um senso de humor abaixo da média. Quarenta e sete anos depois, uma pesquisa similar mostrou que 6% das pessoas admitiram estar abaixo da média no departamento cômico. Então, a questão é: **as pessoas estão ficando mais engraçadas, ou são nossos auto-conceitos que estão se tornando um pouco menos iludidos?**

Uma compreensão rudimentar de estatística revela que a primeira explicação não pode ser verdade, porque, por definição, pelo menos metade de nós deve estar abaixo da média. Eu gosto de chamar isso de o "efeito Dane Cook": não importa o quanto pensemos que somos engraçados, provavelmente estamos sendo otimistas. É fácil acreditar que somos engraçados quando nosso cônjuge ou nossa mãe ri de nossas piadas. Mas a verdade é que ser engraçado é difícil. Se fosse fácil, todo mundo seria comediante, mesmo Dane Cook. Eu não estou dizendo que Cook é um indivíduo sem graça. Eu o vi apresentar-se e gosto muito de seu *stand-up*. Cook ganhou milhões de dólares por filmes e especiais de comédia para a TV, mas seu sucesso não o impediu de ser abertamente antipatizado dentro do mundo cômico, principalmente porque ele é um **exímio contador de histórias**, e **não** um **comediante**. Suas apresentações são certamente divertidas, mas elas são baseadas em histórias, e não em humor, como Lenny Bruce, só que sem a ousadia. Talvez seja por isso que um torneio denominado Os Dezesseis Piores Comediantes, realizado em Boston, cidade natal de Cook, o classificou como **"o pior de todos os tempos"**. A *Rolling Stone* uma vez fez uma lista das coisas mais engraçadas do que Cook e nela estavam incluídos pastéis de ameixa. Comédia é algo difícil.

Infelizmente, os livros didáticos não podem nos ensinar a ser engraçados como nos ensinam cálculo. É simplesmente muito complicado para fazer isso (mesmo em comparação com cálculo). Mas há algumas coisas que os comediantes aspirantes deveriam saber.

Felizmente para as pessoas com irmãos sem graça, parece haver pouca influência genética no humor. Por isso, não importa quem são nossos parentes, porque todo mundo tem uma chance igual de ser engraçado. Os cientistas sabem disso por terem comparado gêmeos idênticos e fraternais, bem como irmãos biológicos e adotados. A inteligência tem uma herdabilidade de 50%, o que significa que metade de nossa inteligência é determinada por nossos pais. Por exemplo, para ser alto, a herdabilidade tem uma influência de mais de 80%. Por outro lado, para o humor esse número é provavelmente menor do que 25 %.

Muito do que sabemos sobre a personalidade cômica vem de um livro de Seymour e Rhoda Fisher, psicólogos da Universidade do Estado de Nova York em Syracuse. O livro é intitulado *Pretend the World Is Funny and Forever*[69] e, ao longo de 288 páginas, explora os caminhos tomados por mais de 40 comediantes profissionais, figuras notáveis tais como Woody Allen, Lucille Ball e Bob Hope. Através de entrevistas,

---

69 – NT: *Finja que o Mundo é Engraçado e Para Sempre*, sem publicação no Brasil.

estudo observacional e pesquisa contextual, os autores dissecaram as características de personalidade destes comediantes de sucesso, à procura de padrões nas experiências de vida que os tornaram engraçados.

Os autores descobriram que menos de 15% dos comediantes achavam que seriam humoristas profissionais quando eles começaram; evidentemente, nunca é tarde demais para pensar em entrar para a comédia. A maioria recebeu pouco apoio de seus pais. Muitos haviam sido os palhaços da turma. E cada um expressava sua perspectiva humorística de uma forma única. Alguns eram elaborados e altamente expressivos, como Jackie Gleason. Outros eram calmos e reservados, como Buster Keaton. Outros ainda eram sociais e espontâneos, como Milton Berle, ou reclusos, como Groucho Marx. Parece que há quase tantas maneiras de atuar e ser engraçado quanto há comediantes. Mas todos eles tinham uma coisa em comum: **um profundo interesse em compartilhar observações com os outros**.

"O comediante médio move-se entre seus companheiros como um antropólogo visita uma nova cultura", escrevem Seymour Fisher e Rhoda Fisher. "Ele é um relativista. Nada parece natural ou 'dado'. Ele está constantemente tomando notas mentais", salientaram as autoras Fisher.

A ideia de que comédia envolve observação não é nova, mas ainda é importante. Os humoristas questionam tudo o que veem, nunca subestimando nada. Eles contam piadas e anedotas engraçadas porque eles se sentem obrigados a compartilhar o que veem. Fisher e Fisher viram este desejo em suas entrevistas e mesmo durante avaliações psicológicas, como o teste de mancha de tinta de Rorschach. Isso envolve olhar para manchas de tinta amorfas e descrever com o que elas se parecem, e quando os comediantes olharam para estas manchas, ao invés de fornecerem interpretações simples, eles consistentemente as transformaram em histórias. Lobisomens assustadores não eram maus, apenas incompreendidos. Uma cara de porco não era feia, era cativante. Uma mancha que se assemelhava ao diabo foi interpretada por um comediante como boba, até mesmo tola.

Estas observações mostram como uma mente ativa é uma mente bem-humorada, e que quanto mais mantemos nosso cérebro trabalhando, mais nosso humor se beneficia. Considere também este fato importante: a manutenção de uma atitude bem-humorada, tal como medida pela capacidade de reconhecer o humor quando ele se apresenta, está fortemente relacionada com realmente **ser engraçado**. Estou me referindo a um estudo conduzido pelos psicólogos Aaron Kozbelt e Kana Nishioka em que os indivíduos foram solicitados a identificar o significado e conteúdo de cartuns engraçados, uma medida de compreensão de humor. Veja que isto é muito diferente de apreciação. A apreciação também foi medida, mas aqui estou falando sobre o quanto os indivíduos entendiam os cartuns, uma questão de reconhecer a fonte da incongruência das piadas. Os pesquisadores também mediram a produção de humor, pedindo aos indivíduos que criassem legendas engraçadas para um conjunto inteiramente diferente de cartuns. Juízes independentes então classificaram o quanto essas legendas eram engraçadas.

Não foi encontrada relação significativa entre apreciação de humor e produção de humor, o que significa que apenas gostar de humor – como apreciar uma boa gargalhada – não nos torna mais engraçados. Em vez disso, o que importa é a forma como entendemos os mecanismos por trás das piadas. Considere a Figura 8.1 como exemplo.

Se sua interpretação é que o homem está advertindo o gato contra ser "inapropriadamente criativo", então você entendeu o cartum. Você também é mais propenso a produzir piadas mais engraçadas, como descoberto pelos autores do estudo. Especificamente, aqueles que pontuam alto em reconhecimento também pontuam alto em produção, apesar de a apreciação subjetiva não ter qualquer efeito. Em suma, **simplesmente entender piadas nos torna pessoas mais engraçadas**.

Se você pensou que o humor resultou do homem falar tolamente com um gato que não entende inglês, você pode querer comprar alguns livros de piadas, ou talvez assinar *The New Yorker* e estudar mais alguns de seus cartuns.

Não há escassez de empresas dispostas a melhorar o senso de humor dos clientes. Por exemplo, uma oficina realizada pelo comediante Stanley Lyndon promete que os leitores de seu livro produzirão piadas 200% mais engraçadas do que antes. E um curso *on-line* realizado pela empresa de treinamento ExpertRating oferece certificar indivíduos em escrita de humor *on-line*, por meros US$ 130, como forma de prepará-los para a lucrativa carreira de apresentar-se em clubes de comédia. A partir desses programas, pode parecer que aprender a ser engraçado é fácil. **Não é**. Na verdade, como discutido na introdução deste livro, só há uma forma comprovada de melhorar seu humor: ou seja, seguindo a **regra dos cinco Ps**: praticar, e **praticar**, e **praticar**, e **praticar**, e **praticar**.

"*Nunca, jamais, pense fora da caixa.*"[70]

Figura 8.1. Um cartum usado para explorar a ligação entre a compreensão e a produção de humor. A capacidade para reconhecer que o homem está alertando contra a criatividade felina inapropriada sugere uma capacidade de realmente **ser engraçado**. Cartum por Leo Cullum, www.cartoonbank.com.

---

70 – NT: Pensar fora da caixa é uma expressão típica em inglês, especialmente na área de negócios, que significa ser criativo, pensar fora dos padrões.

Vou concluir este capítulo com um último estudo, desta vez da psicóloga israelense Ofra Nevo. Ela queria saber o que torna as pessoas engraçadas, mas em vez de dar testes de personalidade ou desenvolver pesquisas, ela colocou grupos de professores em um curso de sete semanas para melhorar o humor, 20 horas de treinamento no total. Especificamente, seu objetivo era descobrir se simplesmente aprender mais sobre o humor era suficiente para tornar as pessoas mais engraçadas de se ter por perto.

Primeiro, Nevo agrupou seus 100 indivíduos em treinamento em várias condições experimentais diferentes. Alguns receberam um programa de treinamento humorístico extenso, com numerosos exercícios fornecendo contexto para os aspectos cognitivos e emocionais do humor. Eles praticaram contar piadas na frente de grupos maiores. Eles falaram sobre diferentes teorias humorísticas e estilos. Eles ainda exploraram seus benefícios fisiológicos e intelectuais, muito parecido com o que fizemos neste livro. Outros receberam treinamento semelhante, mas sem a prática, uma versão passiva do programa de treinamento humorístico. Ainda outros não receberam nenhum treinamento. Todos os indivíduos fizeram um teste de avaliação de humor no início e no fim do experimento, e receberam um questionário perguntando o quanto eles acharam que o treinamento foi útil.

Nevo descobriu que, em média, os indivíduos não acharam o treinamento muito útil. Eles classificaram a eficácia do programa entre "pequena" e "média", o equivalente a 2 e 3 em uma escala de 5 pontos. Ela ficou desapontada com este resultado mas, como veremos em breve, talvez ela não devesse ter ficado assim... Após o treinamento acabar, colegas foram convidados a classificar os outros que participaram do programa em sua produção e apreciação de humor, com perguntas como: "Quanto esta pessoa é capaz de apreciar e desfrutar de humor produzido pelos outros?" e "Quanto esta pessoa é capaz de criar humor e fazer os outros rirem?"

Como se vê, os indivíduos que fizeram o treinamento pontuaram significativamente melhor em ambas as medidas, melhorando em até 15%. Mesmo aqueles que não haviam praticado as técnicas mostraram algum progresso. Em resumo, embora os próprios indivíduos acharam que não haviam se tornado mais engraçados, as pessoas a seu redor discordaram.

É tentador fazer a pergunta óbvia: **apenas 15%?** Isso dificilmente parece muito, especialmente em comparação com a promessa de Stanley Lyndon de 200%. Mas imagine como seria bom ser 15 % mais inteligente. Ou 15% mais atraente. Se eu fosse 15% mais alto, eu estaria perto do tamanho de um pivô mediano na NBA. Deve-se aceitar 15% de melhoria em tudo.

Infelizmente, não foi realizada muita pesquisa de acompanhamento ao trabalho de Nevo, por isso ainda não sabemos por que os indivíduos em seu experimento não "sentiram-se" mais engraçados, mesmo que seus colegas achassem que eram. Uma possível explicação é que o senso de humor é uma característica, como discutido anteriormente. Características não mudam rapidamente, o que significa que seria necessário mais de 20 horas de treinamento para ver a melhoria óbvia. Também pode ser que as mudanças na comicidade sejam sutis, mais do que possam ser detectadas com medições científicas. Isto pode ajudar a explicar por que comediantes profissionais com anos de experiência muitas vezes alegam que estão apenas começando a aprender seu ofício. O humor é algo que jamais pode ser dominado. Ele só pode ser aprendido.

E que a aprendizagem ocorra ao longo de toda uma vida de prática, e prática, e prática, e prática, e prática.

Conclusão

> *"É mais agradável ler um livro humorístico do que ler um explicando o humor."*
>
> — Avner Ziv

"Eu consegui um lugar. Eu vou ao palco no próximo domingo."
Foi o que eu disse a minha esposa Laura após terminar este livro. Eu havia me inscrito para realizar uma curta apresentação na noite amadora em um clube de comédia local e, embora eu estivesse apavorado, parecia a coisa certa a fazer. Eu passara mais de um ano da minha vida lendo artigo após artigo, livro após livro sobre o tema do humor. Minha mente nunca estaria mais sintonizada para compreender, analisar e dissecar o que torna piadas engraçadas. Se havia um momento para aplicar esse conhecimento, era agora.

"Eu pensei que o livro deveria ser sobre ciência", Laura respondeu. "Não um livro de como fazer", ou seja, um manual", ela completou.

Laura estava menos entusiasmada com minha proposta do que eu esperava. Ainda assim, não a culpei, porque ela estava certa. O livro não se destinava a ser um guia prático, e eu não tinha interesse em comédia como **passatempo** ou **profissão**. Mas eu ainda sentia que precisava aplicar o que tinha aprendido em um cenário da vida real. Assim como um professor de arte nunca daria uma aula sem ter lançado um pincel contra a tela, eu tinha que ver como era "fazer comédia". **Não é?**

"Eu preciso pelo menos experimentar o que venho falando. Eu posso não ser nada bom, mas eu quero saber como é contar uma piada diante de uma plateia", exclamou.

Laura olhou para mim com os olhos fixos, como se eu tivesse acabado de dizer que estava começando a jogar beisebol profissional porque eu sabia as estatísticas de rebatidas de todo o time do Red Sox. Há uma diferença entre compreender o que torna uma piada engraçada e ser capaz de compartilhar essa piada de uma maneira divertida. Laura recomendou que eu fizesse uma apresentação prévia inicialmente, e eu concordei que provavelmente isso seria uma boa ideia. Mas isso também destruiria a questão. Eu não estava realmente tentando ser engraçado, pelo menos não mais engraçado do que eu já era. Eu simplesmente queria saber como era se apresentar. Eu queria saber onde traçar a linha entre ciência e arte, para que eu pudesse compartilhar até onde o conhecimento sobre incongruência e surpresa pode levar um humorista aspirante. Eu queria saber onde a teoria terminava e onde a apresentação fluida começava.

Em suma, eu queria ir até onde não dá pé. E eu o fiz.

Na noite da apresentação eu estava nervoso, é claro, mas me acalmei praticando o que eu tinha escrito em cartões 10×15. Como o *show* foi realizado em um domingo à noite e somente artistas amadores estavam no palco, eu esperava que a plateia fosse pequena. Eu estava errado. Com apenas uma pequena taxa de entrada e comida e bebida baratas, o clube de comédia estava lotado. Acabei sendo a terceira pessoa a apresentar-se naquela noite e, na hora em que pisei no palco, estava lamentando seriamente minha decisão. Mas era tarde demais para mudar de ideia.

"Como estão todos esta noite?" eu perguntei quando peguei o microfone e olhei para a multidão, sabendo que eu tinha que dizer algo para começar o *show*. Como esperado, muitos membros da plateia aplaudiram, alimentados por cerveja barata e frango à passarinho.

Eu congelei. Depois de todas as madrugadas que eu passara em bibliotecas tentando achar artigos de 60 anos de idade sobre as reações das pessoas aos álbuns de Benny Goodman, eu estava perdido. Não ajudou em nada que eu soubesse que o riso aumenta com a intoxicação alcoólica ou que Beavis e Butthead compartilham semelhanças marcantes com a dupla popular russa do século XVII, Foma e Yerema. Eu estava sozinho, apenas com meu conhecimento suado sobre humor para me salvar.

"Então, dois caçadores de Nova Jersey estavam caminhando na floresta quando um deles acidentalmente acerta o outro. Agitado, o homem liga para a emergência..."

>> <<

Sim, eu contei a piada do concurso de piadas do LaughLab que terminou o primeiro capítulo. Mas eu não comecei assim. Eu queria, mas Laura me alertou contra. Em vez disso, assim que me acalmei, contei umas anedotas sobre minha vida pessoal para aquecer, e então usei o humor da situação – que eu era um cientista tentando ser engraçado – para conseguir um pouco de simpatia do público. Eu segui meu próprio conselho de relaxar e ser eu mesmo. Compartilhei histórias pessoais e deixei a parte mais engraçada de mim mesmo brilhar. E, no fim, eu ainda assim fui mal. Grande coisa a tal infalibilidade da ciência.

O aspecto mais estranho do *show* foi que eu consegui algumas risadas, mas elas não foram nos lugares em que eu esperava. Era como se minha conexão com o público ligasse e desligasse em pontos aleatórios de minha apresentação. E muitas das minhas piadas eram mais engraçadas do que as de outros artistas que conseguiram muito mais aplausos. Essa não é apenas minha opinião, é o que vários membros da palteia me disseram depois. Mas também compartilharam outras coisas. "Você segurou o microfone muito baixo", disse uma senhora enquanto eu tentava fazer uma saída rápida. "Eu não conseguia ouvir o que você dizia", complementou ela dizendo.

Quem teria imaginado que não ter familiaridade com microfones seria um problema tão grande? "Eu ri quando ouvi o que você estava dizendo", minha amiga Jette acrescentou, seu tom era uma mistura de graça e pena. "Mas você acelerou muito também. Você fala rápido, o que o tornou difícil de entender. Você sabia disso?", enfatizou Jette.

Sim, eu sabia disso. A culpa é de seis anos de vida na Nova Inglaterra, onde é falar ou sofrer por falarem mais do que você. Falo ainda mais rápido quando estou nervoso, o que tenho certeza que piorou as coisas.

Ainda assim, tenho memórias positivas da performance, porque houve momentos em que me senti entrando na apresentação. Simplesmente deixei minha mente relaxar. Não estava pensando em piadas ou no público, somente permitindo que meu conhecimento inconsciente sobre humor se expressasse naturalmente. Foi uma ótima sensação, embora de curta duração, e isso me fez entender por que as pessoas a procuram. Apesar do constrangimento de ter me saído tão mal, e então receber tantos conselhos de amigos e desconhecidos depois, aqueles breves momentos fizeram tudo valer a pena.

Essa sensação de estar no momento, que o psicólogo húngaro Mihaly Csikszentmihalyi chama de **fluxo**, também é o que a maioria dos atletas e artistas se esforçam para conseguir. Kevin Durant não ajusta conscientemente o arco de seu lance de três pontos pouco antes do lançamento, assim como Serena Williams não lembra a si mesma de dobrar os joelhos quando ela joga a bola para cima para o serviço. Nosso melhor desempenho vem quando nosso conhecimento, tanto implícito quanto explícito, torna-se **instinto**.

Poucos humoristas profissionais começam com sucesso porque é preciso tempo para o humor tornar-se parte de quem somos, conectados aos conflitos interiores que definem nossa personalidade. Quando George Carlin começou a apresentar-se, sua performance era relativamente gentil, com quase nenhum palavrão ou comentário político. Ele se tornou um ícone só depois de soltar seu desprezo pela hipocrisia. Richard Pryor não atraía o público até sair da sombra de Bill Cosby e abordar o racismo de cabeça, um assunto já proeminente em sua mente, mas raramente diretamente abordado. Steve Martin não ficou conhecido até que ele finalmente aceitou que era o oposto de artistas como Carlin e Pryor e abraçou seu eu barbeado e apolítico, destacando os aspectos ridículos da comédia em geral.

Embora a maioria de nós não aspire ser um comediante profissional, ainda assim podemos aprender com artistas como estes, tornando o humor uma parte inconsciente de nossas vidas. Quando nos referimos a alguém como tendo uma personalidade bem-humorada, o que queremos dizer é que esta pessoa vê a ambiguidade, a confusão e os conflitos inerentes à vida e os transforma em prazer. Se você realmente quer ser mais engraçado, pode participar de um seminário, ou ainda pode apenas internalizar tudo o que você aprendeu e torná-lo parte de uma nova perspectiva. Ao ler este livro, você já tem o conhecimento. Tudo o que precisa fazer agora é usá-lo.

Para os organismos iniciais deste planeta, o conflito era simples, envolvendo uma só questão: **Algo está prestes a me matar e me comer?** A vida logo tornou-se mais complicada, bem como o cérebro humano. Um insignificante centro nervoso não era mais suficiente para nos manter longe de problemas. Precisávamos de partes para pensar à frente, com foco não apenas no que poderia nos matar hoje, mas também no que poderia nos matar amanhã. Precisávamos de partes para descobrir como nos comunicar com os outros e para treinar gerações futuras a não serem mortas também. Enfim, milhões de anos depois, desenvolvemos partes que começaram a questionar para que realmente serviam todas estas peças e, em primeiro lugar, por que temos tantas partes.

O humor é simplesmente uma consequência de ter tantas partes. Não é errado sermos tão complicados, é apenas quem somos. Algumas pessoas se sentem tristes a maior parte do tempo, mesmo que suas vidas sejam muito boas. Algumas pessoas têm que constantemente verificar e verificar novamente se as portas estão trancadas porque sua ansiedade é enorme se não o fizerem. Estas são consequências de possuirmos cérebros que fazem muito e, embora isso possa parecer uma bobagem, considere isto: quando foi a última vez que um esquilo apresentou uma performance de comédia de *stand-up*? O cérebro de um esquilo pesa cerca de 6 gramas. Com esses 6 gramas ele consegue a notável capacidade de subir em árvores e distinguir diferentes tipos de nozes. Multiplique isso por 250 e você terá muito mais!

Espero que você tenha obtido com este livro uma valorização de nossa mente complexa e modular. Também espero que você concorde que, ao pensar mais profundamente sobre o humor, ganhamos uma melhor compreensão de como nossa mente funciona. Antes de ler este livro, você provavelmente sabia que a **surpresa** é uma parte importante de por que as piadas são engraçadas. Mas eu duvido que você desse muita atenção a por que ser surpreendido por uma piada nos faz rir, mas ser surpreendido por um intruso não. Você provavelmente não sabia que a mesma substância responsável por dar um "estado de êxtase" barato a usuários de drogas depois de cheirarem cocaína ajuda-nos a apreciar cartuns e frases humorísticas. Ou que simplesmente assistir a um filme engraçado reduz o estresse, melhora nossa resposta do sistema imunológico e até mesmo nos torna mais inteligentes e melhores solucionadores de problemas.

Então, da próxima vez em que você ouvir uma piada que não for particularmente engraçada, por favor **ria de qualquer maneira**, sabendo que todo mundo se beneficia. Não só você vai ter uma vida mais feliz e mais saudável, mas os outros provavelmente vão rir junto com você. E é difícil ficar de mau humor quando você está rindo.

Ah, e aquela última piada sobre os dois caçadores na floresta, a que eu contei como parte de minha apresentação de comédia, ela conseguiu um monte de risadas, mais do que qualquer outra parte de minha performance. Talvez seja porque eu a pratiquei dezenas, talvez centenas de vezes. Ou talvez ela realmente seja a piada mais engraçada do mundo. Eu duvido, mas recomendo praticá-la você mesmo de qualquer maneira. Nunca é demais ter uma piada ou duas no bolso de trás, caso a oportunidade se apresente.

Isso não é ciência, mas eu mantenho a recomendação de qualquer maneira!

Agradecimentos

Para Dan e Maria Weems, obrigado por me ensinarem que nada mais é importante se você não pode rir.

Obrigado a Laura pelo bom humor constante ao longo de 20 anos de casamento, especialmente os últimos dois em que o humor tornou-se mais do que apenas uma perspectiva. Adivinhe? Bunda de frango!

Um reconhecimento especial vai para meus amigos que assistiram a minha performance cômica descrita na conclusão do livro: Jette Findsen, Brian Goddard, Dave e Roxy Holyoke, Andrew Oliver e Charlotte Stewart. Não tenho certeza se estou feliz ou triste que vocês viram o massacre, mas pelo menos vocês sabem que eu tentei. Obrigado também ao Magooby's Joke House em Baltimore por não gravarem a noite.

Obrigado a todos os cientistas que deram entrevistas e outros pensamentos úteis a respeito do livro: Salvatore Attardo, Margaret Boden, Jeffrey Burgdorf, Seana Coulson e Christie Davies. Também obrigado a Jenna, que compartilhou suas histórias pessoais de epilepsia gelástica. Sou especialmente grato a Eran Zaidel e James Reggia, que me ensinaram que a educação, como o humor, deve continuar por toda a vida.

Obrigado a meu agente, Ethan Bassoff, que me guiou através de um mundo estrangeiro, e ao pessoal da Basic Books por tornarem tudo isso possível.

Muita apreciação a Steven Cramer, Leah Hager Cohen, Chris Lynch, e todo mundo na Universidade de Lesley. Você são os melhores.

Notas

Introdução

Sobre a frequência do riso, ver Rod Martin e Nicholas Kuiper, *Daily Occurrence of Laughter: Relationships with Age, Gender, and Type A Personality*, Humor: International Journal of Humor Research 12, nº 4 (1999): 355–384; e também Dan Brown e Jennings Bryant, *Humor in the Mass Media*, no *Handbook of Humor Research, Volume II: Applied Studies*, ed. Paul McGhee e Jeffrey Goldstein (New York: Springer-Verlag, 1983): 143–172.

Sobre humor e inteligência, ver Daniel Howrigan e Kevin MacDonald, *Humor as a Mental Fitness Indicator*, Evolutionary Psychology 6, nº 4 (2008): 652–666.

Sobre o humor de Albert Camus, ver Anne Greenfeld, *Laughter in Camus' The Stranger, The Fall, and The Renegade*, Humor: International Journal of Humor Research 6, nº 4 (1993): 403–414.

Sobre as origens da *Humorologia*, ver Mahadev Apte, *Disciplinary Boundaries in Humorology: An Anthropologist's Ruminations*, Humor: International Journal of Humor Research 1, nº 1 (1988): 5–25.

Capítulo 1: Cocaína, Chocolate e Mr. Bean

Kagera

Sobre a epidemia de riso em Kagera, ver A. Rankin e P. Phillip, *An Epidemic of Laughing in the Bukoba District of Tanganyika*, Central African Journal of Medicine 9 (1963): 167-170; e também Christian Hempelmann, *The Laughter of the 1962 Tanganyika Laughter Epidemic*, Humor: International Journal of Humor Research 20, nº 1 (2007): 49-71.

O que é humor?

Para a entrevista com Conchesta, bem como uma revisão informativa sobre o riso em geral, eu recomendo o excelente *podcast* do *RadioLab* intitulado *Laughter*.

Sobre o riso em chimpanzés, ver Frans de Waal, *Chimpanzee Politics: Power and Sex Among Apes* (New York: Harper & Row, 1982).

Sobre o riso em cães, ver Patricia Simonet, Donna Versteeg e Dan Storie, *Dog-Laughter: Recorded Playback Reduces Stress-Related Behavior in Shelter Dogs*, no *Proceedings of the 7th International Conference on Environmental Enrichment* (New York, 2005).

O fugidio conceito de comicidade

Sobre o teste de resposta à comicidade, ver Jacob Levine e Robert Abelson, *Humor as a Disturbing Stimulus*, no *Motivation in Humor*, ed. Jacob Levine (New Brunswick, NJ: Transaction Publishers, 1969), pp. 38-48.

Sobre cartuns humorísticos e o circuito de recompensa dopaminérgico, ver Dean Mobbs, Michael Greicius, Eiman Abdel-Azim, Vinod Menon e Allan Reiss, *Humor Modulates the Mesolimbic Reward Centers*, Neuron 40 (2003): 1041-1048.

Sobre arrepios musicais, ver Anne Blood e Robert Zatorre, *Intensely Pleasurable Responses to Music Correlate with Activity in Brain Regions Implicated in Reward and Emotion*, Proceedings of the National Academy of Sciences 98, nº 20 (2001): 11818-11823.

Sobre Mr. Bean e recompensas dopaminérgicas, ver Masao Iwase, Yasuomi Ouchi, Hiroyuki Okada, Chihiro Yokoyama, Shuji Nobezawa, Etsuji Yoshikawa, Hideo Tsukada, Masaki Takeda, Ko Yamashita, Masatoshi Takeda, Kouzi Yamaguti, Hirohiko Kuratsune, Akira Shimizu e Yasuyoshi Watanabe, *Neural Substrates of Human Facial Expression of Pleasant Emotion Induced by Comic Films: A PET Study*, NeuroImage 17 (2002): 758-768.

Sobre vocalizações de ratos, ver Jeffrey Burgdorf, Paul Wood, Roger Kroes, Joseph Moskal e Jaak Panksepp, *Neurobiology of 50-kHz Ultrasonic Vocalizations in Rats: Electrode Mapping, Lesion, and Pharmacology Studies*, Behavioral Brain Research 182 (2007): 274-283; e também Jaak Panksepp e Jeff Burgdorf, *Laughing Rats and the Evolutionary Antecedents of*

Human Joy? Physiology and Behavior 79 (2003): 533-547; e também Jaak Panksepp e Jeffrey Burgdorf, *Laughing Rats? Playful Tickling Arouses High-Frequency Ultrasonic Chirping in Young Rodents,*noToward a Science of Consciousness III: The Third Tucson Discussions and Debates, eds. Stuart Hameroff, Alfred Kaszniak e David Chalmers (Cambridge, MA: MIT Press, 1999).

A piada mais engraçada do mundo

Sobre o experimento do LaughLab, ver Richard Wiseman, *Quirkology: How We Discover the Big Truths in Small Things* (New York: Basic Books, 2008).

CAPÍTULO 2: A EMOÇÃO DA DESCOBERTA

Sobre a explicação como impulso principal, ver Alison Gopnik, *Explanation as Orgasm, Minds and Machines* 8 (1998): 101-118.

Sobre tríades de palavras e reações faciais positivas, ver Sascha Topolinski, Katja Likowski, Peter Weyers e Fritz Strack, *The Face of Fluency: Semantic Coherence Automatically Elicits a Specific Pattern of Facial Muscle Reactions, Cognition and Emotion* 23, nº 2 (2009): 260-271.

Sobre *insight* e estado de espírito positivo, ver Karuna Subramaniam, John Kounios, Todd Parrish e Mark Jung-Beeman, *A Brain Mechanism for Facilitation of Insight by Positive Affect, Journal of Cognitive Neuroscience* 21, nº 3 (2008): 415-432. Para mais sobre associações semânticas, ver Edward Bowden e Mark Jung-Beeman, *Normative Data for 144 Compound Remote Associate Problems, Behavior Research Methods, Instruments, and Computers* 35, nº 4 (2003): 634-639.

Construção e o cíngulo anterior

Sobre emoção e a tarefa de Stroop, ver Julius Kuhl e Miguel Kazén, *Volitional Facilitation of Difficult Intentions: Joint Activation of Intention Memory and Positive Affect Removes Stroop Interference, Journal of Experimental Psychology: General* 128, nº 3 (1999): 382-399.

Sobre julgamento de peso e riso, ver Göran Nerhardt, *Humor and Inclination to Laugh: Emotional Reactions to Stimuli of Different Divergence from a Range of Expectancy, Scandinavian Journal of Psychology* 11 (1970): 185-195; e também Lambert Deckers, *On the Validity of a Weight-Judging Paradigm for the Study of Humor, Humor: International Journal of Humor Research* 6, nº 1 (1993): 43-56.

Ajustamento em um mundo confuso

Sobre confiança e tarefas de *insight*, ver Janet Metcalfe, *Premonitions of Insight Predict Impending Error, Journal of Experimental Psychology: Learning, Memory, and Cognition* 12, nº 4 (1986): 623-634.

Sobre surpresa e prazer, ver Craig Smith e Phoebe Ellsworth, *Patterns of Cognitive Appraisal in Emotion, Journal of Personality and Social Psychology* 48, nº 4 (1985): 813-838.

Sobre o prazer da surpresa na música e na arquitetura, ver Rudolf Arnheim, *The Dynamics of Architectural Form* (Los Angeles: University of California Press, 1977).

Sobre ativação cerebral durante visualização de cartuns, ver Karli *Watson*, Benjamin Matthews e John Allman, *Brain Activation During Sight Gags and Language-Dependent Humor, Cerebral Cortex* 17 (2007): 314-324.

Resolução com *scripts*

Sobre *scripts*, ver Salvatore Attardo, Christian Hempelmann e Sara Di Maio, *Script Oppositions and Logical Mechanisms: Modeling Incongruities and Their Resolutions, Humor: International Journal of Humor Research* 15, nº 1 (2002): 3-46.

Sobre a Teoria Geral do Humor Verbal, ver Salvatore Attardo e Victor Raskin, *Script Theory Revisited: Joke Similarity and Joke Representation Model, Humor: International Journal of Humor Research* 4, nº 3/4 (1991): 293-347.

Sobre incongruências de fundo em piadas, ver Andrea Samson e Christian Hempelmann, *Humor with Background Incongruity: Does More Required Suspension of Disbelief Affect Humor Perception? Humor: International Journal of Humor Research* 24, nº 2 (2011): 167-185.

Sobre respostas no EEG a piadas e desfechos, ver Peter Derks, Lynn Gillikin, Debbie Bartolome-Rull e Edward Bogart, *Laughter and Electroencephalographic Activity, Humor: International Journal of Humor Research* 10, nº 3 (1997): 285-300.

Além dos estágios

Sobre ambiguidade em manchetes, ver Chiara Bucaria, *Lexical and Syntactic Ambiguity as a Source of Humor: The Case of Newspaper Headlines, Humor: International Journal of Humor Research* 17, nº 3 (2004): 279-309.

Sobre orientação política e o cíngulo anterior, ver Ryota Kanai, Tom Feilden, Colin Firth e Geraint Rees, *Political Orientations Are Correlated with Brain Structure in Young Adults, Current Biology* 21 (2011): 677-680.

Sobre atividade cerebral e crença religiosa, ver Michael Inzlicht e Alexa Tullett, *Reflecting on God: Religious Primes Can Reduce Neurophysiological Response to Errors*, Psychological Science 21, nº 8 (2010): 1184-1190; e também, interessante pano de fundo em James Austin, *Zen and the Brain* (New York: MIT Press, 1998).

Capítulo 3: Escala No Empire State Building

O humor recebe uma crítica ruim

Sobre humor e a *Bíblia*, ver John Morreall, *Comic Vices and Comic Virtues*, Humor: International Journal of Humor Research 23, nº 1 (2010): 1-26; e também John Morreall, *Philosophy and Religion*, no *The Primer of Humor Research*, ed. Victor Raskin (New York: Mouton de Gruyter, 2009), pp. 211-228; e também Jon Roeckelein, *The Psychology of Humor: A Reference Guide and Annotated Bibliography* (Westport, CT: Greenwood Press, 2002).

Sobre latência de piadas após desastres, ver Bill Ellis, *A Model for Collecting and Interpreting World Trade Center Disaster Jokes*, New Directions in Folklore 5 (2001): 1-9.

Sobre humor insultuoso, ver Christie Davies, *Undertaking the Comparative Study of Humor*, no *The Primer of Humor Research*, ed. Victor Raskin (New York: Mouton de Gruyter, 2009), pp. 162-175; e também Christie Davies, *Ethnic Humor Around the World: A Comparative Analysis* (Indianapolis: Indiana University Press, 1990); e também *Mirth of Nations* (New Brunswick, NJ: Transaction Publishers, 2002). As citações no texto são de entrevistas pessoais.

Sobre piadas de deficiente, ver Herbert Lefcourt e Rod Martin, *Humor and Life Stress: Antidote to Adversity* (New York: Springer-Verlag, 1986).

Sobre humor e o processo de recuperação, ver Dacher Keltner e George Bonanno, *A Study of Laughter and Dissociation: Distinct Correlates of Laughter and Smiling During Bereavement*, Journal of Personality and Social Psychology 73, nº 4 (1997): 687-702; e também Charles Carver, Christina Pozo, Suzanne Harris, Victoria Noriega, Michael Scheier, David Robinson, Alfred Ketcham, Frederick Moffat e Kimberly Clark, *How Coping Mediates the Effect of Optimism on Distress: A Study of Women with Early Stage Breast Cancer*, Journal of Personality and Social Psychology 65, nº 2 (1993): 375-390.

Sobre o papel da crueldade no humor, ver Thomas Herzog e Beverly Bush, *The Prediction of Preference for Sick Humor*, Humor: International

Journal of Humor Research 7, nº 4 (1994): 323-340; e também Thomas Herzog e Joseph Karafa, *Preferences for Sick Versus Nonsick Humor*, *Humor: International Journal of Humor Research* 11, nº 3 (1998): 291-312; e também Thomas Herzog e Maegan Anderson, *Joke Cruelty, Emotional Responsiveness, and Joke Appreciation*, *Humor: International Journal of Humor Research* 13, nº 3 (2000): 333-351.

Sobre humor na mídia após desastres, ver Giselinde Kuipers, *Where Was King Kong When We Needed Him? Public Discourse, Digital Disaster Jokes, and the Functions of Laughter after 9/11*, *Journal of American Culture* 28, nº 1 (2005): 70-84.

Filmes de terror e alívio

Sobre experiência emocional durante filmes de terror, ver Eduardo Andrade e Joel Cohen, *On the Consumption of Negative Feelings*, *Journal of Consumer Research* 34 (2007): 283-300.

Sobre Grande Humor, ver Hans Vejleskov, *A Distinction Between Small Humor and Great Humor and Its Relevance to the Study of Children's Humor*, *Humor: International Journal of Humor Research* 14, nº 4 (2001): 323-338.

Sobre humor em prisioneiros de guerra, incluindo a história de Gerald Santo Venanzi, ver Linda Henman, *Humor as a Coping Mechanism: Lessons from POWs*, *Humor: International Journal of Humor Research* 14, nº 1 (2001): 83-94.

Piadas com alvo

Para uma visão geral sobre células fusiformes, ver John Allman, Atiya Hakeem e Karli Watson, *The Phylogenetic Specializations in the Human Brain*, *The Neuroscientist* 8, nº 4 (2002): 335-346; e também Karli Watson, T. K. Jones e John Allman, "Dendritic Architecture of the Von Economo Neurons," *Neuroscience* 141 (2006): 1107-1112.

Sobre a tarefa emocional de Stroop, ver John Allman, Atiya Hakeem, Joseph Erwin, Esther Nimchinsky e Patrick Hof, *The Anterior Cingulate: The Evolution of an Interface Between Emotion and Cognition*, *Annals of the New York Academy of Sciences* 935 (2001): 107-117.

Sobre as piadas de David Levy, ver Hagar Salamon, *The Ambivalence over the Levantinization of Israel: David Levi Jokes*, *Humor: International Journal of Humor Research* 20, nº 4 (2007): 415-442.

Sobre piadas de elefante e racismo latente, ver Roger Abrahams e Alan Dundes, *On Elephantasy and Elephanticide*, *Psychoanalysis Review* 56 (1969): 225-241.

Sobre piadas de advogado, ver Christie Davies, *American Jokes About Lawyers*, Humor: *International Journal of Humor Research* 21, nº 4 (2008): 369-386; e também Marc Galanter, *"The Great American Lawyer Joke Explosion,"* Humor: *International Journal of Humor Research* 21, nº 4 (2008): 387-413.

Sobre as tribos Dyak de Bornéu, ver V. I. Zelvys, *Obscene Humor: What the Hell?* Humor: *International Journal of Humor Research* 3, nº 3 (1990): 323-332.

Capítulo 4: A Especialização é Para os Insetos

A.K.

Sobre a paciente A.K., ver Itzhak Fried, Charles Wilson, Katherine MacDonald e Eric Behnke, *Electric Current Stimulates Laughter*, Nature 391 (1998): 650.

Sobre epilepsia gelástica, ver R. Garg, S. Misra e R. Verma, *Pathological Laughter as Heralding Manifestation of Left Middle Cerebral Artery Territory Infarct: Case Report and Review of the Literature*, Neurology India 48 (2000): 388-390; e também Mario Mendez, Tomoko Nakawatase e Charles Brown, *Involuntary Laughter and Inappropriate Hilarity*, Journal of Neuropsychiatry and Clinical Neurosciences 11, nº 2 (1999): 253-258.

Estados e características

Sobre a fórmula de humor de Peter Derks, ver Antony Chapman e Hugh Foot, *Humor and Laughter: Theory, Research, and Applications* (New Brunswick, NJ: Transaction Publishers, 1996).

Sobre humor e religiosidade, ver Vassilis Saroglou, *Being Religious Implies Being Different in Humour: Evidence from Self- and Peer Ratings*, Mental Health, Religion, and Culture 7, nº 3 (2004): 255-267.

Sobre as características de personalidade de cartunistas, ver Paul Pearson, *Personality Characteristics of Cartoonists*, Personality and Individual Differences 4, nº 2 (1983): 227-228.

Sobre as diferenças de gênero para os traços de personalidade de Eysenck, ver R. Lynn e T. Martin, *Gender Differences in Extraversion, Neuroticism, and Psychoticism in 37 Nations*, Journal of Social Psychology 137, nº 3 (1997): 369-373.

Sobre as características de personalidade de pessoas criativas, ver Giles Burch, Christos Pavelis, David Hemsley e Philip Corr, *Schizotypy and Creativity in Visual Artists*, British Journal of Psychology 97 (2006): 177-190; e também Gregory Feist, *A Meta-Analysis of Personality in Scientific* and Artistic Creativity, *Personality and Social Psychology Review* 2, nº 4 (1998): 290-309; e também Karl Gotz e Karin Gotz, Personality Characteristics of Successful Artists, *Perceptual and Motor Skills* 49 (1979): 919-924; e também Cary Cooper e Geoffrey Wills, "Popular Musicians Under Pressure," *Psychology of Music* 17, nº 1 (1989): 22-36.

Sobre o estudo de senso de humor e características de personalidade em larga escala de Willibald Ruch, ver Gabrielle Köhler e Willibald Ruch, *Sources of Variance in Current Sense of Humor Inventories: How Much Substance, How Much Method Variance? Humor: International Journal of Humor Research* 9, nº 3/4 (1996): 363-397.

Sobre buscadores de sensações e humor absurdo, ver Andrea Samson, Christian Hempelmann, Oswald Huber e Stefan Zysset, *Neural Substrates of Incongruity-Resolution and Nonsense Humor, Neuropsychologia* 47 (2009): 1023-1033.

Sobre humor e ambientalismo, ver Herbert Lefcourt, *Perspective-Taking Humor and Authoritarianism as Predictors of Anthropocentrism, Humor: International Journal of Humor Research* 9, nº 1 (1996): 57-71.

Sobre humor e personalidade Tipo A, ver Rod Martin e Nicholas Kuiper, *Daily Occurrence of Laughter: Relationships with Age, Gender, and Type A Personality, Humor: International Journal of Humor Research* 12, nº 4 (1999): 355-384.

Sobre humor and analidade, ver Richard O'Neill, Roger Greenberg e Seymour Fisher, *Humor and Anality, Humor: International Journal of Humor Research* 5, nº 3 (1992): 283-291.

O sexo frágil

Sobre a abordagem de Robin Lakoff sobre feminismo e humor, ver seu livro *Language and Woman's Place* (New York: Oxford University Press, 2004).

Sobre riso em configurações naturais, ver Robert Provine, *Laughter: A Scientific Investigation* (New York: Penguin, 2001).

Sobre diferenças dos sexos em ativação cerebral durante piadas, ver Eiman Azim, Dean Mobbs, Booil Jo, Vinod Menon e Allan Reiss, *Sex Differences in Brain Activation Elicited by Humor, Proceedings of the National Academy of Sciences* 102, nº 45 (2005): 16496-16501.

Sobre catuns da *Playboy* versus *The New Yorker*, ver Peter Derks, *Category and Ratio Scaling of Sexual and Innocent Cartoons, Humor: International Journal of Humor Research* 5, nº 4 (1992): 319-329.

Sobre as consequências do humor sexista, ver Thomas Ford, Christie Boxer, Jacob Armstrong, e Jessica Edel, *More Than Just a Joke: The Prejudice-Re-*

leasing Function of Sexist Humor, *Personality and Social Psychology Bulletin* 34, nº 2 (2008): 159-170.

A especialização é para os insetos

Sobre permanência dos objetos em animais, ver Francois Doré, *Object Permanence in Adult Cats (Felis Catus)*, *Journal of Comparative Psychology* 100, nº 4 (1986): 340-347; e também Holly Miller, Cassie Gipson, Aubrey Vaughn, Rebecca Rayburn-Reeves e Thomas Zentall, *Object Permanence in Dogs: Invisible Displacement in a Rotation Task*, *Psychonomic Bulletin and Review* 16, nº 1 (2009): 150-155; e também Almut Hoffmann, Vanessa Rüttler e Andreas Nieder, *Ontogeny of Object Permanence and Object Tracking in the Carrion Crow, Corvus Corone*, *Animal Behavior* 82 (2011): 359-367.

Sobre aprendizado infantil de ironia e sarcasmo, ver Amy Demorest, Christine Meyer, Erin Phelps, Howard Gardner e Ellen Winner, *Words Speak Louder Than Actions: Understanding Deliberately False Remarks*, *Child Development* 55 (1984): 1527-1534; e também Carol Capelli, Noreen Nakagawa e Cory Madden, *How Children Understand Sarcasm: The Role of Context and Intonation*, *Child Development* 61 (1990): 1824-1841.

Sobre humor e conservadorismo, ver Willibald Ruch, Paul McGhee e Franz-Josef Hehl, *Age Differences in the Enjoyment of Incongruity-Resolution and Nonsense Humor During Adulthood*, *Personality and Aging* 5, nº 3 (1990): 348-355.

CAPÍTULO 5: NOSSOS SENHORES COMPUTADORES

Sobre a vitória de *Watson*, ver Stephen Baker, *Final Jeopardy: Man Versus Machine and the Quest to Know Everything* (New York: Houghton Miffl in Harcourt, 2011). Sobre o projeto de *Watson*, ver o relatório oficial publicado pela IBM intitulado *Watson-A System Designed for Answers*, que pode ser facilmente encontrado utilizando uma busca *on-line*.

Detecção de padrões e geração de hipóteses

Para ver *The Joking Computer*, visite o *site* público em http://www.abdn.ac.uk/jokingcomputer; para um excelente *site* que escolhe piadas que especificamente se encaixam em seu próprio senso de humor baseado em um algoritmo filtrante, ver http://eigentaste.berkeley.edu.

Sobre humor, computadores e criatividade, ver praticamente qualquer coisa de Margaret Boden, incluindo *The Creative Mind: Myths and Mechanisms*

(New York: Routledge, 2004); e também *Creativity and Artifi cial Intelligence*, Artificial Intelligence 103 (1998): 347-356; e também *Creativity and Computers*, Current Science 64, nº 6 (1993): 419-433. As citações no texto são de entrevistas pessoais.

Sobre JAPE, ver Kim Binstead e Graeme Ritchie, *An Implemented Model of Punning Riddles*, in Proceedings of the Twelfth National Conference on Artificial Intelligence (Menlo Park, CA: American Association for Artificial Intelligence, 1994).

Sobre Hahacronym, ver Oliviero Stock e Carlo Strapparava, *Hahacronym: A Computational Humor System*, no Proceedings of the ACL Interactive Poster and Demonstration Sessions (Ann Arbor, MI: Association for Computational Linguistics, 2005); e também Oliviero Stock e Carlo Strapparava, *Hahacronym: Humorous Agents for Humorous Acronyms*, Humor: International Journal of Humor Research 16, nº 3 (2003): 297-314.

Sobre DEviaNT, ver Chloé Kiddon e Yuriy Brun, *That's What She Said: Double Entendre Identification*, no Proceedings of the 49th Annual Meeting of the Association for Computational Linguistics (Portland, OR: Association for Computational Linguistics, 2011).

Sobre o programa de computador de frases humorísticas da Universidade do Norte do Texas, ver Rada Mihalcea e Carlo Strapparava, *Making Computers Laugh: Investigations in Automatic Humor Recognition*, no Proceedings of the Joint Conference on Human Language Technology/Empirical Methods in Natural Language Processing (Vancouver, Canada, 2005); e também Rada Mihalcea e Carlo Strapparava, *Learning to Laugh (Automatically): Computational Models for Humor Recognition*, Computational Intelligence 22, nº 2 (2006): 126-142.

Sobre probabilidade de completamento e humor, ver Rachel Giora, *Optimal Innovation and Pleasure*, in Proceedings of the Twentieth Workshop on Language Technology (Trento, Italy, 2002).

Sobre humor e efeitos N400, ver Seana Coulson e Marta Kutas, *Getting It: Human Event-Related Brain Response to Jokes in Good and Poor Comprehenders*, Neuroscience Letters 316 (2001): 71-74.

Sobre priming semântico e humor, ver Jyotsna Vaid, Rachel Hull, Roberto Heredia, David Gerkens e Francisco Martinez, *Getting the Joke: The Time Course of Meaning Activation in Verbal Humor*, Journal of Pragmatics 35 (2003): 1431-1449.

Criatividade transformadora

Sobre a neurociência da criatividade, ver Arne Dietrich e Riam Kanso, *A Review of EEG, ERP, and Neuroimaging Studies of Creativity and Insight*,

Psychological Bulletin 136, nº 5 (2010): 822–848; e também Hikaru Takeuchi, Yasuyuki Taki, Hiroshi Hashizume, Yuko Sassa, Tomomi Nagase, Rui Nouchi e Ryuta Kawashima, *The Association Between Resting Functional Connectivity and Creativity*, *Cerebral Cortex* 22, nº 12 (2012): 1–9.

Sobre *Gaiku*, ver Yael Netzer, David Gabay, Yoav Goldberg e Michael Elhadad, *Gaiku: Generating Haiku with Word Association Norms*, no *NAACL Workshop on Computational Approaches to Linguistic Creativity* (Boulder, CO, 2009).

Sobre as tentativas dos computadores de simular música, pintura e outras artes, ver Boden's *The Creative Mind: Myths and Mechanisms;* e também Paul Hodgson, *Modeling Cognition in Creative Musical Improvisation*, tese de doutorado não publicada, University of Sussex Department of Informatics; e também H. Koning e J. Eizenberg, *The Language of the Prairie: Frank Lloyd Wright's Prairie Houses*, *Environmental Planning* B 8 (1981): 295–323; e também James Meehan, *The Metanovel: Writing Stories by Computer*, tese de doutorado não publicada, Yale University Department of Computer Science; e também Patrick McNally e Kristian Hammond, *Picasso, Pato, and Perro: Reconciling Procedure with Creativity*, no *Proceedings of the International Conference on Computational Creativity* (Mexico City, Mexico, 2011); e também Harold Cohen, *On the Modeling of Creative Behavior* (Santa Monica, CA: Rand Corporation Technical Paper, 1981).

Manter o sal fora

Sobre a medição da criatividade, ver Mary Lou Maher, *Evaluating Creativity in Humans, Computers, and Collectively Intelligent Systems*, no *Proceedings of the First DESIRE Network Conference on Creativity and Innovation in Design* (Lancaster, England, 2010); e também Graeme Ritchie, *Some Empirical Criteria for Attributing Creativity to a Computer Program*, *Minds and Machines* 17 (2007): 67–99.

Sobre O Matemático Automático, ver G. Ritchie e F. Hanna, *Automatic Mathematician: A Case Study in AI Methodology*, *Artificial Intelligence* 23 (1984): 249–258.

Sobre o Experimento de Pensamento do Quarto Chinês, ver John Searle, *Minds, Brains, and Programs*, *Behavioral and Brain Sciences* 3, nº 3 (1980): 417–457.

Capítulo 6: O Efeito Bill Cosby

Sobre humor e doença, ver Norman Cousins, *Anatomy of an Illness as Perceived by the Patient* (New York: W. W. Norton, 1979).

O médico interior

Sobre riso como exercício, ver M. Buchowski, K. Majchrzak, K. Blomquist, K. Chen, D. Byrne e J. Bachorowski, *Energy Expenditure of Genuine Laughter*, International Journal of Obesity 31 (2007): 131–137.

Sobre riso e pressão arterial, ver William Fry e William Savin, *Mirthful Laughter and Blood Pressure*, Humor: International Journal of Humor Research 1, nº 1 (1988): 49–62; e também Jun Sugawara, Takashi Tarumi e Hirofumi Tanaka, *Effect of Mirthful Laughter on Vascular Function*, American Journal of Cardiology 106, nº 6 (2010): 856–859.

Sobre os estudos de vasoreatividade de Michael Miller, ver Michael Miller e William Fry, *The Effect of Mirthful Laughter on the Human Cardiovascular System*, Medical Hypotheses 73, nº 5 (2009): 636–643; ver também os relatórios da apresentação de Michael Miller no Scientific Session of the American College of Cardiology (Orlando, FL, 2005).

Sobre riso e diabetes, ver Takashi Hayashi, Osamu Urayama, Miyo Hori, Shigeko Sakamoto, Uddin Mohammad Nasir, Shizuko Iwanaga, Keiko Hayashi, Fumiaki Suzuki, Koichi Kawai e Kazuo Murakami, *Laughter Modulates Prorenin Receptor Gene Expression in Patients With Type 2 Diabetes*, Journal of Psychonomic Research 62 (2007): 703–706; e também Keiko Hayashi, Takashi Hayashi, Shizuko Iwanaga, Koichi Kawai, Hitoshi Ishii, Shin'ichi Shoji e Kanuo Murakami, *Laughter Lowered the Increase in Postprandial Blood Glucose*, Diabetes Care 26, nº 5 (2003): 1651–1652.

Para uma revisão sobre humor e doenças como artrite e dermatite, ver Paul McGhee, *Humor: The Lighter Path to Resilience and Health* (Bloomington, IN: AuthorHouse, 2010).

Sobre humor e o sistema imunológico, ver Herbert Lefcourt, Karina Davidson-Katz e Karen Kueneman, *Humor and Immune-System Functioning*, Humor: International Journal of Humor Research 3, nº 3 (1990): 305–321; e também Arthur Stone, Donald Cox, Heiddis Valdimarsdottir, Lina Jandorf e John Neale, *Evidence That Secretory IgA Antibody Is Associated with Daily Mood*, Journal of Personality and Social Psychology 52, nº 5 (1987): 988–993; e também Mary Bennett, Janice Zeller, Lisa Rosenberg e Judith McCann, *The Effect of Mirthful Laughter on Stress and Natural Killer Cell Activity*, Alternative Therapies 9, nº 2 (2003): 38–44.

Sobre o estudo de saúde norueguês, ver Sven Svebak, Rod Martin e Jostein Holmen, *The Prevalence of Sense of Humor in a Large, Unselected Country Population in Norway: Relations with Age, Sex, and Some Health Indicators*, Humor: International Journal of Humor Research 17, nº 1/2 (2004): 121-134.

Sobre personalidade e longevidade, ver Howard Friedman, Joan Tucker, Carol Tomlinson-Keasey, Joseph Schwartz, Deborah Wingard e Michael Criqui, *Does Childhood Personality Predict Longevity?* Journal of Personality and Social Psychology 65, nº 1 (1993): 176-185.

Sobre humor e características não saudáveis para o coração, ver Paavo Kerkkänen, Nicholas Kuiper e Rod Martin, *Sense of Humor, Physical Health, and Well-Being at Work: A Three-Year Longitudinal Study of Finnish Police Officers*, Humor: International Journal of Humor Research 17, nº 1/2 (2004): 21-35.

Sobre neuroticismo e longevidade, ver Benjamin Lahey, *Public Health Significance of Neuroticism*, American Psychologist 64, nº 4 (2009): 241-256.

O efeito Bill Cosby

Sobre humor e recuperação de pacientes hospitalares, ver James Rotton e Mark Shats, *Effects of State Humor, Expectancies, and Choice on Postsurgical Mood and Self-Medication: A Field Experiment*, Journal of Applied Social Psychology 26, nº 20 (1996): 1775-1794.

Sobre humor, tolerância à dor e o teste pressor ao frio, ver Matisyohu Weisenberg, Inbal Tepper e Joseph Schwarzwald, *Humor as a Cognitive Technique for Increasing Pain Tolerance*, Pain 63 (1995): 207-212.

Sobre os benefícios de assistir a *sitcoms* como *Friends,* comparados a sentar e descansar, ver Attila Szabo, Sarah Ainsworth e Philippa Danks, *Experimental Comparison of the Psychological Benefits of Aerobic Exercise, Humor, and Music*, Humor: International Journal of Humor Research 18, nº 3 (2005): 235-246.

Sobre estilos de humor e saúde, ver Paul Frewen, Jaylene Brinker, Rod Martin e David Dozois, *Humor Styles and Personality—Vulnerability to Depression*, Humor: International Journal of Humor Research 21, nº 2 (2008): 179-195; e também Vassilis Saroglou e Lydwine Anciaux, *Liking Sick Humor: Coping Styles and Religion as Predictors*, Humor: International Journal of Humor Research 17, nº 3 (2004): 257-277; e também Nicholas Kuiper e Rod Martin, *Humor and Self-Concept*, Humor: International Journal of Humor Research 6, nº 3 (1993): 251-270; e também Nicholas Kuiper, Melissa Grimshaw, Catherine Leite e Gillian Kirsh, *Humor Is Not Always the Best Medicine: Specific Components of Sense of Humor and*

Psychological Well-Being, Humor: International Journal of Humor Research 17, nº 1/2 (2004): 135–168.

Sobre a hipótese do humor como moderador, ver Arthur Nezu, Christine Nezu e Sonia Blissett, *Sense of Humor as a Moderator of the Relation Between Stressful Events and Psychological Distress: A Prospective Analysis*, Journal of Personality and Social Psychology 54, nº 3 (1988): 520–525.

Sobre humor e o filme *Faces da Morte*, ver Arnie Cann, Lawrence Calhoun e Jamey Nance, *Exposure to Humor Before and After an Unpleasant Stimulus: Humor as a Preventative or a Cure*, Humor: International Journal of Humor Research 13, nº 2 (2000): 177–191.

Sobre humor e perspectiva positiva, ver Millicent Abel, *Humor, Stress, and Coping Strategies*, Humor: International Journal of Humor Research 15, nº 4 (2002): 365–381; e também N. Kuiper, R. Martin e K. Dance, *Sense of Humor and Enhanced Quality of Life*, Personality and Individual Differences 13, nº 12 (1992): 1273–1283.

Para exemplos de humor em hospitais, ver John Morreall, *Applications of Humor: Health, the Workplace, and Education*, no The Primer of Humor Research, ed. Victor Raskin (New York: Mouton de Gruyter, 2009); e também Paul McGhee, *Humor: The Lighter Path to Resilience and Health* (New York: AuthorHouse, 2010).

Capítulo 7: O Humor Dança

Humor e dança

Sobre as similaridades entre humor e jazz, ver Kendall Walton, *Understanding Humor and Understanding Music*, The Journal of Musicology 11, nº 1 (1993): 32–44; e também Frank Salamone, *Close Enough for Jazz: Humor and Jazz Reality*, Humor: International Journal of Humor Research 1, nº 4 (1988): 371–388.

Sobre timing cômico, ver Salvatore Attardo e Lucy Pickering, *Timing in the Performance of Jokes*, Humor: International Journal of Humor Research 24, nº 2 (2011): 233–250.

Sobre paratons, ver Lucy Pickering, Marcella Corduas, Jodi Eisterhold, Brenna Seifried, Alyson Eggleston e Salvatore Attardo, *Prosodic Markers of Saliency in Humorous Narratives*, Discourse Processes 46 (2009): 517–540.

Sobre piadas iniciais, ver Villy Tsakona, *Jab Lines in Narrative Jokes*, Humor: International Journal of Humor Research 16, nº 3 (2003): 315–329.

Para uma revisão sobre Paul Grice e suas regras da comunicação, ver Daniel Perlmutter, *On Incongruities and Logical Inconsistencies in Humor: The*

Delicate Balance, Humor: *International Journal of Humor Research* 15, nº 2 (2002): 155-168; e também Salvatore Attardo, *Linguistic Theories of Humor* (New York: Mouton de Gruyter, 1994).

Sobre a singularidade da ironia, ver Salvatore Attardo, Jodi Eisterhold, Jennifer Hay e Isabella Poggi, *Multimodal Markers of Irony and Sarcasm*, Humor: *International Journal of Humor Research* 16, nº 2 (2003): 243-260.

Pressão do grupo

Sobre a influência dos pesquisadores na avaliação do humor pelos participantes, ver Willibald Ruch, *State and Trait Cheerfulness and the Induction of Exhilaration: A FACS Study*, European Psychologist 2, nº 4 (1997): 328-341.

Sobre riso compartilhado, ver Howard Pollio e Charles Swanson, *A Behavioral and Phenomenological Analysis of Audience Reactions to Comic Performance*, Humor: *International Journal of Humor Research* 8, nº 1 (1995): 5-28; e também Jonathan Freedman e Deborah Perlick, *Crowding, Contagion, and Laughter, Journal of Experimental Social Psychology* 15 (1979): 295-303; e também Jennifer Butcher e Cynthia Whissell, *Laughter as a Function of Audience Size, Sex of the Audience, and Segments of the Short Film 'Duck Soup' Perceptual and Motor Skills* 59 (1984): 949-950; e também Alan Fridlund, Sociality of Solitary Smiling: Potentiation by an Implicit Audience, *Journal of Personality and Social Psychology* 60, nº 2 (1991): 229-240; e também T. Nosanchuk e Jack Lightstone, *Canned Laughter and Public and Private Conformity, Journal of Personality and Social Psychology* 29, nº 1 (1974): 153-156; e também Richard David Young and Margaret Frye, *Some Are Laughing, Some Are Not – Why? Psychological Reports* 18 (1966): 747-754.

Sobre manipulações experimentais do humor, ver David Wimer e Bernard Beins, *Expectations and Perceived Humor*, Humor: *International Journal of Humor Research* 21, nº 3 (2008): 347-363; e também James Olson e Neal Roese, *The Perceived Funniness of Humorous Stimuli*, Personality and Social Psychology Bulletin 21, nº 9 (1995): 908-913; e também Timothy Lawson, Brian Downing e Hank Cetola, *An Attributional Explanation for the Effect of Audience Laughter on Perceived Funniness, Basic and Applied Social Psychology* 20, nº 4 (1998): 243-249.

Finalmente, para algum colega do ensino médio que esteja se perguntando (sobre a metáfora final da seção): não, eu não estava falando do meu par do baile. Susan, onde quer que esteja agora, espero que tudo esteja bem.

Dois cérebros, uma mente

Eu mudei o nome de Linda por respeito a sua privacidade. Na literatura acadêmica é conhecida como paciente N.G. Fiz o mesmo com Philip, que é conhecido como paciente L.B.

Sobre cérebros separados e lateralidade hemisférica, ver Eran Zaidel e Marco Iacoboni, *The Parallel Brain: The Cognitive Neuroscience of the Corpus Callosum* (Cambridge, MA: MIT Press, 2003). As citações no texto são de entrevistas pessoais. Sobre o processo de commissurotomia, ver Joseph Bogen e Philip Vogel, *Neurologic Status in the Long Term Following Complete Cerebral Commissurotomy*, in F. Michel e B. Schott, *Les Syndromes de Disconnexion Calleuse Chez l'Homme* (Hôpital Lyon, 1974).

Sobre perda do humor em pacientes dom dano no hemisfério direito, ver Hiram Brownell, Dee Michel, John Powelson e Howard Gardner, *Surprise But Not Coherence: Sensitivity to Verbal Humor in Right-Hemisphere Patients*, Brain and Language 18 (1983): 20–27.

Sobre diferenças de personalidade gerais entre os hemisférios, ver Fredric Schiffer, Eran Zaidel, Joseph Bogen e Scott Chasan-Taber, *Different Psychological Status in the Two Hemispheres of Two Split-Brain Patients*, Neuropsychiatry, Neuropsychology, and Behavioral Neurology 11, nº 3 (1998): 151–156; e também a palestra apresentada por Vilayanur Ramachandran na Beyond Belief Conference de 2006 no Salk Institute for Biological Studies em La Jolla, California, disponível gratuitamente no YouTube.

Sobre a inportância do hemisfério direito para *insight* e poesia, ver Edward Bowden, Mark Jung-Beeman, Jessica Fleck e John Kounios, *New Approaches to Demystifying Insight*, Trends in Cognitive Sciences 9, nº 7 (2005): 322–328; e também Edward Bowden e Mark Jung-Beeman, *Aha! Insight Experience Correlates with Solution Activation in the Right Hemisphere*, Psychonomic Bulletin and Review 10, nº 3 (2003): 730–737; e também Edward Bowden e Mark Jung-Beeman, *Getting the Right Idea: Semantic Activation in the Right Hemisphere May Help Solve Insight Problems*, Psychological Science 9, nº 6 (1988): 435–440; e também M. Faust e N. Mashal, *The Role of the Right Cerebral Hemisphere in Processing Novel Metaphoric Expressions Taken from Poetry: A Divided Visual Field Study*, Neuropsychologia 45 (2007): 860–870.

Relacionamentos engraçados

Sobre humor e seleção de parceiros, ver Jane Smith, Ann Waldorf e David Trembath, *Single, White Male Looking for Thin, Very Attractive...*, Sex Roles

23, nº 11 (1990): 675–685; e também Hal Daniel, Kevin O'Brien, Robert McCabe e Valerie Quinter, *Values in Mate Selection: A 1984 Campus Study*, College Student Journal 15 (1986): 44–50; e também Bojan Todosijević, Snežana Ljubinković e Aleksandra Arančić, *Mate Selection Criteria: A Trait Desirability Assessment Study of Sex Differences in Serbia*, Evolutionary Psychology 1 (2003): 116–126; e também Lester Hewitt, *Student Perceptions of Traits Desired in Themselves as Dating and Marriage Partners*, Marriage and Family Living 20, nº 4 (1958): 344–349; e também Richard Lippa, *The Preferred Traits of Mates in a Cross-National Study of Heterosexual and Homosexual Men and Women: An Examination of Biological and Cultural Influences*, Archives of Sexual Behavior 36 (2007): 193–208.

Sobre diferenças de gênero na apreciação e produção de humor, ver Eric Bressler, Rod Martin, e Sigal Balshine, *Production and Appreciation of Humor as Sexually Selected Traits*, Evolution and Human Behavior 27 (2006): 121–130.

Sobre o papel do humor em relacionamentos bem-sucedidos, ver William Hampes, *The Relationship Between Humor and Trust*, Humor: International Journal of Humor Research 12, nº 3 (1999): 253–259; e também William Hampes, *Relation Between Intimacy and Humor*, Psychological Reports 71 (1992): 127–130; e também Robert Lauer, Jeanette Lauer e Sarah Kerr, *The Long-Term Marriage: Perceptions of Stability and Satisfaction*, International Journal of Aging and Human Development 31, nº 3 (1990): 189–195; e também John Rust e Jeffrey Goldstein, *Humor in Marital Adjustment*, Humor: International Journal of Humor Research 2, nº 3 (1989): 217–223; e também Avner Ziv, *Humor's Role in Married Life*, Humor: International Journal of Humor Research 1, nº 3 (1988): 223–229.

Capítulo 8: Ah, Os Lugares Aonde Você Irá

Sobre a *Malice in Dallas*, ver Kevin Freiberg e Jackie Freiberg, *Nuts! Southwest Airlines' Crazy Recipe for Business and Personal Success* (Austin, TX: Bard Press, 1996). A gravação real da partida pode ser encontrada *on-line*.

Ah, os lugares aonde você irá

Sobre humor no mundo de negócios, ver John Morreall, *Applications of Humor: Health, the Workplace, and Education*, no *The Primer of Humor Research*, ed. Victor Raskin (New York: Mouton de Gruyter, 2009).

Sobre humor e organização de discuros públicos, ver John Jones, *The Masking Effects of Humor on Audience Perception and Message Organization*, Humor: International Journal of Humor Research 18, nº 4 (2005): 405–417.

Sobre humor em West Point, ver Robert Priest e Jordan Swain, *Humor and Its Implications for Leadership Effectiveness*, Humor: International Journal of Humor Research 15, nº 2 (2002): 169-189.

Sobre humor na sala de aula, ver Robert Kaplan e Gregory Pascoe, *Humorous Lectures and Humorous Examples: Some Effects upon Comprehension and Retention*, Journal of Educational Psychology 69, nº 1 (1977): 61-65; e também Avner Ziv, *Teaching and Learning with Humor: Experiment and Replication*, Journal of Experimental Education 57, nº 1 (1988): 5-15.

Sobre humor na política, Congresso e Supremo Tribunal, ver Alan Partington, *Double-Speak at the White House: A Corpus-Assisted Study of Bisociation in Conversational Laughter-Talk*, Humor: International Journal of Humor Research 24, nº 4 (2011): 371-398; e também Dean Yarwood, *When Congress Makes a Joke: Congressional Humor as Serious and Purposeful Communication*, Humor: International Journal of Humor Research 14, nº 4 (2001): 359-394; e também Pamela Hobbs, *Lawyers' Use of Humor as Persuasion*, Humor: International Journal of Humor Research 20, nº 2 (2007): 123-156.

Sobre humor e humildade política, ver Amy Bippus, *Factors Predicting the Perceived Effectiveness of Politicians' Use of Humor During a Debate*, Humor: International Journal of Humor Research 20, nº 2 (2007): 105-121.

Sobre humor no trabalho, ver Barbara Plester e Mark Orams, *Send in the Clowns: The Role of the Joker in Three New Zealand IT Companies*, Humor: International Journal of Humor Research 21, nº 3 (2008): 253-281; e também Owen Lynch, *Cooking with Humor: In-Group Humor as Social Organization*, Humor: International Journal of Humor Research 23, nº 2 (2010): 127-159; e também Reva Brown e Dermott Keegan, *Humor in the Hotel Kitchen*, Humor: International Journal of Humor Research 12, nº 1 (1999): 47-70; e também Leide Porcu, *Fishy Business: Humor in a Sardinian Fish Market*, Humor: International Journal of Humor Research 18, nº 1 (2005): 69-102; e também Janet Bing e Dana Heller, *How Many Lesbians Does It Take to Screw in a Light Bulb?* Humor: International Journal of Humor Research 16, nº 2 (2003): 157-182; e também Catherine Davies, *Joking as Boundary Negotiation Among Good Old Boys: White Trash as a Social Category at the Bottom of the Southern Working Class in Alabama*, Humor: International Journal of Humor Research 23, nº 2 (2010): 179-200.

Maiores implicações

Sobre humor e inteligência, ver Ann Masten, *Humor and Competence in School-Aged Children*, Child Development 57 (1986): 461-473.

Sobre humor e *insight*, ver Alice Isen, Kimberly Daubman e Gary Nowicki, *Positive Affect Facilitates Creative Problem Solving*, *Journal of Personality and Social Psychology* 52, nº 6 (1987): 1122-1131; e também Heather Belanger, Lee Kirkpatrick e Peter Derks, *The Effects of Humor on Verbal and Imaginal Problem Solving*, *Humor: International Journal of Humor Research* 11, nº 1 (1998): 21-31.

Sobre humor e criatividade, ver Avner Ziv, *Facilitating Effects of Humor on Creativity*, *Journal of Educational Psychology* 68, nº 3 (1976): 318-322.

A descoberta de que assistir a Robin Williams melhora a habilidade de resolução de problemas é de um artigo não publicado de Mark Jung-Beeman. Para detalhes sobre o experimento, ver sua entrevista de 6 de dezembro de 2010 para o *The New York Times*, intitulada *Tracing the Spark of Creative Problem Solving*.

Tornando-se engraçado

Sobre características herdadas em geral, ver Matt McGue e Thomas Bouchard, *Genetic and Environmental Influences on Human Behavioral Differences*, *Annual Review of Neuroscience* 21 (1998): 1-24. Sobre a herdabilidade específica do humor, ver Beth Manke, *Genetic and Environmental Contributions to Children's Interpersonal Humor*, no *Sense of Humor: Explorations of a Personality Characteristic*, ed. Willibald Ruch (New York: Mouton de Gruyter, 1998).

Sobre a personalidade cômica, ver Seymour Fisher e Rhoda Fisher, *Pretend the World Is Funny and Forever: A Psychological Analysis of Comedians, Clowns, and Actors* (Hillsdale, NJ: Lawrence Erlbaum Associates, 1981).

Sobre a associação entre compreensão e produção humorística, ver Aaron Kozbelt e Kana Nishioka, *Humor Comprehension, Humor Production, and Insight: An Exploratory Study*, *Humor: International Journal of Humor Research* 23, nº 3 (2010): 375-401.

Sobre treinamento humorístico, ver Ofra Nevo, Haim Aharonson e Avigdor Klingman, *The Development and Evaluation of a Systematic Program for Improving Sense of Humor*, no *The Sense of Humor: Explorations of a Personality Characteristic*, ed. Willibald Ruch (New York: Mouton de Gruyter, 1998).

Conclusão

Se você realmente quiser ler sobre humor e intoxicação, ver James Weaver, Jonathan Masland, Shahin Kharazmi e Dolf Zillmann, *Effect of Alcoho-*

lic Intoxication on the Appreciation of Different Types of Humor, *Journal of Personality and Social Psychology* 49, nº 3 (1985): 781-787.

Sobre a dupla russa Foma e Yerema, ver Alexander Kozintsev, *Foma and Yerema; Max and Moritz; Beavis and Butt-Head: Images of Twin Clowns in Three Cultures*, Humor: International Journal of Humor Research 15, nº 4 (2002): 419-439.

Sobre o conceito de fluxo, ver Mihaly Csikzentmihalyi, *Flow: The Psychology of Optimal Experience* (New York: Harper and Row, 1990).